閩臺歷代方志集成·福建省志輯·第49册

福建省地方志編纂委員會　整理

［乾隆］福建續志（五）

（清）楊廷璋、定長　等修；
（清）沈廷芳、吴嗣富纂；（清）王傑補修
乾隆三十三年（一七六八年）刻本

SSAP
社會科學文獻出版社

福建續志卷五十三

文苑一

文生乎心達於著作而操觚握槧厥製攸殊是故古之爲文質而奧後世之文澤而靡此繫乎時者也北學多深蕪而南音要眇此牽乎地者也閩疆東南山川秀鬱之美自唐漸澤風雅宋多名儒仁人之言藹然迄於今

天子文思光被左右獻納論思諸臣陳謨矢音追述作於三代歌頌之聲洋溢海表則所謂時與地胥蹟厥盛矣昔東馬鄒枚摛辭漢代後世稱之

鐫在正史范蔚宗創傳文苑執簡者咸取則焉況夫方國之紀因文徵獻而廢學士大夫不傳其可哉爰續前志論次其人聿有學殫研蒐討微文鉤大義使宇宙之藴古今之奇幽者彰日月奥者廓天地卓然自鳴垂範不朽此極軌也次之則揚聲雲漢黼黻厥華又次則寂寞蓬衡枕葄終老要皆克自著作以翔或傳於當世苟非黷貨並可兼收至於功德顯聞難以篇章限者書之別傳云續文苑志

福州府

宋

謝伯初字景山閩縣人天聖景祐間以詩知名歐陽修謫夷陵伯初寄以長韻修稱其佳句無媿唐賢而歎其仕宦不偶困窮以卒閩書

林仲嘉福清人以詩名與鄭俠王聖時林圖南李天與相倡和嘗遊京洛有詩三卷同里林子充長於性學所著有論語詩五十首指南集二卷詩文二卷時鄉有古屯三賢之號謂仲嘉子充也其一不著其名閩書

鄭首字晉信福清人強記能文新頒資治通鑑有纂

於門一夜輙默識之宣和二年年十九魁鄉薦南渡大赦首以赦書不文刋撰之鄉人借地架屋首巖谷之曰疆土日隘無可借者被許賜死所著有六經解榕溪集閩書

陳修閩縣人紹興中會試第三人年七十三矣而尚未娶高宗讀其四海想中興之美賦有云葱嶺金堤不日復廣輪之土泰山玉牒何時清封禪之塵手書黏壁及唱名云卿便是陳修問年幾何有幾子修具對詔出內人嫁之閩書

王誼字正仲福清人嬪從子家吳江以學行鳴於時

當出仕秦檜當國忌天下才能詛發憤爲罷相對以刺之爲僕所告檜怒貶象州十年乃歸遂不復仕著春秋類書蘄州府志

李巖起字應求古田人乾道間中特科才高好學爲時輩所推歷任池州總幹乞致仕遂監安南嶽廟丞相周必大優遇之正德府志

鄧林字楚材福清人淳熙五年登第有文名朱熹呂祖謙陳傅良戴溪皆與爲友凡三上書議切時政其畧曰今朝廷無元氣中國無生氣士大夫無英氣故金人客氣擣虛而入陰陽沴氣乘間而起朝

臣邑之授石城丞有虛齋集萬歷府志
林文昭字宗範福清人有論語解一卷弟文韜字宗
孟文昭能解經而文韜善星數論史記與漢書皆
稱太初元年丁丑歲而二說不同者史記顓頊歷
漢書黃帝歷也所著有歷集閩書
王楙字勉夫福清人蘋從孫早孤事母母歿以不逮
養不肯預鄉薦所著有野客叢書三十卷巢睫稿
五十卷子德文克世其學德文子敉字行父著雲
嶠類要紀事極該博姑蘓志

元

蔡復初福清人至正間舉明經爲書院訓導少從□①江林梅所余大車學易受書又從惠安盧琦學詩孝友力義琦卒心喪三年所著有詩銘訓集閩書

明

鄧定字子靜閩縣人元末兵起定削跡東山以著述自娛洪武間與兄誠並徵遺逸誠應聘而定固謝自是刻意聲詩與王恭陳申輩日過從文酒讌遊山水間著有耕隱集萬曆府志

陳郊閩縣人能詩善天文與林鴻陳仲完唐泰高棅唐震王恭鄭定王偁王褒稱閩南十才子洪武三

校注：①龍

十年以舉人會試占曰今年榜首當刑而死榜發郊第一是榜南士最盛北士訟於朝太祖收考官劉三吾并郊下獄固無意殺之會有言郊預知當刑者太祖故禁習天文遂誅之閩書

陳中字孟膺閩縣人博學善文詞與林鴻鄭定諸名士相友善洪武間由教授擢潮州知府有惠政人稱文章太守

鄭文霖字汝衆長樂人自號𬭁犁子建文初徵辟不仕與王恭諸人相倡和中丞練子寧作𬭁犁子賦贈之縣志

陳全字果之長樂人永樂丙戌進士第二人授翰林編修永樂大典書成召赴行在修四書五經性理大全事竣陞侍講著有蒙菴集縣志

鄭洪字公量候官人幼失怙恃能卓然自立刻意古學以啓迪後進詩有唐人風致爲文務以理勝不事富麗正德府志

林諶夫名樞以字行號如齋閩縣人成化進士授景寧知縣擢同知所至有政績生平好學既老手不釋卷嘗修福郡志考斷精密惜未成書所著有如齋類稿續稿等集正德府志

傅汝楫字木剡汝舟弟也貧而博學一意詩歌時稱二傅咸惜其早卒

林春澤字德敷候官人正德進士授户部郎請寧州遷肇慶同知寇掠高州檄攝府篆春澤習知猺兵害民悉罷遣之代以土著諸寇次第就擒擢南京刑部郎出知程番府擇耆德文學之士爲童子師時卧龍金石二司暨通州寨屢年失地春澤諜平復功未上爲忌者所中調歸春澤少工詩與鄭繼之何景明齊名在吉州與羅欽順講學後復師呂柟究其旨奥年百有四歲卒分省人物志

廖世昭字師賢懷安人正德丁丑進士爲人體不勝衣而攻苦讀書無何夭死同時有郭波字澄卿方邦望字表民皆喜爲詩波古健學杜而短於才邦望平淡學孟而學不足以充之與世昭皆稱名士萬歷府志

林熞閩縣人有醇行其學涉獵書史著微辭什伍二十四卷字宙名物罔不羅列自成一家言萬歷府志

祝時泰字與亨候官人嘉靖壬午鄉薦授工部司務時泰長於詩法律謹嚴閒出奇語必能驚人又善與人交後僑寓武林與諸名士結詩社萬歷府志

鄧原岳字汝高閩縣人身長玉立美鬚髯爲文模矩秦漢詩以氣格勝而卒歸之盛唐舉萬歷壬辰進士授户部郎卒年五十有西樓存稿萬歷府志

商家梅字孟和閩縣人少爲詩多才調萬歷末年遊金陵與鍾惺交一變爲幽閒蕭寂不多讀書亦不事汲古鑯心役胷取給腹笥低眉俯躬目笑手語無往非詩殆所謂苦吟者也時侯官王毓德陳仲臻皆苦吟求工知名於世

林子勉字行甫閩縣人萬歷恩貢選長泰訓導轉泉州府教授相國李廷機稱爲金玉君子著易經説

四卷蓬草五卷石溪集八卷子應典字儀廷以貢選雲和訓導著經史要二十卷古今奇觀十卷宦遊艸二卷龍門集六卷孫贊卿榮芬俱善詩文葉向高撰傳

齊莊閩縣人家貧嗜學爲人夜舂手足㨿作而置書其旁注視之遂通曉無遺以五經爲諸生每出筆根極六經理要情文斐然衡文者無不以國士相賞著有史論白湖集余向撰傳

王穎如字哲開閩縣人年十三隨董應舉遊鎭海樓倣王勃作序頃刻數千言序詩並就極壯麗典則

老於諸生著考經頌贊及三樓紀勝諸篇舊府志

陳衎字槃生閩縣人篤學好古與徐𤊹徐熥相切劘爲詩文好談邊事利害及將相大畧窮老盡氣不少衰止著詩賦碑傳雜文四十餘卷子濬字開仲亦有才名

徐英字振烈候官人少豪健儈米爲業而折節讀書喜擊劍巨晡踦步橋上與後生談畫邊御勝之策皆本於司馬法曹學佺嘗訪之鐍①戶不見歸遇諸途强之至不免闌入社刻其詩於十二代詩選明亡學佺里居殉節英伏尸哀慟自嚙其舌噴血數

校注：①鐍

升死著有鳴劍集余甸撰傳

國朝

許珌字天玉候官人明崇正己卯舉人與新城王尚書士正善士正作慈仁寺雙松歌贈之稱爲閩海奇人田髴淵曰天玉詩才敏贍廿年來屢與倡和每拈一韻嘆其絶神其爲名流推挹如此後官安定知縣著有鐵堂集府志

梁玨字至銘號雪園長樂諸生年十五食餼詩文能作驚人語爲知縣夏允彝所器重梁氏累代讀書爲名諸生此蓋第九世矣後恣遊南北著有江南

遊草江西遊草楚遊草雪園詩集子若孫俱爲庠生縣志

林榮芬閩縣人子勉孫順治辛卯舉人官翰林院待詔著有如蘭稿子日穀博雅工詩著有浪谷集舊通志

葉矯然字子肅閩縣人順治壬辰進士宰樂亭縣罷歸康熙辛卯重宴鹿鳴

聖祖念科甲舊臣　詔與王尚書士正等六人復還原職年九十六卒著有易史易經滙參筆印四經學筆①印趨學史學古文學龍性堂集諧際詩文集子聲

校注：①筆

遠乾隆壬午舉人府志

陳曉字德燿長樂人少有至性五歲授書過目成誦長更搜研六經箋註多所自得康熙己酉舉於鄉兩上春官不第卒於京邸年僅三十六生平孝友端謹手不釋卷著有詩經串解書經串解共九卷陳氏家傳

黄鶩來字叔威閩縣人性豪邁不羈文名籍甚一試鄉闈不售遂棄去遊京師京師名流談經濟稽典故論理學衡文章者必以叔威爲歸叔威雅量容納久而無倦卒不遇而以齟齬終乃一洩於詩以

傳其不得已之懷抱詩格在元白蘓陸間著有友
鷗堂集八卷費錫璜詩序
金潮字海門侯官人康熙辛未進士選庶吉士改知
崑山縣清介自持豪强斂迹以罣誤解職潮少遭
家難盡室播遷以出繼得免刻苦力學雖通仕籍
多悲痛愁苦之音父卒得贖其母與弟歸中歲流
落吳下四十年授徒自給年八十餘歸里卒著有
海翁集玉山草堂詩鈔府志
許遇字不棄侯官人受詩於新城王士正得其宗派
兼工松梅竹石士正嘗題其畫竹云許侯磊落負

奇氣平生節目堅蒼筤石林手種竹萬个興來自寫千篔簹選授陳留知縣調長洲新滄浪亭公餘禮士大夫倡酧其中風流文彩照映一時卒於官著有紫籐花菴詩集

丁鼎字伯調雍正癸卯舉人著有梅巖集府志

張遠字超然候官人幼孤力學避耿逆亂遊常熟爲何氏贅壻遂家焉詩文書翰匠心獨運有遠情逸氣康熙己卯鄉試第一授雲南祿豐知縣卒於官著有无悶堂集四十卷昭文縣志

林佶字吉人號鹿原候官人受業於汪編修琬拔貢

人成均受詩於王尚書士正時王司農鴻緒總裁明史延佶與鄭縣萬斯同商訂編輯康熙巳卯舉於鄉丙戌特旨入直　武英殿抄寫　御製詩文集壬辰　欽賜進士第一官內閣中書舍人分纂詩經傳說彙纂于史蒿華陳相國廷敬徐司寇乾學宋冢宰犖先後推轂家多藏書乾學刻通志堂經解朱檢討彝尊選明詩綜皆就佶抄博覽羣書爲文尤得力於韓曾著有樸學齋詩文集潘檢討耒爲之序又焦山古鼎詩甘泉宮瓦詩各一卷刻於昭代叢書性喜金石工篆隸行楷子正青字

洙雲以廪貢應薦辟授刑部山西司學習行走判決疑獄如神後改淮南小海場大使清課餉興學校所治感焉以母老告歸卒正青少爲諸生張中丞伯行選入鼇峰書院名籍甚歸復預修福州府志著有辦香堂詩文集榕海舊聞榕海詩話小海場志在莪字湆雲博雅好古工文詞書翰與修古今圖書集成例叙知縣乾隆初元大學士趙國麟將薦之會罷不果著有陶舫集硯史玉衡字涇雲國子生亦世其家孫牲①擎天諸生有文名府志參家傳

藍漣字公猗候官人父龤字與漢善篆隸書漣博物

校注：①奉

洽聞工諸體詩篆草八分皆有父風兼擅繪事性喜遊足跡遍齊魯衛魏吳越在粵東尤久與陳恭尹梁佩蘭交善所著有采飲集府志

張岱字子捷號蒼嵋作詩渾古善於學杜林從直謂讀其詩如入寶山目不暇給嘗客諸公幕府多所擘畫後以候官監生奏授淮安中河通判著有晚香堂詩集十二卷子鶴年鶴佺皆善詩有張後樸隨見錄潤三詩稿閩詩選小傳

陳潤字肅雨連江人負雋才弱冠試輒冠其儕巡撫張伯行學使汪薇沈涵皆器重之時勤著述晚貢

於鄉益治儒書有四書詩春秋河洛諸辨疑及雜著大吉要於羽翼傳疏縣志

林衡原名璣字義儒閩縣諸生榮芬孫工詩古文辭性孝而勇於爲義閩令撻諸生於堂衡憤其冤率同學籲憲司求理以此除名後入縣庠改今名著有四書講義全宋詩注鳴書竹窓筆記博古草廬詩文集共一百七十卷子從直乾隆甲子舉人亦工詩府志

林緒光字廣業康熙己卯舉人知蘄水縣補平湖遷冀州知州以前任事鐫職七年事白復補海寧縣

轉乍浦同知遷永北知府以艱歸再赴補卒於途緒光性強幹興利除弊所至有聲拂拭人才喜爲寒畯開路士林重之惜未竟其用長於詩著有餘齋集閩中雜咏府志

陳仁字惕存閩縣人康熙乙酉舉人德性凝定以文章振一時苦學授徒供奉二親又爲業師營葬著有鐵硯齋集府志

張煒字彤伯候官人康熙戊戌進士選庶常散館授編修充　三朝國史館纂修官以勤慎著陞刑部郎中多所平反尋致仕歸家無儋石聚徒講學以

翁馬煒性孝友好誘掖後進雅善詩賦古文辭著作甚富有雪樵詩文集若干卷子文城掖縣知縣岳己酉舉人恭城知縣府志

吳文煥字觀侯侯官人康熙甲午以五經舉於鄉辛丑進士第二人授編修請假家居以詩酒自娛者二十年後補刑部員外郎調禮部擢監察御史告歸家貧四壁蕭然文煥處之晏如卒於家詩有唐賢風調同里鄭三才字廷贊與文煥中表兄弟居相隣近少同硯席其詩踔厲風發康熙癸巳成進士知東光縣政暇以風雅教其邑人丁艱服闋補

上元縣卽歸晚歲艱難與文煥同著有參亭詩集府志

李開葉字奕夫士亮子福清人少聰穎善學親歿躬營葬事盡哀盡禮康熙辛丑進士選庶吉士雍

廟登極　特命需次銓曹是時輔政隆公領吏部事重其名欲羅致之開葉落落不就也引疾歸既歸日危①坐小亭纂輯濂洛關閩諸書以授徒訓子姪好友過從唯以講學論文爲事偶形之於詩皆自胸襟中流出有不盡之意所著有崇雅堂詩鈔儀禮輯要教學源流論語論文各若干卷子良樂

校注：①危坐小亭

時㥩鳴嶠並登科第孫光雲玉驄諸生能文章府志

劉敬與字隣初福清人孝友而肆力於學研究經史雍正癸卯成進士授庶吉士改行人司親老乞歸侍養十六年生事葬祭盡誠盡禮服闋就職而恬於榮利未幾又乞假歸當事聘修省志偕謝道承爲總裁棄取裁奪悉當公慎不阿旣藏事延主鼇峰講席訓諸生讀書敦行所識拔皆雋才尋以憂辭去杜門課子敬與問學淹貫言理宗程朱言詩法漢魏覩世俗餖飣訓詁之學弗屑也著易經解困學齋諸集黄任撰傳

郭美字謙居閩縣人原籍福清氣質端重而勤學六
經子史諸家靡不手錄未冠補諸生巡撫張清恪
公伯行愛其詩古文辭器重之雍正癸卯成進士
闈文膾炙人口知邢臺縣詢民疾苦賑荒斷獄悉
公而明不使胥吏上下其手修　文廟以振士習
造普濟堂以恤孤貧在任八年吏畏民懷丁母憂
歸囊橐蕭然以未親視飯含爲憾哀毀骨立遂致
疾而卒美孝於親友於兄弟坦懷樂易爲文皆根
柢經史著有雪泥鴻爪泰蜀遊草藏於家盧觀源撰傳
吳履泰字文峤號茹原侯官人少爲文有奇氣弱冠

補弟子員家貧以束修供養雍正丙午鄉薦庚戌成進士選庶吉士授編修尋擢侍講歷侍讀學士丁母艱服闋抵都復以疾假旋蔣子憲青方令桐廬養痾官舍邑有桐江書院每朔望必親與書生辨論義理考覈文藝士喜得師既歸主道山書院講席倣鵞湖白鹿規條訓飭諸生旋卒門人沈尚書德潛志其墓履泰性情和厚氣宇温純爲諸生時常貸人薪米既貴召其人或其子弟加息償之其人或不能記𢡟彊令受之鄰女王年已笄婿遠遊母死無依履泰以母命促婿同馨館金佽其昏

塾師高某之孫流離遠方遍訪得之爲覔田以接嗣續更爲師卜葬地著有儒先纂要少箬詩集培蘭堂文稿歸愚文鈔

吳于岸字太士閩縣諸生性耿介不隨俗俯仰與親故游處未嘗一言涉諧謔盛暑集生徒談經必正衣冠以是人皆敬之工制舉業而未售學使曾在過其門欲以賢良應詔辭不就時以爲難節家傳

吳濂字元吉福清人雍正癸丑進士授山西偏關知縣濂曾受學於巡撫張伯行學行淵粹著有竦筆軒詩鈔玉村軒詩領古文鈔蕭瀛金前集縣志

林其茂字文竹閩縣人少穎悟博文强記乾隆丙辰
進士知山陰縣邑濱海多水患其茂築塘濬濠修
蕺山書院建義學繕城垣治行稱最以失察鐫級
歸卒年三十著有𢿙音集山陰集子喬蔭迺蕃俱
庠生府志

張萬年字進玉侯官人事母以孝聞性嗜學淹貫經
史教授生徒名宿多出其門以貢授海澄訓導著
有學庸輿義春風樓遺藁府志

郭楨字于岸古田人乾隆壬戌進士主鼇峰講席廣
東聘主粵秀書院七年粵人尊信之著有經史問

月坡詩集植聞見該洽於詩尤工嘗輯本朝諸家爲詩畧數十卷藏於家府志

吳鵬南字茂今號芝岡連江人父樹穫孝友篤學善課子鵬南讀書過目成誦九歲能屬文乾隆壬戌進士入翰林散館授編修癸酉典試浙江稱爲得人改御史條陳水利及栽種疏

上俱是之擢吏科給事中以父艱歸哀毀成疾卒生平惇謹事親以孝聞立朝多所建白著有習靜軒詩文集

龔捷春字天侯號西崎閩縣人自幼窮經勵志文法

八家字倣右軍不屑爲世俗之學入鼇峰受業於
蔡文勤公世遠器重手書語類勉之及子甄陶入
翰林改知縣歷任鶴山新會揭陽昆明多善政皆
秉庭訓也姓好施與嘗贍友朋之急乾隆丁卯舉
於鄉舉爲主司慶得者碩張氏家傳

楊鳳騰字查曉連江人少從祖父口授綱鑑及諸名
家古文乾隆丙子舉鄉試第一丁丑成進士授廣
西賀縣令以文學飾吏治惠政大行已卯庚辰兩
與鄉闈同考所拔皆知名士生平孝友工文著有
詩文集辛巳卒於官子鍾嶽辛巳進士亦能文節家

傳

鄭際熙字大純號浩波乾隆丙子鄉薦幼失恃哀毀逾成人涉獵經史百家詩文根柢湛深家貧僦居舅氏菜園斗米錢三百際熙持書向市得錢即糴米歸奉父而自與妻子雜薯蕷糠粃充腸父終弗知也隣有吳茂水死際熙爲殯之并衣其母公車抵蘇州同鄉林孝廉中途得狂疾以詆訶長官被逮際熙留蘓親理藥餌并曲盡厮僕之役病間百計援解事得釋而試已後期留都五載而歸卒年三十六著有易溯杜律篇法詩文集鄭氏家傳

興化府

宋

薛巒字山甫仙遊人太祖平江南詔仕李煜者悉與故官巒辭不就刻意力學第太平興國進士累官殿中丞丐歸疏云竊欲歸讀未讀之書以終天年著有論語解邊功十論等書縣志

方惟深字子通父龜年景祐進士著有經史解題羣書新語卒葬姑蘇惟深因家焉舉進士不第晚爲興化軍助教王安石愛其詩謂爲精詣警絕閩書

傅諒友字冲益天性恬淡自六經諸子百家及浮屠

黃老之書無所不讀登元祐進士歷膳部員外郎知利州善詩文有冰廳文集縣志

徐壽仁字子由師仁弟天資曠達讀書追古尤長於詩屢試不售遂束書遊四方遇佳山水極興乃返晚就所居築坡種菊自號菊坡陳俊卿梁克家王十朋皆有詠贊年八十餘卒閩書

陳堯道字敬之仙遊人端平進士歷官殿中侍御史至右諫議大夫以忤權相致仕歸卜築東湖口以詩酒自娛著大學中庸說及平湖文集縣志

元

郭完字維貞仙遊人言行周謹工古詩近體絕似薛能許渾至正時隱於壺山與方時舉爲詩文會縣志

明

伍衡字時敏莆田人學博氣淳工古文及詩時出新意歌行麗縟奇崛有溫庭筠李長吉風律詩充贍華美洪武初薦爲增城知縣縣志

周瑩字次玉莆田人有文名正統進士歷撫州知府莆詩學自瑩振之力擬復古居官不廢吟咏有郡齋新稿閩書

李廷梧字仲陽莆田人經術絕工宏治中進士授桐

鄉令吏治精敏入爲監察御史歷大理寺丞案牘之暇卽肆力於文章閒居徜徉山水間爲詩歌自娛鄭司馬岳尤重之縣志

陳所有字彥冲莆田人嘉靖丙午鄉薦授合浦知縣性簡傲以詩歌自豪精行草書每自署其號曰四樓會直指使者按粵令作字署四樓以進拂直指意所有退而笑曰筆墨事按君乃視爲縣奏記耶遂歸有秉燭堂稿縣志

方興邦字懋藩莆田人常以古文詞聲律受學於舅林萬潮庚子鄉薦授上海教諭後爲吏禮兩部司

務與廣陵宗臣爲同舍郎嘗作百花洲歌贈之有
青蓮風歷廣西參議著有喬村集縣志
柯茂竹字堯叟莆田人維騏孫少穎敏登萬歷進士
授海陽知縣有善政退把圖史夙善病復以勤事
卒著有柯論柯亭詩文初稿縣志
余颺字賡之莆田人崇正進士其制義與同年夏允
彝陳子龍齊名宰宣城積案一清已卯分校鄉闈
所取如王亦臨方以智皆知名士未幾賦歸杜門
著書有蘆中詩文集蘆蜡史論識小錄縣志
葉甲字白生莆田人崇正中鄉薦平生博學好古著

有師石堂稿嵵有方綜字章敳嘗於三山與弟鏘字八公集八郡名士結西湖社後以父喪廬墓卒有紅琉璃集縣志

林說字傅公莆田人爲人恬淡無競篤嗜經史舉崇正鄉薦敝衣徒步遇山水友朋樂處往往托詩見志甲申後挈家入深山絕粒死著有寸艸堂集縣志

林嵋字小眉莆田人登崇正進士所作制義奇逸詩原本漢魏於唐獨宗李白外此夷然不屑也甲申李自成犯闕嵋間道渡江上書閣部史可法首言賊中事甚悉可法奏留之嵋磊落負奇節既登第

欲自表見會時事已非乃益肆力於詩所作多悲
憤語後賦絕命辭三章嘔血數升卒帽以詩文殉
君父以性命殉詩文著有蟛蜞集十二卷縣志

國朝

余懷字澹心莆田人博學工詩詞北遊建康賦金陵
懷古詩一時名流傳誦謂不減唐劉賓客漁洋詩話

吳士熺字仲初莆田人嗜學好歌詩自漢魏而上無
所不窺康熙丁卯舉人屢上春官足跡所經蒐探
感觸輙寄之詩古文辭知扶溝縣有政聲三年解
組歸偕同好以筆墨娛老著瀹齋詩文集縣志

林丙春字叔巘莆田人嗜古力學凡天人理數象緯律呂之書靡弗究詩文俱從肺腑流出著四書纂解禮記纂要周易尚書參校硯山集同時黃軾黃轍兄弟俱工詩古文詞與丙春齊名縣志

鄭得來字光兩號墨愚仙遊人幼聰穎侍御林蘭友目爲不凡工詩文著有愚齋集荔林詩集薪書譜系肋餘草連江里志縣志

林鳴球歲貢生仙遊人篤學工文於後進多所培植康熙癸酉鄉試主司孫勷已拔第一以他故不售爲惋惜曰鳴球可謂數奇序其文以行世痛其殁

死賊難對人言未嘗不慟學者擬之晉王裒云縣志

姚黄甲字叔庚莆田人天姿高邁寢食古大家癸酉孫勤典試黄甲以文贄稱爲國士戊子舉於鄉司諭平和遠近負笈踵至所著有詹詹草縣志

林元之字又偁莆田人郡守許煥試士見所作聽彈湘妃怨詩嘆爲何大復明月篇當不是過元之綽有儁才攻聲律尤善塡詞倚聲按拍至百餘調徐檢討釚周參軍在浚見而序之謂在秦黄周柳間著有香艸詩文詞集縣志

朱朗字斯荀讀書過目成誦名噪海内康熙乙未進

士任甯縣有惠政旋改建寧教授訓廸多方文風丕振著訓蒙家課初學宗之縣志

彭帝時字敬夫號梅川康熙庚子舉人博學工詩遠方從遊者户外屨滿著有詩經演義縣志

嚴光漢字丹斯仙遊庠生十歲能文筆墨町畦之外別有懷思賦性磊落瀟脫尤豪於酒著耕園錄草草亭詩集自怡外篇縣志

俞荔字碩卿莆田人雍正甲辰鄉薦第一聯捷進士授廣東長寧縣下車卻鹽鐵錫爐商人饋送百餘金不受尋委署連平州興利革弊盛有政聲歸田

行李蕭然奉母至孝結茅南谿授徒講學著有詩文集若干卷縣志

廖必琦字師韓號愧荊莆田人爲諸生時以孝聞登雍正甲辰進士初授主事以陪奏改翰林院庶吉士授檢討入直　武英殿遷浙江道監察御史多所建明未幾假歸居莆之龍泉其地多植荔因自號曰荔莊杜門謝客不預外事人稱其清操年八十卒著有荔莊詩鈔莆田縣志黄任撰傳

顏代崙字廣伯仙游人性岸異過人好讀書家貧不能自置遇藏書家必借盡讀乃還尤好宋儒家言貫

字融徹雍正壬子舉於鄉著有青巖集縣志

吳孫逢字開吉莆田人爲文一出性靈不襲人牙後語乾隆丙辰成進士授車駕司主事歷刑部安徽司員外郎以疾歸行篋蕭然家居仍理故業著有春秋管見測義及桂林閣詩文集縣志

鄭帝眷字秩公莆田人文炳子性穎敏而誠慤游庠食餼試屢冠其曹文名藉甚而於孝友尤篤凡得修脯輒供二①人甘旨親歿刲股以療與兄上仁共行善事乾隆庚午舉於鄉主司金德瑛亟稱之未會試而卒聞者惜之著有經史彙珠勸善書縣志

校注：①親

福建續志卷五十四

文苑二

泉州府

宋

鄭褒字成之惠安人宋初承五代後文格卑弱褒力去浮華直追古作者咸平元年登第未命下卒有集十卷行世蔡襄論閩中文章自歐陽詹後惟推褒云府志

江致堯字聖俞惠安人少用力於六經以特奏任法曹官務煩冗而丹鉛不輟有周禮解及詩集府志

曾燧字端伯晉江人初爲尚書郎直寶文閣奉祠博學能詩居銀峰集百家之說類纂成書可以資治體助名教廣聞見供笑談凡六百餘種府志

陳景溫字子實晉江人淳熙間列上庠詞賦擅名弱冠入京補試以大衍天地之樞爲題景溫講析四象要義甚詳應試者皆來授指以內舍生卒同郡林冠英高仲魏奕士明陳世仁仁卿陳時中子周許國光潛仲王照復成之等皆與景溫同時知名府志

許衎同安人隱居苦學博通經傳子史編田舍墨記

四十卷府志

元

趙希直晉江人宋宗室里第藏書羸於巷市悉遍讀之尤以善詩聞張以寧稱其短章清妍妥適長篇滔滔汩汩簡斷而思溢人不足巳獨多也府志

明

陳亦言字汝納晉江人元至正間自古田侍父來官浯州鹽場因家焉刻苦力學貫穿經傳子史詩賦尤工洪武初不樂仕進著有潛齋集府志

劉嵩字子中晉江人博通經史所爲詩文清新奇古

不倦思索人謂其有謫仙才洪武初以賢良方正
薦授廣西賓州判官卒泉名士多出其門著有中
齋集府志

楊曜宗字世顯晉江人幼聰警經史百氏靡不博涉
洪武中以明經薦授晉江訓導擢韓府紀善遷左
右長史輔獻恭二王以禮爲文溫潤典則詩清暢
麗密學者稱思復先生有桐月山房稿府志

郭廬字居賢以字行晉江人治壁經學博今古而磊
落多奇節洪武丁卯鄉薦授潼川臨武教諭詩平
淡古雅中復慷慨雄渾胡儼稱爲逸才有潼川遺

稿府志

溫良字元吉晉江人學問該洽工晉唐書法正統中舉於鄉授中書舍人預修宋元綱鑑一統志英宗實錄李東陽稱其書法有李北海趙文敏之風舊志參顧學編

莊鵬字萬里惠安人成化丙午舉人授新寧教諭議經術考古制釐正文字程式以變易學者習尚鵬獨居一室點勘書史雖分注小字亦備精細作爲文閎麗可喜縱橫穿貫莫窮其辨有遺稿藏於家閩書參小山類稿

林鴻儒字允德惠安人祖光有隱德父密以孝聞鴻儒亦善事父母治尚書專其經著有尚書目錄治書者宗其說王愼中奇其文以通於唐順之唐亦驚異與定交府志

朱梧字子琹晉江人嘉靖丁酉舉於鄉力學而尤長於詩就職博士遷楚令行潔而材迂遂罷歸徧閱唐人詩手抄口誦結爲詩社嘯咏往來不絕其詩與山人陳鷗江一鯉于宗亮朱汶詩彙刻王愼中序之府志

朱汶號碧潭晉江人以名家子少從父薄遊歷覽名

勝退學詩屋壁户牖題墨皆滿一日郡守出訪汶燒筍煮茗以飲於是泉人乃知有朱詩人閩書
江一鯉號草塘晉江人倜儻喜談孫吳豪氣過人盡傾一座既與朱汶于宗亮等結社格調清越音節鏘然而無矯舉匡拂之意陳鷗號忘機于宗亮字○○皆豪宕工爲詩與一鯉友善名與之埒閩書
張翯字仲士惠安人岳次子少淹貫知宿學文思波湧嘉靖末祭酒陳廷薇試冠六館士秋試主司林熑讀其五策置前矛後知爲襄惠家兒喜曰三篋之風不墜矣所著有論史存半稿府志

郭文煥字仲實晉江人嘉靖歲貢授高安訓導自少究心理學四書易經太極通書正蒙俱有註釋間或發蔡清所未發讀史別出論斷四書學庸口義成於林希元存疑未出之前論議多脗合者府志

張鳳徵字舜夫號治庭同安人生而穎敏繈褓中輒能識壁上字九歲通五經大義嘉靖乙丑進士觀政御史臺病卒子繼桂萬歷乙未進士仕華亭松陽知縣清白堂稿

鄭昭字養①聊惠安人博學嗜古為詩文與衍成家著有小圃抱甕錄蠹木賦何喬遠刻入文徵又作桃

校注：①養

源行落落五百餘言清眞簡遠超然塵壒之外居家課子有處世寧須辭爵祿立身全賴有詩書之句徐氏筆精

周良宰字以制號肖戇晉江人泉故多習易少治戴經者良宰獨以是名家所從授經者莫不博科第去若何喬遷其一也良宰授弟子經三場兼通不顓制義何鏡山文集

何喬遷字齊孝晉江人與弟儀部喬遠世其父炯學同習戴經初治博士有聲最後攻古文辭峻潔典亮矩矱歐曾萬歷丙子舉於鄉授建陽教諭歷大

理評事多所平反卒之日篋無十金府志

郭偉字洙源晉江人髫歲以文學名萬歷初李廷機諸人爲紫雲會偉與焉纂鼇頭龍翔集註并集註發明衍義彙銓珠璣歸正抄評正宗共八種海內家傳戶誦繼而流寓金陵撰崇正錄名公答問等書三十七種最後成集註全書年七十餘卒府志

留湛然字敦照號鑑泉晉江人宋忠宣公正之後舉萬歷鄉試資不敏而善强記一經腹笥永如自閱至構思屬筆則劃然心開藻麗旁溢即宿儒謝弗逮

黃志清字以度號鷲峰晉江人父錫知鄧州志清年十四見知於督學胡定萬歷中成進士選翰林院庶吉士授編修益沉酣經史殫精義易及館選後又旁通天文地輿日歷術數年三十六卒於京閩書參何鏡山集

洪猷字文振號積齋晉江人家貧力學授徒取陳真晟心圖蔡清密箴爲士誦之解咸艮二卦謂艮者止也君子思不出其位則靜而非虛矣咸者感也君子虛以受人則動而非實矣萬歷十七年應貢授南安訓導時以講藝中指點身心性學閩書參雲臺藏

稿

陳鍔字巽卿號斗山惠安人嗜古文詞稽核典故邑中户口賦役關堡阨塞原隰高下之等衣食制作之原瞭若指掌領萬歷鄉薦會大司農檄丈天下田賦鍔言於令曰官吏行清丈而民滋累但以一二虛數分配百千里田之家所賠不過錙銖而騷擾之費詭射之弊無復爲民困者於是均賦止丈民大稱便著有詩文集若干卷子廉萬歷進士廣東按察使 採復棲藏稿

林如源字維清晉江人少孤勵志好學長搆五因別

業讀書其中自十三經二十一史以迨諸子百家博聞强識孜孜不倦所著有綱目集要史評八閩名山川誌掇名誌五因閒鈔何司徒佳話諸書凡十餘種精於詩賦人呼爲五因先生府志

蔣熺字晦之晉江人相國德璟次子三歲誦唐詩數十首四歲遍讀四書以次讀詩書諸經覽父架上子史輒曉大意八歲能文九歲作武王周公桀紂諸論多斆古案十歲從父北征遇景輒咏十一策魏璫必敗曰此豎極横丙寅丁卯敗立至矣魏果以是秋磔死及長喜讀易及太元譚理出人意表

後究心理學以王文爲師秋赴省試感寒疾而卒僅十九耳有遺集名童貞子集節晃巖集

國朝

阮旻錫字疇生爲明功臣某之後從峽江曾櫻遊傳心性之學又講習風雅旁及道藏釋典諸子百家兵法戰陣醫卜方伎之書無不博洽淹貫鼎革後棄舉子業遊歷吳越齊魯燕趙以詩自娛學者稱輪山先生著有存稿府志

李登卿字得御南安諸生幼以文受知於何鏡山郡中開任仁賴社皆以登卿領袖從者雲集著有詹

詹言及屬行語錄府志

傅爲霖字石漪號海三南安人明會元夏器之後由海上納款制軍姚啓聖題得其力爲霖能文工詩初授松江府通判郎攜其祖夏器錦泉集與太倉吳偉業松江周茂源校梓之爲詩有秀骨逸氣饒於藻而沉於思著有賜谷文集別集府志

陳允錫字子師號豐齋晉江人善讀書五經子史詩文靡不淹貫順治乙未以人才舉試一等授德化教諭改扶風縣丞流寇掠邑允錫朗誦衙齋寇問何以不去曰吾爲朝廷吏與城存亡去將何之寇

奇而去歷官布政司都事以文名聘修志書如鳳
翔府志江西通志皆出其手久仕閒曹益肆力於
經史詩文有十三經解二十一史緯諸子鈔古今
詩刪古今文選疊齋集皆膾炙人口遷平湖令乞
休歸陳介石撰志
黎陳氏家傳

李兆慶字賴甫號惟念安溪人兄弟六人皆力學著
聲兆慶性至孝尤篤嗜正學屬文不拘繩尺而淹
博宏深順治乙未全家陷賊中仲兄日爆募死士
擊賊數戰賊窮促走兆慶及家屬得脫於難歸後
鍵户掃却謀子弟讀書平生踐履篤實與前賢理

學語錄默相契合子光地大學士府志

許學衡字徵若號少魯惠安人中順治間副榜選泰寧教諭未仕而卒學衡少學制藝宗震川荊川詩歌古文得力於杜陵昌黎李光地讀其詩歎賞不置又云以眞學術名世不徒在詩文間府志

黃志璵字曾龜號玉齋晉江人康熙癸丑進士綜覽羣經尤工書法授內閣中書舍人詔制誥勅多出其手下直即手一編不輟所選唐宋文韓詩爲後學津梁著有留耕堂集得閒堂詩集黃氏家傳

莊延祐字素思安溪人康熙己未進士選庶常奉

吉編纂十六國史以病歸郡士以文就正多所造就府志

李昌焴字性甫安溪人幼卓犖其學長於史書自春秋内外傳司馬氏而下兩漢南北朝史及涑水通鑑皆能熟識默誦而㞕①指其興廢成敗順治乙未家陷於賊兒日爆見賊魁請傾家貲以贖魁佯許之而窮以力所不能日爆曰此非可以情理邀也夜與兒私②覘賊壘巖巠形勢曰此守衛羸弱可奪令其兒懸崖出鳩鄉衆夜擣賊巢而脫全家於難後絶意仕進優游田里族黨推爲典型府志

校注：①屈指　②私

何龍文字信周號夙菴晉江人康熙戊辰進士授庶吉士未第教諭長泰遷汀州府教授修泮宮條學規士人多所獎拔既館選乞歸營葬以疾卒著有春星草堂集何氏家傳

富中琰字蕭上號鮮生晉江人禮部侍郎鴻基子自幼力學凡經史諸子百家及山川輿圖方物之書靡不淹貫年二十遊庠甲寅遭兵亂亟負母逃亂妻牽衣求携竟絕裾走居喪悉遵古禮三年不飲酒食肉處內由教習選大姚令尋擢遼陽州牧以病告歸官橐蕭然著杜詩集解自著臬羹集燕遊

草晚年又著等韻一書（府志）

蔡震升字詔青晉江人康熙庚午舉人少負奇姿詩文有六朝中晚唐風致新城王尚書士正稱爲大才泉帥張雲翼及同里施侯琅延爲上客時與侯官林佶同安阮旻錫之子允讓著有理氣漫言事行畢論二書（蔡氏家傳）

張贊宗字子參同安人家政推兄主之兄歿推嫂姪皆不問出入而不私一錢尺布惟慕古好學爲詩文奇思偉論能獨出手眼陳元孝唐海門有酷肖子長並駕錢劉之目年七十三卒著有史評詠古

澹若齋前後編餘荏井桃蜩音詞等集府志

李鍾倫字世得號莱園光地長子性至孝幼治經史性理旁及子史熟貫而析其義復從其叔父光坡治三禮於周官戴記尤盡心焉康熙癸酉舉於鄉卒年四十四居常持身謙退而志氣卓然於古人書務①窮極幽渺嘗云人於苦處不能尋味如何於樂處有得著有周官纂訓數十卷三禮儀制歌訣一卷四書節記一卷府志

陳夢球字二受同安人以旗籍登康熙甲戌進士擢翰林院編修扈蹕南巡屢蒙褒許著有詩文集

校注：①欲

府志

黃彥標字樹之惠安人有文名又精繪事得宋元逸趣康熙甲戌進士士大夫入閩爭索其畫趾相錯其聲與吾野山人同府志

林之濟號象湖惠安人康熙丙戌進士選庶吉士授編修嗜古博學詩古文典雅贍蔚著聲南北著有西村詩文集府志

潘鼎珪字子登安溪人康熙間遊臺灣入庠而歸籍泉州鼎珪天材明敏下筆千言嘗遊交趾著安南紀遊與嶺南陳元孝尤號知交爲序其集著詩文

二十餘卷府志

林霍字子濩同安人博學工詩究心等韵之學著述頗富遊意林壑有蒼涓詩集雙聲譜行世府志

施世驃字文迦晉江人琅第五子少有才思能爲詩歌授府貳不赴琅隸京籍疏請世驃留閩歸城東園有亭臺花木日與郡士大夫爲文酒之讌著有東園詩集府志

李光北字上卿日煜四子康熙舉人福清教諭盡心春秋內外傳著有春王正月辨論伏窓詩集府志

何維嶽字禮宗號任齋晉江人康熙戊子舉人詩歌

詞賦自成一家事父母至孝父殁官舍扶櫬歸每
夜獨宿舍外以守哀感行路又嘗脫宗族親串之
難汀州邱嘉穗稱其至性厚德著有任齋詩文集
何氏
家傳

李鍾旺字世賁安溪人康熙戊子舉人侍世父光地
聞讀書之要潛心於濂洛關閩諸書薦充性理精
義館纂修考授中書舍人卒著有憶訓錄重申錄
周官劄記諸經雜解及詩賦古文詞等集府志

李鍾佐字世諧安溪人年十三從父光地居京師爲
文以進張文貞公玉書大奇之曰吾畏友也弱冠

遊庠能極思與解凡西土所傳歷法及幾何數法指陳根裔萬支千湊不可胚胎無不冥悟子清植①官禮部侍郎府志

李鍾僑字世份號仰亭安溪人天性孝友嗜學善屬文康熙壬辰進士授翰林院編修杜門數十年恬澹自若督學江右惟誘進人士以經訓實學爲務會按察使李蘭咨革生員鍾僑難之李銜以姑息劾歸補國子監丞公暇修輯舊學所著有論孟講蒙詩經測義尚書典謨周禮天官易說等書鍾僑內行純篤在江西以所得俸餘立宗祠宗人有以

校注：①植

居屋售者諸子已與訂約鍾僑聞之立還其券而不徵其直曰吾不忍也子清載清江清芳俱世其學清載雍正庚戌進士○○知府清芳乾隆丙辰進士由翰林歷兵部侍郎府志

世拱顯字爾韜號小山康熙癸巳舉人九歲能文弱冠安溪李光坡延之所纂十三經註疏多互相參訂詩詞古文卓然名家後授永定教諭以老疾辭著四書管窺詩經輯要詩文集世氏家傳

李天寵字世來號鑑堂安溪人廉節操邃於經學康熙乙未進士授庶吉士擢編修在史館二十年與

弟鍾僑以氣節學問相高鍾僑歿於京護其喪歸以著書講道爲業疏注六經子清時乾隆壬戌進士入翰林山東運河兵備道府志

黄夢琳字球卿晉江人邑諸生性清介好學少得吳喬詩法古今體彷彿中晚唐著有雪舟詩集詩學正宗黄氏世係紀

李清藻字信侯安溪人祖光地命受業於徐用錫何焯學博而醇康熙丁酉舉人授定南知縣丁母艱服闋薦舉博學宏詞復補興國縣決獄平允以勞卒清藻爲文踔厲風發汎涉經史子集百家釋典

於歷代典章制度沿革莫不切究尤精於音學書法所著有經史新記壁經梅書辨賡詩文等集府志

楊廷勷本名廷選字青仲號仙洲晉江人康熙辛丑進士選庶吉士授編修充四朝國史館纂修廷勷篤好經籍每下直手不釋卷著詩文集若干卷府志

張對墀字丹颺號仰峰同安人居晉江康熙辛丑進士授大康知縣殫心撫字後以與友人書被逮卒於配所對墀博學多識工時藝詩古文尤奧衍宏深力追古人所著有同江詩文集府志

陳紹芳字德候號庭思晉江人雍正甲辰進士授肥

鄉令以不能脂韋去職工詩詞古文顏柳書法及
岐黃青囊術府志
李清江字皋侯鍾僑子雍正癸卯舉人爲文章援筆
直書頃刻千百言奇趣天溢莫能窮其巧弟清愷
字振侯雍正己卯舉人俱有文名李氏家傳
吳振蛟字曆三號桃江南安人雍正庚戌進士分發
廣東知縣未得缺而卒振蛟德性粹然少有文名
肄業龍峰從巡撫張伯行編纂儒先諸書講身心
切己之學及奉檄至粵上官咸重之洪默齋撰誌
李光型字儀卿日煋次子少問學於從兄光地研究

有心得雍正丙午舉於鄉癸丑　詔舉理學朝臣以光型薦　特賜進士擢河南彰德同知有循聲遷刑部主事充律呂館三禮館纂修以疾告歸著有崇雅堂文集臺灣私議趨庭錄府志

王士讓字尚卿安溪人安貧勵志篤嗜經學中雍正壬子副榜舉博學宏詞以薦充三禮義疏館纂修議叙授湖廣蘄州州判所著有六經訓解同榜王元芳字鼎汝工詩文卓然名家與士讓同舉詞科府志

洪科捷字成仲號默齋南安人性孝友且篤於宗族嘗葺先墓建宗祠考朱子家禮訂定規條以教族

人當丙午夏泉郡穀價騤昂科捷告於積粟者平
糶邑賴存濟尋以舉人司諭浦城惟以振學校興
文教爲事自是鄉薦者接踵乾隆巳未成進士選
庶吉士即告養歸奉親之暇益以敦倫潛學訓子
弟鄉里咸服其教爲文簡古詩尤工雅年七十三
卒子世澤乾隆丁巳補試詞科入翰林授檢討學
尤淵遂傳節家
忠科聯字乾甫惠安人乾隆戊午鄉薦第一巳未進
士入翰林邸中扃户讀書絶不事投謁詩文爲牌
賢推重志府

漳州府

宋

吳桓字孟文龍溪人元豐進士熙寧間陳三要三術指切時務官至朝散郎攻古文詞有文稿及古律詩百篇傳於世府志

李則字康成龍溪人試太學不得志浩然東歸教授生徒如楊汝南李恂輩皆出其門累薦鄉書紹興間以特科授桂嶺簿攝富川令調德化所至有惠政則學得之程蘇二家有文集教人以仁義爲本道南源委

鄭公顯字隱之龍溪人初以周禮魁鄉書又以詞賦預薦登乾道丙戌第調富沙户曹獻時事十論宰同安縣有惠政進權刑部郎官兼權直學士院遇慶會聖節宰臣率百僚拜表就公顯索文援筆立成甚工歷官至中奉大夫公顯爲文切當有法度尤長於儷語廟堂表制多出其手有文集十卷時事論十篇及語錄縣志

鄭公斂字明之龍溪人乾道己丑登第歷福清簿有政聲以薦調古田教官理學見重於時著文集語錄傳世道南源委

元

王吉才龍溪人篤志古學尤明典禮郡守延爲弟子師後爲泉州學政親歿哀慕痛毀雖耄年不異孺子平居歛容未嘗見疾言怒色學者稱益齋先生道南源委

明

鄭深道名文平以字行龍溪人洪武初領鄉薦授程鄉教諭遷寧波教授屢應聘典順天湖廣江西廣東試陞司經局校書入侍經筵讀書制誥以學問老成操履清貞褒美之年七十致仕徜徉雲水間

著有存養軒畧樓遲集府志

黃文史字廷寶長泰人少穎悟博極羣書洪武中應試南畿作五經題有司以違式取旨太祖讀其天下一家論大異之御批置第一免會試授刑部主事以事忤旨貶江西推官爲屬官所陷謫戍大同生平著述甚富惜軼不傳府志

陳鳴球字舜夫詔安人性至孝家貧力學嘗與湛甘泉論體認工夫謂工夫無處不貫然下手處不可不知甘泉歎服又與薛中離講明良知之旨證吾心之無二鳴球明於理學而於天文陰符諸書尤

精曉所著有道心圖體認要解欽齊集外陣圖解府志

邱原高漳浦人磊落不羈聞羅洪先講學江西徒步從之刻志苦思有悟而歸語人曰吾昔憑氣今憑理昔信理今信心然後乃知學之能變化氣質也縣志

林魁字廷元龍溪人宏治進士自幼博聞强記落筆多奇既釋褐益肆力墳典授户部郎西僧大來法主奪民田四百頃魁疏其不法田竟歸民歷官廣東參政乞休歸闢草堂於白石村自號白石乞言

問字者門無虛日著有白石稿歸田錄縣志

潘鳴時字徵平海澄人家貧就外傅樵採以資學業出遊吳會謁王畿講學而歸益聚徒討論於本里行鄉約積義倉練鄉兵以防不測會五寨草寇發以所練鄉兵平之講徒日衆由恩貢判信陽州以拂當道罷著有讀易偶見語錄等編時同郡施仁字近南①博洽善屬文高則賢善講經周一陽以名節著與鳴時潘桂芳號稱五賢閩士負笈至者無慮數百人府志

戴廷槐字元植長泰人束髮修古於書無所不窺隆

校注：①甫

慶二年應恩貢入南雍姜公爲大司成延槐輿茹蘊張幼于齊名姜嘗云用賦張也升堂小戴入室矣一時詞人盡傾以母老捧檄爲遂安尹用經術飾吏治因忤當道罷歸著有就正文畧製錦堂集樵談藪易學舉隅革節卮言府志

林纘振字公悅漳浦人少應試督學周宏祖閱其卷無草稿而字復端楷若夙搆者心疑之面試入闈三道論頃刻立就周歎爲奇才置第一登萬歷進士授工部主事司節慎庫中貴人僞傳造象牀取庫金萬計纘振抗聲曰取庫金不下大司農而以

一貫人傳旨庸知非詐乎中貴人語塞而去著有
海雲館集府志
劉庭蘭字國徵漳浦人賦才雋穎攻古文詞發閩解
與兩都魏允中顧憲成稱鼎立與庚辰同第南宮以
氣節相慕値允中上疏忤旨責判陳州郎以書請
於許國語殊懇激都人壯之未幾卒於家少與伯
兄庭芥庭蕙自相師友稱爲三劉縣志
黄以陞字孝翼龍溪人崇正間舉孝廉以母老不就
遍歷天下名區多所題咏有七州詩集與同里黄
道周張燮稱金石交歷知寧波府歸著述極富今

作麗典新聲及蟬寞集縣志

林子雲字質夫漳浦人潛心理學躬行實體融州教授著易說十卷道南源委

國朝

陳箴字于寶龍溪人順治中恩貢歷平和邵武建寧連城教諭所至有聲巡撫張伯行禮重之詩有中晚唐風格著晚簾詩文集與同時洪垣順齊名縣志

蔡璧字君宏漳浦人宗禹曾孫康熙壬子拔貢文名噪成均四明陳汝咸宰漳浦嘗稱爲今之黃叔度事親至孝丙辰授羅源博士躬爲文以課士巡撫

張伯行廉其名延至三山先後主鼇峰共學兩書院九郡士多稟學焉生平教人在篤於倫理嚴於義利不以空談性命爲高子世遠自有傳府志

李基益字時行海澄人康熙甲子舉人九歲善屬文解聲律遂以詩名後司鐸永定尋乞休日以著述爲事嘗鏡古今之得失傷事物之盛衰作史論感鄉俗之偷憂生民之蹙作閩漳詩思微言之將絕念末學之傾頹作心宗其餘喜怒哀樂悉寄之詩著有易經解心宗諸集府志

葉先登字岸伯長泰人幼警敏康熙壬辰成進士授

翰林檢討爲京州道轉冀南左遷別駕歸性好學著有易經解餘猶手自抄錄有木天草傚帚集縣志

鄭子江字民仲龍溪人篤志讀書屏絶人事詩古文詞皆工與鄭亦鄒齊名時稱二鄭康熙庚子舉人著沙村集縣志

陳祖虞字子篤漳浦人年未三十棄舉子業務爲聖賢之學嘗註釋離騷左傳及哀江南賦著葛亭艸二集縣志

王道字直夫漳浦人博學工吟咏少以詩受知於學使沈涵名日起北遊京師宗伯吳文恪公士玉甚

器重之道自諸生以至筮仕每有餘暇輒手一卷不輟所爲詩從近體入更尋味於古風樂府沉鬱雅健氣味淵蔚俱不懈而及於古者有詩集拯二希堂集

戴侯焆字仲江工古文尤精史學綜括羣書作史貫二十一卷康熙丁酉副榜雍正乙卯舉于鄉年七十矣乾隆丙辰授國子監學正縣志

韋元字步沂龍溪人少篤學任龍巖學正尋調鳳山修學宮輯郡志乾隆甲戌成進士授庶吉士著春齋詩文集縣志

鄭誠中字葦齋龍溪人歲貢生內行純潔尤以文豪於鄉與鄭亦鄒吳鍾戴盼諸名流服襄騷壇狎主齊盟子蒲乾隆甲戌進士縣志

延平府

晉

廖安將樂人年十歲讀易春秋二經作文如注尤以詩名府志

廖衡順昌人性警敏六歲能屬文縣尉催租見之命吟雨中山茶有淚多陳后愁離殿洛出楊妃困倚欄句尉大奇之名聞於郡郡守檄縣以禮遣試以

詩立就既冠赴鄉舉上司得其文置第三守者私易之自是絶意功名終老林壑（閩書）

元

蕭山沙縣人舉端平二年特科仕長溪縣丞性頴敏於書無不讀究理精奥著有讀書傳論語講說讀易管見（道南源委）

明

黃起莘南平人由歲薦司訓莆田所拔皆知名問奇者雲集遷太寧教諭歸家居淡素嘗著書經講義四書講義詩文集（縣志）

盧兆字吉夫順昌人博覽羣書詩極華贍以選貢司訓分宜庚子應鄉試不售遂棄官歸開詩禮二館專以誘掖後學爲事士之及門者多成令器府志

黃文梯沙縣人學問洽博善古文詞工草書嘉靖壬①子舉人令餘干調保昌所至有惠政致仕歸談經啓廸有益後學最多

欒文解沙縣人學務窮理時羅洪先解心性學文解往從之羅欣然曰吾老友也嘗以四勿之語相質羅曰致力於心心存於事物未接之先如此克己方有着落此須持行自見未可得之口說也文解

校注：①庚

服膺以行漸有造詣擢鳳陽教諭與南海歐大任同徵修實錄又令編緝薛瑄語錄後謫雷州謝病歸著有一沙文集詩集縣志

盧應瑜字叔忠順昌人隆慶丁卯舉人知遂溪縣遷潮州同知治河有功掛冠歸養著書闡明格致一貫中和夜氣之旨道南源委

尒①履信字順卿南平人有聲黌序萬歷辛卯中應天副車歸祭楊羅李朱四先生宗旨四方之士歸焉府志

廖鐔將樂人幼機警敏悟性嗜博洽弱冠補弟子員

校注：①余

不屑屑於帖括著史論二部爲詩四萬三首①自名檄欖集備唐諸家體戊子爲賊所害縣志

國朝

毛章業南平人性醇厚而肆力於學執筆爲文翛然流俗之外由諸生貢入成均一鄉稱其孝友凡諸兄之食飲服御與子弟之婚娶誦讀皆身任焉著有蔚廬詩文集縣志

福建續志卷五十四終

校注：①百首

文苑三

建寧府

宋

吳秘字君謨甌寧人景祐初進士爲侍御史僉知諫院以言事出知濠州秘好學著易通神五卷註楊子牋太元嘗歎春秋三傳同異欲作春秋集解以省府關委因乞閑郡補同安守仍畀以轉運使祿秩府志

林志寧甌寧人嘗詣文彥博求教彥博云此無以相

益有二程先生可往從之因詣程氏求見與游酢楊時爲同門友閩書

徐常字彥和建安人元豐進士問學該貫與陳襄爲友歴州縣奸民猾胥畏若神明與蘇軾兄弟遊軾常稱爲竒男子府志

陳律字宗禮政和人博學多通元豐八年登第嘗留詩西門外云三島路從天外去一枝香折月中來遂以折桂名亭府志

游復字執中建陽人篤實純明居鄉以經學教授生徒凡受業者往往率德自好一舉於有司不第遂

終身不求舉楊時誌其墓曰德足以私淑諸人學足以垂世傳後府志

陳掄龜字朝端建陽人居近朱熹日與熹遊熹與書勉之問學不下百餘章舉進士授永豐尉未赴卒閩書

葉湜字子是甌寧人舉進士以父任調新化籍尉贑之寧都改惠安丞時守泉者眞德秀嘗稱僚佐之賢者數人而湜與李公晦爲最公晦學邃氣平本經術明世用湜堅彊介直遇事無難二人勁易不同同歸於是德秀既得二人之助二人亦相得甚

歡涅仕終安仁令壯歲遊朱門得其直養之說故
爲人磊落光明無所回隱道南源委參府志

熊夢渭字竹谷建陽人少受業於蔡淵後遊真德秀
劉爚之門潛心問學不求聞達著有三禮通議春
秋約說府志

劉欽字子時建陽人在襁褓中啼哭示以書帙即笑
甫能言母梁氏教以古詩輙成誦不忘七歲日受
數千言每夜達旦母憐而節之乃匿膏室中候母
寢復燃從蔡沉學精於易以蔭補承事郎有政聲
歷官殿中侍御史歸隱武夷著有書經衍義文集

十卷道南源委

劉銓字了平建陽人博通詩禮其學一以考亭為宗登開慶進士授臨川尉政治有聲尤工吟咏膾炙人口府志

劉翔字圖南浦城人通諸經尤注意於易累舉得官調蘄春尉因上所著易卦辭尋授福州教授翔謂教官風化所係要當上不負天子中不負州郡下不負子弟入學之意著有易解十卷府志

明

蕪仲簡名境以字行建安人好學善文詞與兄伯厚

弟叔敬季雅自相講授洪武初以明經授崇安訓導以詩鳴著有敬所小藁四卷府志

丁顯字彥偉建陽人博通經史援筆成文洪武中會試第三人及廷試顯居首練子寧次之黄子澄又次之先是上夢三絲墜地將臚唱以子澄年少議論過激抑置第三而以二甲花綸易之三人姓名俱有絲上喜甚俱賜狀元授翰林修撰明開科狀元及第自顯始坐事謫廣西馴象衛死戍所雙槐歲抄

黄福字汝錫浦城人學博而有淵緒由貢任杭州府訓導擢太常博士永樂中與修五經四書大全及

性理大全陞寺丞卒府志

楊晉亨建安人廩生榮裔孫博極羣書六經子史皆能發其奥旨古文詞直逼秦漢詩有盛唐風人稱爲絶代奇才有文集若干卷府志

陳木字可棟松溪人工古文詞與陳至言葉紀范茂先魏濬同時時稱五才子有集府志

范茂先字華甫松溪人工古文詩歌邑人魏濬稱其詩自劉宋西京以下及元和長慶靡所不窺不斤斤求似而風格自合嘉靖間主禦倭之策卒全其城府志

蔣易字師文建陽人勵志篤學博極羣書篇磨句定手自刪錄學極精到爲文汪洋滂沛直追古作者著有鶴田集二十卷編類元朝風雅三十卷府志

國朝

楊士美字在中甌寧人博洽通古今所學醇正一以經史爲準令饒陽有善政著有長言史論府志

賢嘉祉字扶陽浦城人邑諸生名爲士林冠善詩文兼有膽畧順治十三年招山寇陳德容就撫擢古田訓導邑士多所造就縣志

邵武府

宋

黄巖始祖膺從王潮渡江卜居邵武故縣巖以儒術名游梁宋與趙普善所著有詩文集府志

李夔字師和邵武人書一覽成誦文不停綴舅氏黃履每器重之與楊時友善登元豐進士爲華亭尉有政聲官至右文殿修撰卒時爲撰墓銘後以子綱贈太師衛國公縣志

李純德字得之光澤人少治周禮學兼左氏春秋爲文簡古不逐時好居家篤於孝友邑嘗以民兵爲屬純德爲制陳擊刺之法以時閱習甚有可觀紹

興五年以特奏恩將入奉廷對先卒朱子爲作墓銘閩書

李呂字濱老號澹軒光澤人事母孝從學於從叔郁郁學於楊時家學之傳自有端緒晚見朱熹於廬阜爲講學友呂學甚富而尤深於易毎言易在識時和之以義苟非眞知易之所在而喜言變反害於易矣子閎祖相祖壯祖俱篤學世稱烏州李氏壯祖初以書見朱熹求教熹語以爲學之要登嘉定進士府志參道南源委

葉寘字直翁邵武人少時飄蕩豪爽莆田方士繇語

之曰以予之才雋何善不可爲乃甘心里巷耶寅感泣奮勵修飭登朱熹之門問學精詣言行準繩人敬歎之道南源委

上官偉長號閬風山人邵武人與嚴羽友善工詩同邑吳夢易字潛夫其詩亦派出羽朱正中字叔大號力菴官至通守黃裳號則山及正中子汝賢俱有詩集行世府志

李賈字友山光澤人與嚴羽爲友工詩光澤舊志

明

黃伯珪字孟友光澤人少有才名能詩善書登洪武

進士任監察御史凡得一詩字者寶如奇珍縣志

花潤生字蘊玉邵武人幼善讀書人以爲書肆登永樂進士歷官浙江僉事吏部尚書王直薦其經學通明遂轉提督江浙學校著有介軒集府志

朱綸邵武人由貢除福寧州訓導平生篤信强記諸子百家無不貫通郡守吳國倫延之以外史相質綸應答如流三年未嘗有所干吳敬重之府志

朱焯字惟盛邵武人沈穎博古有聲賢存世間奇書無不披閱彙以成帙有詢以典故者旁引曲証人人饜意而去屢阨公車杜門絶客著書立言有集

數種傳於世府志

徐梧字鳳儀九歲能文郡守吳國倫一見奇之屢受知於督學聲籍甚爲人淵沈純粹工楷書及大字善古文詞操筆即成神閒思逸有超然自得意著有四書近言府志

謝廷簡建寧人能詩以貢授訓導嘗有句云野水流雲寂秋山帶月寒過夾馬營云輿圖久屬飛龍歷驛路猶傳夾馬營送僚友云青氈兩歲同聽雨黃葉三吳又上船著有絅齋集府志

朱德政字星衛性耿介卜築白渚溪日誦咏其間韓

歐文皆手錄以讀故爲文如行雲流水有大家風味崇正辛巳入上庠聲名籍甚著有毛詩補說邵武續志

國朝

上官銓字式如光澤人性至孝年十四補弟子員沉酣經史日殫力於詩古文時稱大雅康熙中郡守舉以山林隱逸文行兼優之 詔謝不赴年七十五卒縣志

曾益字子謙號牧菴光澤人湣修洞光巖十載凡經史百子皆得其粹精而今古時事亦瞭如指掌康

熙中以貢任長泰訓導廉於束脩勤於課士所著

灑園集長泰歸來集縣志

龔道字汝宏光澤人雍正中歲貢少失恃與弟選事

繼母並得歡心性耽詩酒尤究心經學邑士多出

其門著有尚書纂要講義書經便讀註釋縣志

汀州府

明

廖翰字舜文長汀人宏治二年以明經知壽州政事

明敏公餘猶讀書不輟善詩工草書縣志

李堅長汀人宏治進士授行人歷戶部郎中爲人博

冶英敏雄詞麗句每片紙出人競寶之府志

鄒時豐字當年清流人萬歷舉人授永福教諭擢湯溪令有詩名曹學佺深器重之府志

黃欽傑字儒子寧化人沉酣經史工詩古文詞屢試不遇而卒同邑黃欽望亦能詩著有紫竹林詩集二卷府志

李夢鯉長汀人泰昌恩貢生五中副車而不得一第由順天訓導擢桂林通判博極羣書多著述會以三殿工成獻賦朝廷嘉獎之縣志

陳坒字二生弟喆字二吉歸化人俱明經工詩古文

詞牲著合璧樓集喆著十笈集府志

國朝

邱夢鯉上杭人崇正癸酉舉人　國朝任榆次令善詩古文著有歸來草澹園集讀史隨筆府志

陳孚虞長汀人順治辛卯拔貢博學能詩著有淳意齋稿縣志

李長日長汀人善古文詞尤長於詩著有石村草堂詩文集府志

劉坊原名琨字鼇石上杭人祖廷標父之謙仕雲南俱死難坊生於滇長而始歸為人卓犖英爽善詩

文有天潮閣集府志

邱嘉穗字秀瑞上杭人康熙庚午舉人知歸善縣著有東山草堂詩文集陶詩箋邇言縣志

林寳樹字光階武平人康熙己卯舉人授海澄令不赴有大全摘抄梁峰詩文集府志

邱六成字兼之上杭人康熙間三中副車著有四書說意易經說意粕餘集府志

黎良德字質存號懷右寧化人博雅淹貫足跡遍天下工書畫著漫游草由太學生授州同知學士大夫咸重其文府志

伊元復字順行寧化庠生淹貫經史泛及天官地輿醫卜禽遁諸書詩文極典則同鄉黎士宏交推之康熙中以鴻博舉張清恪公伯行復檄郡伯造廬徵之以疾辭所著有焦桐集子安民亦能世其學府志

周宗濂字仰溪連城貢生博極羣書爲文千言立就喜汲引後進憐有異其貧不克卒學月給館餐以勉其成異後學成爲名諸生周急賑乏鄉人稱爲長者所著洪園詩古文集士人翕然宗之府志

羅孔裔字祖尼長汀人立品篤行潛修嗜學研究經

疏每以訓廸後進爲功著四書裁述五經裁述九疇河洛解集漢唐宋明諸儒說訂其踳駁以求貫串當世稱之府志

盧銓字省非永定人行醇學富文詞博贍有體雍正丁未成進士歸會歲饑汀郡上游閉糴銓寓書當事得濟一邑賴之知鐵嶺縣蠲逋賦建書院置學田與諸生談經講學始終不倦著有詩文集若干卷子觀源乾隆壬申舉人縣志

巫近漢字碧聯寧化人砥厲名節雍正間舉孝廉不就乾隆丁巳成進士宰樂昌屏餽遺杜請謁興學

校有循卓聲以勦奸被誣去著有待質集西銘口義甸廬詩稿府志

福寧府

宋

鄭昌齡字夢錫寧德人宣和進士耿介不苟秦檜當國聞其才名欲處以美官以書諭意昌齡以詩謝之後以太常寺簿召不赴調本路機宜文字終承議郎閩書

王模字君定霞浦人與子萬章宗望共執經於義豐之門宗望字希古義豐嘗稱其文大似唐子西宗

望學有源委於器數制度考校獨精道南源委

張權字有準福安人掾筆成文雄深典雅自成一家舉進士判福州以寛厚敦俗爲本民悅其善教府志

林偉字文叔寧德人學問該博與高頤余復爲友義方甚嚴子仕夔學行俱粹孫祖恭俱登第人稱詩禮傳家府志

林珙字仲恭霞浦人篤信力行爲文以理勝舉明經不受强補本州訓導半載以疾辭晚年教授生徒以開來學爲己任道南源委

鄭犧字子秉霞浦人少受業於韓信同信同嘗曰君

可續吾閩五賢理學韓卒心喪三年著有詩文集道南源委

元

黄寬字洵饒福鼎人事親孝苦學工文世變避兵以憂感卒無後宣城貢師泰爲誌銘著有四書附纂時事直紀府志

孫駪寧德人少遊太學鍵户讀書舉進士授浙江縣令將行猶造其師俞晰之廬而考業焉既老耽書不懈官多善政府志

明

陳富春字必亨霞浦人方正持重燕居無惰容豪强多為所化以明經授濟州判官泰山有例金曰香稅上官憫其廉命主之至則悉免會王慕其賢使使奉書以迎遷魯藩經歷平生博學工詩文著有代山宗小史縣志

盛福字伯沂霞浦人永樂舉人為上虞訓導宣宗命選教職年深學優者親試端陽閱武詩福卷稱旨進國子學錄長溪瑣語

李天章字雲溪福安人工詩文為諸生每以侃直忤當事與鄭善夫唱和著有詩集與同里郭允美齊

名允美博極羣書遊覽山水時人謂之二隱府志

陳堯典字久進霞浦人萬歷歲貢家貧力學著易說養正授延平訓導兵科給事吳國華解帶以贈卒祀鄉賢府志

蕭九州字禹錫福鼎人博學篤志以選貢知新寧縣爲政有聲萬歷間上守禦十二策邑中利病便宜十二事俱中機宜當路重之府志

丁烓霞浦人早孤事叔如父工文章游白鶴浮劍津登高憑弔著有養晦詩古詩話長溪土產錄閩書

陳世理字朝爕福安人好學能文工眞草篆隸爲諸

生獻策平倭纂修邑志著有朱陸辨程藕辨讀書
不識字解縮蝸集五卷日格數抄五卷藕門集一
卷府志

陳曉梧字昕卿福安人苦學善詞選入太學國子師
器之與北雍諸名士結詩社及歸益肆力書史放
浪山水著小巫稿轂音篇府志

國朝

郭爲瑛字文白福安人康熙甲辰進士少貧嗜學志
寢緯有文名出知鹽山縣歸養盡孝府志

陳淑字孟希福鼎人康熙戊午選貢通經史日成七

藝設教閭塾多所成就府志

金向水福鼎人康熙中選貢家貧嗜學爲文多奇氣善接引後學一時知名士咸出門下設教秦與學者稱慕園先生府志

林日焆字啓晨寧德人雍正甲辰進士爲文離奇恣肆下筆千言知武昌雲陽二縣所至有惠政府志

陳裔長字庚續寧德人性恬淡家貧守義好寫五嶽圖讀古書善書法與林士愚相賡和著有蛩吟詩集府志

范民興字伯名壽寧人由恩貢授大田教諭不就博

覽羣書尤精於詩經著有詩經說寔溪詩集格言纂要府志

臺灣府

國朝

馬廷對字策生臺灣人苦志讀書康熙癸亥臺始試士廷對首列弟子員癸酉充貢嘗分修郡志董建諸邑學宮縣志

王喜寧臺灣人貢生善著作嘗自撰臺灣志勤於搜羅後之修志者以爲藍本云縣志

永春州

宋

蔡茲字光烈永春人先以明經領鄉薦紹興二年爲建州鄉試考官謂人曰吾取中一生策三篇皆欲爲朝廷措置大事他日必非常人榜發乃朱熹也其藻鑑如此後以詞賦第進士閩書

顏褒號唯菴永春人弱冠遊江湖遂於經學詞藻豐贍書法尤精嘗開塾以教後學閩書

蔣明紀字綱甫德化人幼能解詩說經揲大衍數尤工五七言詩每一篇出人爭傳誦州志

陳文叔字元彬德化人博搜洽聞文詞蒼蔚名冠太

學中學者皆宗師之著有西笑遺筆閩書

元

郭居敬字儀祖大田人性至孝夙能詩虞集歐陽元欲薦之固辭不起著有百香詩州志

明

林爀字伯基德化人以明經授長洲訓導陞東安縣雅善詩文著有茂苑雜記都荔山房詩集弟焌有詩名從弟擯以文學稱縣志

劉鏊字後城永春人以孝友聞天啓甲子舉人授知縣歷澂江知府著麟吉要書說約無題詩金馬嘯

歌寒燈懷古後築居詩抄舊縣志
連登岸永春人天啓丁卯舉人授福安教諭博學善
屬文尤精星緯之術著天文志州志
國朝
林汪遠字希士德化人與從弟模康熙丙午同舉於
鄉癸丑模成進士而汪遠令雲和親喪服闋補南
部知縣著有大學皃說燕回閒史詩冊各集模字
靖若宰興寧普寧俱有政聲工書尤精繪事著四
書講義詩書易解義縣志
蕭宏棵字允瞻德化人康熙丁卯鄉試第一庚辰會

試房考俞長城擊節稱賞生平著述極富縣志

鄧啓元字公季少名幼季德化人幼即博通經學十三歲以熟十三經補庠生尋拔貢成均雍正丁未一甲第二人授翰林院編修內閣學士方苞器重之以所注三禮屬其訂證壬子主試湖北闈卷繁委親自校評所拔皆知名士以瘁致病旋京卒年三十四節家傳

龍巖州

明

蘓孔機名疇以字行龍巖人正統間貢入太學授同

知有善政以老乞休晉朝列大夫嘗與潮州守王源考訂軼事輯邑志刊之卒祀鄉賢州志

陳九敘字爾續漳平人萬曆甲戌進士受學于曾廓齋以簡易中正爲宗授刑部主事用法平恕出守處州左遷鹺司親喪歸起補桂林府同知尋乞休自居官以及致仕未嘗問家人產常言學必成其大不在一節取名高學必成其是不在與人競門户有心源錄及詩文行世閩書

蔣時馨字德夫漳平人隆慶中貢成均遍交海內士輒自奮曰人不學古人虚過一生耳萬曆丁丑成

進士授新喻令潔己愛民調南銓部丞再調考功郎門絶私謁豫章李材寓漳倡道海濱時馨師事講修身爲本終日不倦所著有體仁編閩書

廖天瑞字季符寧洋人萬歷丁酉舉人除新昌縣有善政能得士如吳甘來熊士逵吳泰來諸名輩皆出其門致仕歸囊橐蕭然工詩文又精岐黃術嘗題齋聯曰相不得爲醫得爲稍扶人世名非所好酒所好聊樂我生州志

連瓚字鳳雲龍巖人萬歷恩貢授興寧訓導嘗署縣事平寇築堤民利賴之文工古文詞修龍巖志立

宋文丞相祠贊自有記州志

葉時新字蒼竹漳平人年四十力學有得盡焚其少年雜著與陳文溪蔣蘭居講明窮理致知之學乃教授里中士多出其門稱爲泰崗先生州志

王命璣字君叁龍巖人天啓副貢以纂史告成授通判告歸鍵户讀書詠詩自適書閩

遊金字士礪龍巖人以貢歷思恩府同知有循聲卒於官善詩古文著有小草集州志

廖曇字雨臺龍巖人天啓辛酉舉人爲文鎔鑄經史力矯時趨尤邃於易州志

國朝

章士穎字君實龍巖人順治丁酉舉人居家孝友究心墳典與修邑志初授龍安司李改縣令請免民糧若干一邑賴之秦州志有一中分造化圖乃取周易圖參考同異著易說窮源州志

吳漣字水崖龍巖人由舉人知衡山縣政尚簡靜充鄉試同考官所取士皆一時之雋及歸與生徒論文戶外屨滿工詩古文詞并善楷法州志

蔣振芳字子宇漳平諸生早歲究心經書子史及天文地輿等書十試不第邑令屬修縣志振芳講習

廓齋甞志與邑士廣搜軼事續成之

寓賢

鴻鵠志摩蒼穹其息也則擇幽曠之宇渤澥之瀕而託足焉君子生閭里行不踐閾殆及壯遊疲于歷聘或策名筮仕不幸而放斥又不幸而謫戍流連異地遂將終身如此蓋不少也閩處東南海上境幽而勢阻孤臣遷客隱淪之士自唐宋以來厥趾相望且茲地旣擅山水之勝騷人逸軌來游來歌蒐而紀之亦此邦之光也不然羈屩而來乘韋以至芸芸者又安足爲爰居

慶哉乃因前志流寓甄錄其尤爲寓賢志

福州府

元

鄭靖字文靖休寧人以明經授懷安教諭愛其風土遂家焉身範端整士論宗之閩大記

國朝

朱彝尊字錫鬯號竹垞秀水人康熙己未以布衣薦博學宏詞　召試除翰林院檢討先是歲壬子彝尊曾遊閩抵三山而返旣歸老戊寅春復偕查孝廉慎行來遊武夷探幽窮蹟遂復過三山與門人

汪學使薇同年汪方伯楫老友林侗林偉盤桓半載倡和尤多閩人士至今猶傳誦焉纂陳廷敬撰墓志

查慎行字悔餘號初白海寧人康熙癸未進士授翰林院編修慎行前爲孝廉時與朱彝尊遊閩歲乙未復抵三山登九仙平遠臺訪道山亭故址浴湯門外溫泉賦詩而歸年已開七十矣隱拙齋文鈔

查嗣瑮字德尹號查浦慎行弟少時與兄齊名中年兩度遊閩嘗與梅徵君文鼎同舟賦建灘詩九首磊落奇古不減杜少陵入蜀諸作徵君爲擱筆康熙庚辰入翰林視學順天以侍講告歸隱拙齋文鈔

傅王露字闓林號玉笥會稽人家于仁和康熙乙未進士第三八授翰林院編修歸田後屢掌直省書院教事乾隆丁巳巡撫潘思榘聘爲鼇峰山長時王露年七十餘進弟子講藝猶謦欬若洪鐘毎課文雖黄甲乙必作蠅頭小楷暇與閩士大夫結文酒之歡勝地名塲題咏殆遍居二載歸與禮部尚書長洲沈德潛纂杭州西湖志畧適藏事　翠華南幸恭進稱　旨御製詩以爲序旋晉贊善　賜額　賜硯年八十六卒香草齋文鈔

靖道謨字果園湖北人以康熙辛丑庶常出知姚州

嘗爲黔省通志總裁乾隆癸亥來閩爲鼇峰書院山長其教先敦行而後修辭循循中程則閩人士言師範者歸焉香草齋文鈔

曾煜字啓人號秋墪會稽人康熙辛丑進士改庶①吉士歲壬中掌教鼇峰曾煜遂於經術諸生服其教益力古不懈嘗與錢唐施廷樞纂修福州郡志廷樞職其詳曾煜職其要皆燦然可觀者有秋墪集八士競傳寫之香草齋文鈔

姜虬緑字秋島歸安諸生雍正中以賢良薦乾隆初以鴻博薦俱辭不赴慕閩霍童武夷之勝躡屐恣

校注：①吉

遊福寧守延爲近聖書院山長八士宗之有前溪詩集五卷文集十二卷李堂撰傳

陳黃中字和叔吳縣人乾隆元年　召試博學宏詞及再應京兆試胥放歸乃幕遊南北爲養親計者開府皆引以爲重陳文勤世倌孫文定嘉淦尤器之將薦于朝黃中謝弗就王恕開府閩中延與俱幕府近山黃中寓齋在高處俛瞰羣峰蒼翠繞座佐理之暇流連嘯傲竟夕不輟恕益敬禮之慕太姥霍童之勝將往探焉居二載恕解官乃遊武夷而返隱拙齋文鈔

姜宏泰字世文錢唐人僑寓治城乃迎母與兒就養以金川輸餉例得授官讓于兒子其遠祖唐姜忠肅公輔諸葬南安歲久墓地爲豪右所侵宏泰糜金數千贖歸繕葺之又搆屋石倉園側以舍其鄉人之客閩者乾隆戊辰連江饑平糶煮糜活人無算①友死爲殯葬撫其孤閩士大夫欽其義行皆折節與交卒于閩子孫遂家焉道古堂文集

興化府

晉

鄭昭榮陽人永嘉之亂避地來閩居永泰嘗遊莆愛

校注：①算

南湖山水之勝葬其祖於此陳時昭之裔曰露莊自永泰徙莆盧于墓側名勝志

泉州府

唐

薛沙長溪人令之裔孫爲龍溪尉因卜居於同安嘉禾嶼人名所居嶺爲薛嶺名勝志

羅隱字昭諫餘杭人工詩自號江東生咸通中嘗遊晉江羅裳山後歸吳越官從事閩書

杜襲禮昭宗時爲水部員外郎朱全忠篡唐避亂來泉依刺史王審知與常侍李洵承旨韓偓同賓禮

於招賢院及王延彬爲泉州刺史襲禮時棲開元
寺延彬就建慈恩院居之後賜紫衣號逍遥大師王氏家乘

宋

王安中字履道陽曲人歷官觀文殿大學士以郭藥
師之叛爲言者所訟象州安置子辟章知泉州迎
安中就養愛南安九日山有終焉之志卒葬葵山
著有初寮集鉅野李邴爲之序南安縣志

元

馬速忽字子英色目人以進士歷官福建行中書省

員外郎妻爲悍卒所迫殉節死速忽感其義不娶攜一子寓晉江之沙堤飄然若方外士志操高潔尚名節元季士風委靡鮮有其倫隆慶府志

明

路振飛字見白曲周人天啓進士巡撫淮陽時唐王聿鍵待罪鳳陽振飛周卹甚厚及聿鍵監國福州起振飛吏部尚書文淵閣大學士　國朝順治三年　大兵進仙霞關聿鍵走汀州振飛追赴不及遂隱于泉之海島後歸卒於途明史

熊汝霖字雨殷餘姚人崇禎進士授同安知縣擢吏

科給事中從魯王入閩居廈島鄭彩憾汝霖殺之竝及會稽諸生鄭遵謙與王幼子俱投海中明史

沈宸荃慈谿人崇正進士官行人魯王時累官至大學士從王泛海寓居廈門金門後艤舟南日山遭風沒於海明史

陳士京字齊木浙江人官給事中隨魯王泛海入閩寓同安之鼓浪嶼卒泉州府志

姚翼明字興公平陽人從魯王入閩官給事中嘗寓廈門東嶽廟後歸卒著有南行草泉州府志

漳州府

宋

連南夫應山人累官經畧安撫使時金人歸河南地南夫表賀有虞舜十二州昔皆吾有商於六百里當念爾欺之語爲秦檜所惡謫知泉州尋隱於龍溪尚書峰之麓人因名其所葬地曰連山龍溪縣志

唐介字子方江陵人父珙官漳州介隨侍焉珙卒于官州人知其貧合錢以賻介年尚幼謝卻之後累官參知政事漳州府志

文天祥吉水人時有勤王之詔天祥集義師收兵汀州移屯龍巖之湖村後由漳入海兵敗死于燕市

明僉事謝汝儀以天祥駐師於此祠祀之漳州府志

明

徐孚遠字闇公華亭人崇正舉人松江破遁入海居廈門曾厝灣嘗遊龍溪所題拂皆勝流後復入海不知所終明史參龍溪縣志

延平府

明

彭君選不知何許人寓永安文昌橋 國朝順治二年八月唐王聿鍵兵敗爲 大兵所執君選衣冠北向拜投水死延平府志

朱益釆浙江人明末遁跡郡城家壁立以岐黃餬口著有到處堂集延平府志

建寧府

宋

韓兗咎紹興甲子寓建安夏大水舉家蕩覆幾危杜受言提舉茶事募人拯之兗咎作詩自咭有托命已甘同木偶置身端亦似瓢瓶之句小草齋詩話

國朝

吳梅鄉桐城人攜二僕入閩至歐寧之接待巷棲焉巷久朽不蔽風雨處之晏如歲餘一僕亡去一僕

死於虎梅榔自析薪供爨數不舉火或遺之炭米不受順治丁酉疾篤乃自言其姓名籍貫語畢俛首而逝前志入叢談今改入寓賢

邵武府

明

傅冠字元文進賢人天啓進士第二人累官禮部尙書兼文淵閣大學士崇正巳卯告歸賊蕩其家因入閩唐王聿鍵趣冠督師旋解兵柄寓泰寧江亨龍家亨龍縛冠以自贖械至汀聞　命下方對奕欣然赴市未幾　許歸葬起棺改襲顏色如生明史

（汀州府志）

汀州府

明

陳際泰字大士臨川人未第時讀書武平之象洞者累年（武平縣志）

周之蕃字長屏井研人唐王時官總兵晉伯聿鍵奔汀之蕃亦屯駐郡城値巷戰之蕃厲聲曰我即唐王意欲詭辭脫王於難也語未畢羣矢蝟集其身時方溽暑死五日而肌色瑩①然（汀州府志）

呂大器字東川蜀人崇正間某官明亡入閩經長汀

校注：①瑩

與邑人黎士宏善往來無虛日時有舊屬方貴顯數造門終不一見丰采肅然仁恕堂筆記

國朝

徐元文字立齋崑山人以翰林謫潮陽寓于汀與郡人士多所唱酬有朝斗巖東曾同塔記汀州府志

申纘芳字霖臣吳郡人嘗至汀與方伯周亮工交有遊閩詩紀亮工爲之序汀州府志

福寧府

明

唐寅字子畏吳縣人嘗寓寧德縣邸有題墨菊詩福寧

府志

臺灣府

國朝

郁永河字滄浪浙江仁和諸生好遠游意興甚豪徧歷八閩康熙丁丑以采磺來臺著稗海紀遊一書多撫拾臺中逸事所賦詩有可傳者臺灣府志

永春州

五代

留廂使名失傳國始人晉永隆四年官廂使團練後避契丹亂來桃林居焉舊永春縣志

國朝

邵光孕紹與入順治二年與弟嘉孕友董其音來閩值寇亂道梗寓德化二載歸同登壬辰進士德化縣志

龍巖州①闕

福建續志卷五十六終

校注：①闕

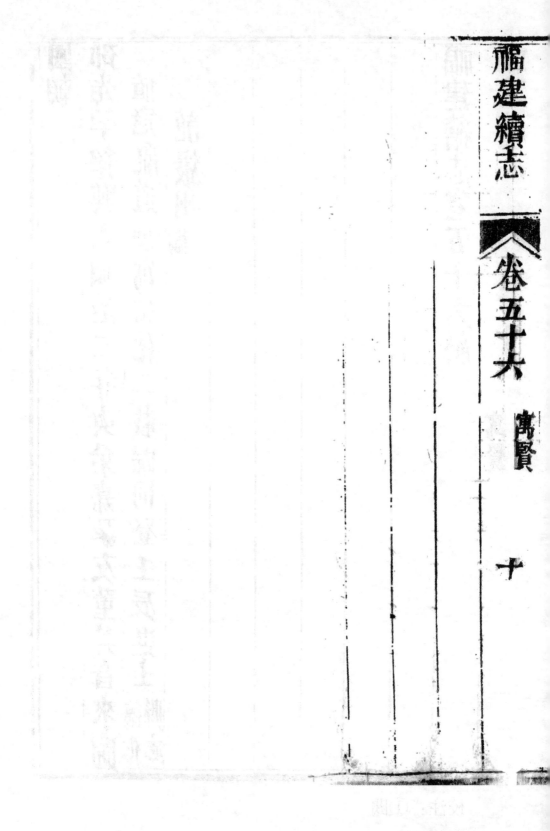

福建續志卷五十七

隱逸

至治之世六字光熙羣庸底績而寢巢潄淵之侶往往自甘淪匿豈必遭時不偶然後獨行其志哉在昔范史創傳逸民方國之書紀先賢高士者甚備而閩地川谷邃清寔衡之下栖遲槪見焉蓋與其執熱而悔何如絕機以虛其心顚趾則羞不若藏器以貞其守易曰不事王侯高尚其志謂非砥世礪俗之一端歟若夫觀時俯仰以倖功名之會終不得志而飾名高於遐遁

者君子亦無取焉續隱逸志

福州府

五代

盧皓林甲者故二隱士也梁時二人避地而釣愛福唐小練山山水誅茅隱焉後二姓繁盛遂爲福州巨族十國春秋

林省鄉福州人累舉不第慷慨好直節時政事日非會晉使盧損來聘省鄉私謂曰吾主不愛其親不①具民其能久乎余將僧服而逃行當相見上國②後不知所終十國春秋

校注：①恤其　②矣

宋

林摶字圖南福清人舉八行入太學政和五年中舒科受楚州叅軍不赴隱於靈石九疊峰下摶性豪逸善琴不肯輕爲人鼓徽宗三召入內爲奏悲風一曲上惡其名不樂而罷靖康之禍蓋先見云著有琴譜三卷詩二卷萬歷府志

元

鍾肴德字元良閩縣人少好學孝友性成家貧不娶敎授生徒以養親晚經至正之亂舊業蕩盡每以甘旨不充爲恨親歿哀毀滅性與二弟明德順德

處怡怡如也耆德清修苦節其學博極羣書詩文雄渾明德字叔遠清詞懿行與兄偕隱正德府志

陳仲文字全甫元季隱居山林號樂樵子嗜學能詞章嘗與族子潔建書室於藍橋林壑中以程朱之學倡其鄉人長樂縣志

明

陳遇字仲昌閩縣人嗜學通魯史明隱公以來二百四十二年事然不數與人言也好爲詩時有所作吟咏自怡所居石潭種竹萬挺結草亭棲隱其中以子叔剛貴封監察御史足跡不到城府君將終

身焉萬曆府志

高昇字景初閩縣人正統間鄉薦試禮部不偶①歸隱教授門下士多所造就凡有關者不之官訟輒就伸曲直萬曆府志

石鏡字可日福清人幼孤而貧母寡紡績授鏡書學明經後隱于江陰島中自稱石道人性放達喜佳山水日徜徉嘯咏其間與僧幻來白漁子爲方外交舊通志

吳楷字子方閩縣人始爲諸生有文名後隱鼓山湧泉寺側祝髮稱月僧以鬻豆腐爲生朋舊載酒遊

校注：①即

湧泉者則訪昌僧昌僧與飲不吝或貴人至則匿弗與通舊通志

何其偉字梧子福清人丙戌舉人流寓連江明亡僧帽道帔隱居教授自稱逋民暇則抱甕灌園足跡不入市城所種蔬菜鬻金自給外間以餉人不自知其貧也著有濤園別集府志

陳發曾字世承侯官人明季諸生不求聞達兀坐小樓家鄰城西蕩水憑欄吟嘯俯仰自得寬衣博帶每談忠孝遺事撫膺奮袖娓娓不倦又留心文獻凡勝國之昂臧紀其事家苦貧子孫淪落遺集

俱不傳府志

國朝

陳名賓號際伍邑庠生敦名節善屬詩文著有理學眞篇論書經講述明季知縣旻允㷊雅重之常贈以古風時海氛起與子鳴瑜鳴琪謝試事築室松坪①偕隱以老長樂志

蔡又新字在新號居諸逸士候官人其先籍直隸淮安始祖肅以雲騎尉入閩世襲食田羅源又新力學汲古尚氣節束身正軌天啓間補弟子員後遭亂葺茅高隱常慕陶靖節之爲人素工詩文惜多

校注：①坪

散佚黄晉良撰傳

楊維熊字乃武候官人厲志古人不慕榮利講學於鼇江菜浦三十年足跡不至城市著有周禮管子箋解尚書要言府志

興化府

唐

陳鄰字純仁號介邁之七子也其先爲光州固始人僖宗中和間祖常侍潤避黄巢亂入閩至邁生七子分居七建或仕或隱鄰獨隱仙遊之光埔結草堂數間治園爲生植蔬果賦詩自適縣志

宋

林象字商卿仙遊人幼孤隨母鞠於外祖陳次升家後僑居眞州師事劉安臣任伯雨陳瓘學益進紹興初嘗召爲簽樞密使禮致不赴事母盡孝遂結志區外隱於寶幢山榜所居軒曰聽雨園曰意足非所好叩門輒不納如是者四十年自號曰萍齋閩書參縣志

陸釗字二思左丞相秀夫子端王沒秀夫與張世傑陳宜中等立衛王爲帝奉駕至楓亭蔡曰忠感異夢以女爲秀夫次室而有孕遂留於楓亭而生釗

匡山之難秀夫殉國蔡氏聞之以秀夫別時衣冠招魂葬於莆之嵩山元元貞二年命宣撫李文虎訪秀夫子錄用釗却聘以詩謝文虎歎曰孝子出于忠節之門無容强也初遷莆後復居楓亭竟元之世其子孫無有仕者縣志

元

林亨初名傺字崇亨未遇時自負其才嘗作螺江賦以自寓至正三年進士廷對第一時年已五十三矣累官朝請郎未幾鼎革亨義不苟屈隱於寶幢山下以終縣志

明

茅鏞字廷紹博通經史尤習六書法正德嘉靖間兩聘贊纂修孝宗武宗實錄授博士弗受崇歸柴桑多植菊因號南窓居士縣志

柯宗仁字自爲弱冠游庠有聲後厭棄科舉學闢柯山嬾雲洞讀書其中聚朋考古凡五禮悉遵朱元晦書遇三族喪無問遠近必赴男教諸子惟嚴敬二字庭闈肅睦里人指所隱洞曰聖洞著有愚公素書葉齋紀懷縣志

吳稔字時喈仙游人性穎悟嘗賦廬山瀑布詩有入雲聲作雨映地色涵秋之句試鄉闈不利遂不復應舉後當路兩薦爲訓導以母老辭晚築草菴自居蒔菊千餘本因以菊泉自號縣志

林兆恩字懋勛莆田人生有異質年十三袖金散給貧人曰損有餘補不足天道也補弟子員銳志學道隨方獎勸時倭寇薄郡城會衆募兵却之又饑旱荐臻發粟極①濟全活者甚衆雖隱跡鄉邑天下名流尊宿無不重其人縣志

校注：①拯

陳昂字雲仲莆田人爲諸生時倭寇郡城領妻子奔豫章織草履自給繼之以卜復由楚入蜀皆傭于僧登峨眉遍歷三峽劍門之勝後寓江陵松滋公安巴陵諸處俱以詩紀勝至金陵自榜于扉爲人傭作詩文居數年竟窮以死縣志

鄭郊字牧仲莆田人博學能文幼嗜經史長以著述自任補弟子員嘗謁黃道周稱之曰鄭牧仲一日千里未易材也已而遯跡壺山之南泉遂號南泉居士未嘗一至城市著書甚多弟郟亦諸生好學

博識與鄭齊名隱遁終身縣志

黃驤陛字陟甫黃尚書道周從姪天資淳篤讀書數百遍乃成誦誦即焚之終身不忘與同里林蘭友爲莫逆交舉天啓四年鄉試及流賊之亂匿跡不仕與蘭友抗賊南旋相率入海偕徐孚遠諸人放浪憑弔以卒從弟寅陛字弼甫邑諸生與驤陛相爲師友平居論天下事目光烱烱後驤陛等遁海上寅陛亦削髮隱於楓之程厝鄉號楓溪退士縣志

劉應璋字銘勳仙遊人唐藩建號擢提刑按察使王

發遂隱於仙巖崙下及海寇發應璋奉母入城城陷與母女俱死同邑黃壽徵楓之諸生少負雋才重氣誼鼎革後隱居林泉乙未城破被害劉彝章字陶九甲申後高隱却聘遁於盲原溪鄭邵字勉仲隱於九鯉湖應璋皆與之遊道服芒鞋容與山林不識爲仕宦中人也縣志

國朝

楊瑞鳳字和仲仙遊人崇正十六年武進士功陞遊擊退居暘谷山寇郭爾隆等竊發瑞鳳親冒矢石

與禦凡十一戰始解里恃以安天下旣平竟無意仕進尋山水之遊縣志參楊氏家傳

林炅字孟炅仙遊人御史蘭友姪博極羣書從不與試親老家貧課徒以養親病醫未敎①繼以割股嘗曰山林吾樂也如願足矣有問及御史當時事輒悲涕不爲置對因自號曰嘿齋縣志

鄭亮黼一名袞字山甫莆田人穎敏工詩文及書法然不樂仕進枕漱泉石間有漆園傲吏之風人求詩與書法者揮毫應之無所吝晚得心疾而卒疾

校注：①效

華時囑其孫曰吾生平陰行善事人無知者爾必勤學以紹先業孫文炳後果力學爲世名儒省心堂集

泉州府

宋

崔唐臣晉江人與蘇頌呂溍同學蘇呂登第崔憮然罷舉其後蘇呂入三館乘馬偕出循汴岸見一士艤舟坐窓下蓋崔也亟就謁之問其別後况味月①倒篋中錢以半買舟以半市貨蘇呂邀與歸不可但叩官居坊曲所在明日自局中還崔各留刺再

校注：①且

訪舟次則已行矣歸視刺末書細字一絶云集仙仙客問生涯買得漁舟度歲華案有黄庭樽有酒少風波處便爲家閩書避暑錄合纂

林知字子默晉江人隱居篤學有志尚築室靈源山之巔人鮮見之熙寧間嘗詣闕上書論時政久不報在京時惠安簿林迥訪其書室題壁間曰先生平昔命何非萬卷詩書一布衣回首長安城底事吳山蒼翠幾時歸遂歸隱不出府志

南安翁者不知姓名漳州陳元忠赴省試過南安會

日暮投宿野人家遇翁翁雖麻衣草屨而舉止對
談宛若士人几案間有文籍散亂視之經子也問
藏書何用曰偶有之因雜以他語少焉風雨暴作
其二子歸捨鋤揖客人物不類農家子翁進豆羹
享客不復共談遲明別去陳以事留城中翼日見
翁倉皇而行陳追詰之翁云大兒關外鬻果失稅
爲關吏所拘陳爲謁監正至則已捕送郡翁與小
兒偕詣庭下長子當杖翁白郡守某老藉此子贍
給若渠不勝杖翼日乏食矣願以身代小兒曰大
人豈可受杖某願代兒大兒又以罪在已甘心焉

三人爭不決小兒近父傍耳語翁叱之郡守疑問對曰大人帶職正郎宣和間累典州郡現有誥勅翁急拽其衣使退不得守遣取果得之延翁上座而釋其子次日枉駕訪之室已虛矣逸民史

元

陳元麟字子信惠安人性嗜學每取諸葛武侯吾心如秤不能為人輕重之言以自儆隱居邑之烏石山種稻盈郊樹桑環宅市書課兒釀酒延賓放浪藪澤間以卒府志

明

趙士亨字應嘉晉江人元季爲縣吏未幾棄去杜門讀書以求聖賢之學後隱於九峰山父喪明母患癱奉養周至及沒居喪廬墓盡禮時山寇呂光甫嘯聚剽掠所至焚燬獨戒勿犯趙先生閭舍洪武初以人材薦授繁昌縣仲窪河泊官未久即引疾歸隱府志

諸葛均瑞字楚賢晉江人少好學倜儻尚氣節洪武十年辟爲從事憤然曰安能居刀筆之下託疾不就越四年徵赴復以疾辭杜門養志娛心經史諸書府志

晏秦字西仲晉江人少讀書經傳子史靡不該貫教授鄉里郡守胡嵩與部使者多造其廬咨以政治洪武中召至京師欲用之首陳年老乞骸歸簞瓢屢空處之晏如也或云元季進士不知何許人避亂來居青陽山府志

吳權字用中晉江人幼善屬文舉正德癸酉副榜遂隱居不求仕築室迎春門外九石之右讀書講學終身府志

歐陽秋晉江人詹之裔隱居南安天豐山作獨善山房讀書終身蔡清為記稱其孝友為士論所歸閩書

陳洪璧晉江人隱居涵江之濱刻苦學易而於太極圖參同契鑽研入奥所爲詩文多以理勝書闕

國朝

洪承畯號紫農山人太傅承疇季弟爲諸生有逸才博涉書史工詩文尤喜臨池行草蜿蜒遒縱時人目之曰龍蛇字　國朝定鼎後將授以官辭不赴康熙初又欲官之固辭如初時承疇方貴盛承畯獨偃蹇巖壑夷然自放以書翰篇什自娛其兄不能強也縣志參洪氏家傳

漳州府

宋

鄭柔字克剛今爲詔安人紹興中在太學與時相秦檜湯思退左嘗建議乞決意北征爲湯思退所阻調高要簿不就歸隱九侯山著有康正題詠時甚重之閩書

薛京字宗沐與鄭柔俱師事陳景肅陳與秦檜忤辭知台州京亦乞歸省檜以其爲景肅黨銜之歸與其徒講學漸山九侯間賦詩自樂終檜之世屏跡不仕時同郡楊耿字國光在太學與薛京齊名相率乞歸闢精一堂於修竹間歸焉府志

黄子信長泰人應嘉定九年特科以文章行誼爲學者師初調新會鹽場帥楊長儒以其老榜爲豎心易之嘗①楷撫其簿書子信投以詩拂衣而去長儒得詩悵相見之晚府志

王德裕字國明長泰人幼有志操聰明强記充弟子員宋亡元詔至漳德裕拜哭於庭裂衣巾焚之曰吾宋人也不得復著此矣至正間詔選儒吏延祐初訪遺逸復徵者儒俱不就隱居教授生徒爲學者所宗府志

明

校注：①捃

林邁佳字子篤詔安人潛心力學從薛鈫宇黃道周游著環中一貫圖說究論天人事物之藴薛以一庵子呼之晚歲以學行舉終栖隱不出府志

張士楷字端卿漳浦人御史若化子也幼學爲詩歌古文詞超然獨往會鼎革若化與季弟長史若仲偕隱丹山士楷方弱冠自以先代遺臣子而在堂方高首陽之節思承歡膝下克世忠孝以養親志乃一意屏棄舉業潛心性命以主敬爲根本遂杜門不出論者以士楷方漢汝南黃憲憲好臧否人物時露圭角涵養所得未知於楷何如也著有濮

沿山人集府志

洪思字阿士龍溪人年方舞勺隨其父游黃道周之門容止甚飭道周器之及道周出山思稍長乃自附於鄴山之徒道周既歿逃於散身山不入城市日以詩歌自放時買舟過江東登鄴山撫石翁哭而去縣志

王仍輅字載卿漳浦人少宰志道之孫丙戌後逃於丹山從張端卿遊每與登山巔望遠海渺纍纍下常若劾皐羽之哭者家既落恒敝衣冠有姑妻於貴人仍輅不往貴人餌以千金終不顧率妻子入

珠溪萬山中暮年還舊址築數椽嘗置一笠爲亭四面編蘆障之竟老其中府志

程之正號亦奇漳浦廩生生平操履端方一介不苟取與舌耕之外澹然無求樵蘇不爨晏坐終日鼎革後赴文廟拜辭衣巾退而徜徉山水蕭然以終老焉府志

延平府

五代

陳陶字嵩伯南平人性沉敏博學善屬文聲詩象數無不研究隱南昌西山武宣時以歌詩名嘗游廣

州得柑橙歸植即生果令山童鬻之没後二種皆不實府志

楊希旦將樂人少以文行知名屢舉不第退老於家詩書自娛敦樸平易粹然長者之風楊時常稱之府志

明

鄭文端永安人幼事魚鹽志氣昂梗每攜載籍以行年三十餘一旦惕然盡棄所事負笈從師爲學刻若①惕厲榻不安寢赴省試不第乃絕跡市塵隱居一室中精研易學縣志

校注：①苦

林元字本乾永安人家貧刻苦爲學不與常伍詩自成一家然不樂仕進嘗作霖膏心澤平恩二賦當道皆以高士稱之府志

羅天長號紫曦永安人少有逸志好老莊抱朴等書嘗泛洋達六鼇山有異遇遂厭珍茹素探奇武彜武彜有呂仙百字碑衆莫解天長能辨蝌蚪文爲句比字櫛刊之行世隱武彜峰十餘年歸廬于栟櫚六龍窩巖梁諸處縣志

吳一瀚沙縣人應雷之孫也舉明經有聲黌序鼎革後安貧隱居臨卒作歌有句園詩集縣志

國朝

楊之正字瑞之南平人龜山十九世孫幼失怙事母不離左右母憚服藥有疾輒持盃跪而進之或口啣以哺家貧勵志讀書値耿變絕意科舉以詩文自娛著有崇儉篇迂草縣志

建寧府

五代

柳崇字子高崇安人其先世由河東來居金鵝峰遂爲五夫里人崇以儒學著名値季世終身布衣稱處士府志

宋

熊知至字意誠建陽人袞四世孫博學工詩天聖中五舉不第歸隱鰲峰有鰲峰隱人集縣志

熊蕃字叔茂建陽人事母孝善屬文不復應舉築堂名獨善人稱獨善先生嘗考正茶錄別其品第又爲製茶十詠有文稿三卷縣志

童參甌寧人性淳朴隱于耕仁宗元祐間百有二歲賜勅授承務郎逾年卒府志

劉元振字君式崇安人少沉靜有器識季父中散大夫當蔭子將屬元振元振辭與其弟晛弱冠游太

學持身有禮衆敬憚之呂大臨游酢皆與友善元豐中士子方尚文華元振獨沉涵載籍深造義理以是不合于有司歸則篤志養親放情泉石閩大記

謝安時字尚可政和人博通經傳援筆成文崇寧大觀以文行兩優貢入辟雍謁告歸復與鄉薦靖康之變構家隱西坑別墅庭植三桂號桂堂府志

游中孚字大信崇安人博文强識㕘政李元知宣州會李成擁衆攻城議遣官求援於大帥岳飛道路阻絕寮屬皆憚往中孚時爲李客慨然請行由間道走太平見飛飛與飲曰公姑飲援兵已至竟陵

矣圜解元欲請於朝命以官力辭歸隱府志

董成大字元偉甌寧人宋季不仕以醫術活其鄉人謝枋得入閩過其家作歌贈之所著有松壑集縣志

元

周震一建安人家居不妄交一人謝枋得客建寧震一獨與相厚謝稱其忠厚篤敬言不妄發行不妄動翛然塵埃之外府志

趙若字順之崇安人蒙古歹丞相入閩一見器重薦授同安縣尹不就隱於家有園池亭榭之勝以供嘯咏當道三使人來聘皆不就閩川名士傳①

校注：①傳

張以仁政和人元季隱於蓮花峰下與魏伯堅謝坤孫蘊余應相友善旦夜講論經史至忘饑渴後俱以文行知名而以仁伯堅終隱不仕縣志

明

蘇鉦字①良聲建安人喜積善工吟咏書法寫石竹花木山水皆極其妙閉門終日不干世事一時隱逸有才行者必稱鉦云著有竹坡集縣志

劉楫字汝濟建安人爲人慷慨尚義嘉靖丁巳邊儲匱急奉詔輸粟萬石都御史尚之授指揮僉事堅辭不赴隱紫芝山房置古今名物法書圖畫自逸

校注：①良

志府

林順字孝從政和人弱冠爲鄉校師學者多所造就永樂間以孝廉舉不就同邑余畝字希尹奉母至孝作詩文有古意以楷書薦知府試其字畝書游于吟復之拂袖而歸府志

邵武府

宋

李安期字泰伯建寧人淹貫經史尤以詩名遨遊江湖一日謁四川茶馬使王涯因賦白鷺詩涯奇其材將以贊良薦因奕爭道安期推枰曰公平章天

下亦可如此反覆乎涯深自刻責以末藝失天下士有集行世府志

嚴參字少魯羽之族志則崖岸而外無廉棱或勸廣交延譽則掩耳不答高臥中林蹬覗一時自號三休居士府志

黄大任字元明邵武人博遊江湖所交皆當世名士隱于泰寧龍溪以詩酒自娛有集行世縣志

元

危昂霄字次房光澤人耽嗜經史雅意林泉不樂仕進詩詞多豪俊超曠爲時所慕府志

明

何伯誠建寧人性樂易與物無競尤厭華靡足跡不至城府嘉遯林泉以詩酒自適翛然有古人風其子姓繁衍皆循循守禮法蓋有得於家庭之訓云府志

陳天標字維表泰寧人積學能文由諸生入太學除建昌丞欲掛冠去當道勉留迄三載覲旋辭不復仕轉平樂府經歷竟弗就不問人間事惟詩酒以永朝夕縣志

汀州府

宋

宣明字南仲長汀人貢入辟雍旋歸築室城南五星巖郡守謝烱時訪造焉題其巖曰宣巖縣志

明

伍禮字宗明清流舉人會試届期父送之曰汝行勉力吾老矣恐無復相見禮泣曰豈敢懷利而忘親乎試畢南歸養父父殁絶意仕進府志

董璘長汀人永樂間貢入國子監不願仕旋家遨遊山林間卒年九十六府志

伍福霑清流人居常淡素工舉業草書效葉水東山

水效沈石田皆化其迹詩不喜靡麗尤善廣陵散遠邇致幣益繁尋棄舉業作五岳遊久未返妻誓死以待子昌死遠訪及歸會無兒女態仍隱居蓮華山縣志

福寧府

宋

姚國秀福安人隱居不仕構東塾書院於勤馬山扁小亭曰信芳以志終隱府志

林天書名詔以字行霞浦人篤學勵行咸淳戊辰進士授晉江尉以疾乞歸八年而宋亡元初屢徵不

趣閩書

元

繆奕老字德深福安人躭書忘寢元亂高隱別號宗蘭取幽貞義築室獅巖蒔蘭繞屋扁曰蘭室所居孝友成俗縣志

陳元顯字本晦寧德人少負大志弱冠不干世務構復青亭吟嘯其中與陳自新爲詩社子彥文亦以儒隱縣志

明

彭棣字士韡號半村博學能文隱居不仕園栽杏樹

通岐黃之術鄉里賴之府志

游德字廷光號槃澗霞浦人早受經即通大意性至孝將赴試母泣送之遂築室南陽取武侯淡泊明志之意顏其廬曰隆中半榻奉二親居之朝晡暮讀超然世外著有隆中半榻稿府志

李中美霞浦人博學好義不求人知與袁樵林子燧張滋友善雖盛暑必衣冠不樂居城市中張滋字文潤篤嗜書史嘗杜門不出自號懶齋府志

陳廣字伯遠寧德人端重嫻雅有儒者風隱居授徒多所成就林莊敏嘗受業焉有詩文集行世府志

鄭漢字躍之號思齋霞浦人由舉人任學正擢城武
縣政聲籍甚以事忤上官解組歸題庭桂云梁燕
休來驚午夢海鷗方與訂前盟手錄古高士傳以
寄志因號澹然翁自爲傳縣志

國朝

王賡精天文易學隱居洪江教授生徒海寇鄭芝龍
聞其名兩徵以金却之不受著有易序及秦川四
咏詩府志

張國鏌字亦韻貢生恬淡自安嘗慕陶徵君之爲人
性喜菊每菊時與兄國鐸吟成菊譜集曰花萼聯

吟又有秋圍百咏縣志

臺灣府

明

王忠孝字愧兩惠安人登進士以戶部主事榷關劾太監忤旨廷杖下獄後戍邊士卒千餘赴都門泣留三年乃免國變家居杜門不出康熙三年偕盧若騰入臺日與山林諸人肆意詩酒隱居四年卒府志

永春州

宋

蘇紹成德化人隱①于北中朱熹重其有德嘗造其廬書廉靜二字與之且銘其琹曰養君中和之正性禁爾忿慾之邪心乾坤無言物有則我獨與子鉤其深宋泉州志

陳有仁字有德德化人嘗爲湖北帥去官後隱於邑西鵬都黄冠逍遥深明修煉之術州志

明

歐陽文偉不知何許人洪武間與廖仲爲友同隱延田山中以詩文自豪後仲應聘出以詩寄文偉有我爲虚名攖世網林泉高致總輸君之句延平府志

校注：①于

廖興大田人宣德間尤溪縣施泰辟爲邑掾秩滿擢
官不仕歸隱里俗尚焚尸弔者至擊牛釃酒興將
卒遺命治喪盡如古禮俗爲之變州志

龍巖州

宋

陳俌龍巖人元祐間與劉棠同里俱工詞賦志不混
塵俗時人稱曰劉棠陳俌漳南賦虎劉既登科陳
遂隱跡溪南後莫知所終漳州志

明

蘇克善龍巖人好學篤行以孝友聞正統間王源爲

潮州守奏舉克善與林洪中署楊陽程鄉學博克善以書辭曰三代尚有逸民父母既逝毛生之檄決不敢捧遂隱居山中及沙寇亂後都督范雄召至問計卒賴其謀平餘黨境內以寧州志

福建續志卷五十七終

福建續志卷五十八

技術

古者方技之作與圖書並興故太乙六壬九宮孤虛之理鑱石橋引毒熨案杬之術弓矢輻輳之用博戲之娛其原出於黃帝厥後民事滋繁士之懷聰明思有以自見者往往專心致志積其精拼與神爲謀徵驗不爽是故星歷則梓愼禆竈醫則和緩占史蘇王良爲御師曠於聲音般倕工藝載諸經傳至若書之於張旭畫之於小李將軍諸人更文人之逸韻故君子並稱之

司馬遷作史記於日者龜策扁鵲倉公滄海公之屬備識厥詳范蔚宗創傳方技併採兼收謂其抽冥賾驗人區有可傳者後世正史載方技詳矣而況郡國之紀乎士生於世苟不能修聖賢之道以盛德大業成功名顯於當時退又不克奏薄技一心神以致稱名於後落落人寰草木共盡覩技術所見亦可以知用心之故矣續

技術志

福州府

宋

陳桁字行用號此山所翁躬善畫龍時作水墨枯荷折葦蟲魚蟹鵲極有生意官至朝請郎閩畫記

鄭昂字尚明福州人善筆翰嘗撰書史二十五卷府志

陳天民福清人幼隨父官山東遊泰山日觀有道士知歸于善畫葡萄天民學之遂得其妙書畫譜

賴先知閩縣人長地理水城之學漂泊嗜酒客臨川羅豫章所羅撤愛之命卜地得一處耳穴前小澗水三道平流第三道不邇身而徑入田賴曰此三級狀元城也恨第三不長若子孫他年赴試正可榜眼耳羅子邦俊挾十三歲兒在傍立拊其頂而

顧頼曰足矣兒郎春伯樞密也年二十有六廷唱
果第二人頼竟歿於羅氏水城文字雖存莫有得
其訣者書閩

明

沈元素古田人閩書作懷安人元時赴都寫金字經授福州
教授後謝歸洪武初舉授本縣訓導書篆琴畫皆
工後擢僉憲縣志古田

林與宇元美懷安人閉戶讀書書法遒美明初被薦
於有司以贖耗辭書閩

高鑑字孔明號時菴侯官人正德中爲清遠教諭工

水墨山水間作花竹氣韻超逸出人意表府志

陳旭字叔旦以字行閩縣人幼穎敏從陳長著受學剛正樂義長於書法楷行大書皆精妙公署坊牓多旭所書閩大記

張子紘閩縣人工畫梅有蕭疎淡遠之致林膳部鴻有題子紘畫梅歌閩書

鄭初彥閩縣人工畫墨梅不事點染而天趣自然閩畫記

沈政字以政閩縣人工花竹翎毛官至奉天府丞直仁智殿府志

馬景約字自牧閩縣人善山水逼眞高彥敬出入董米間談笑揮洒曲臻其妙閩書

林埠字惟大閩縣人工署書運腕猷勁學趙松雪逕丈者逾佳

林埠字惟堅候官人善墨竹海內貴其尺幅信陽何景明極推重之贈以詩有臨風寫雨奪天工句閩書

林文卿號五臺候官人工山水筆氣淸勁濃淡得宜亦精於寫照及花竹人物之類閩畫記

劉祥字瑞初號雪溪長樂人精醫善畫龍虎閩書

張士達長樂人善畫龍虎蘆雁用墨設色俱入神妙

閩書記

林輔字叔弼長樂人善畫張士達授以筆法山水花竹蘆雁龍虎皆臻妙品書畫譜

高鳳閩縣人以意遇物推卜輒中士人傅鼎求占試曰君第一人也後果然人問其故曰吾剖鄉于而傅適至其象解圍故知爲解元後閩縣林士元亦與筴一先數日鎮守內城欲豫知其人書一與字命占鳳曰爵意在興化乎不然也公所書與字從俗省書也其人在中八府俱下必閩城矣時語人曰鳳小吏耳卜若可信當至五品京職不審何從

後蒙詔占驗果授工部郎中榕城景物考

林景時長樂人善畫山水自號虛白子專學二米間效商高竹木林泉有意外趣舊志參閩書

鄭環福清人父麟善畫善醫環世其家學醫術尤精閩書

朱孟淵閩縣人善寫人物畨馬效李伯時獨得其奧與太傅楊榮脩撰林誌舍人陳登友善嘗繪蘭亭記淵明歸去來西園雅集諸圖用水墨清韻灑灑可愛同時榮及楊士奇諸公俱爲題跋閩書參東里集

林宏顯號洞陽長樂人工畫梅石筆力蒼古效楊補

之王元章世稱洞陽梅（圖畫記）

李焌字純正號十洋子長樂人善畫龍虎亦能詩同邑張德輔善畫魚（書畫譜）

陳以龍字虛吾連江人邑庠生精於草書篆隸尤善畫葡萄郡守阮某課士以龍以風晴雨露葡萄進阮特加賞因爲之序有虛吾葡萄于昂馬畫駿有聲樹有影之句（丹麓集）

吳維翰號鐵髯連江人能詩善畫人物花鳥靡不精絶中歲落髮卜茅雪溪後遊吳越齊魯海內貴其尺幅一時名流咸推重焉（丹麓集）

任綱字必用閩縣人精堪輿所著有陰陽述賦性耿介鄉人有居官鉅富者以厚幣求卜宅兆綱深拒之退告人曰若得吉壤豈天道耶吾術固擇人耳萬曆府志

鄭雲翁閩縣人少遇異人授以種牙之方其法欲治者先尋活鼠一枚然後至其家俾患者飽食而吞丸七粒復以末藥入湯漱口片時牙皆動軟可下矣下則洗净而記其序復洗牙齦乃用生鼠去皮腸和藥搗爛成膏依牙序逐枚蘸鼠以種原孔三日不可食亦不饑由前丸之功也凡治者過種過

則至死如少壯之齒有長而但使醫其病者他日將老不種者落種者仍堅固也既死子孫絕傳府志

國朝

郭鼎京字去問福清人詩芊綿可愛畫如之又精蠅頭小楷嘗以一幅楷寫楚詞全部又於一幅寫陶詩全集紙皆高不踰尺横不過二寸許又書蘇蕙織錦廻文詩縱横數十圖計字五萬餘筆筆倣歐陽率更法無少局促態眞奇絕也讀畫記

李根字雲谷侯官人工詩精篆籀之學嘗註廣金石韵府鐫圖章直逼秦漢畫皆有遣致佛像極靜穆

之致見之使人增道念閉戶食貧蕭然高詠甚不可耐則吮筆爲江上數峰以自娛悅而已讀畫記

興化府

明

方士字邦彥莆田人精醫術以濟人利物爲分內事姪文謨傳其學時稱精詣每醫人一帖輒愈人稱方一帖云閩書

劉萩邑諸生善病成醫多奇中嘗自言負痾時獨居一室設木案置瓦瓶食器雞飛其上器展轉欲墮地不爲動色於是療者曰病可治故其爲醫也亦

以此法愈人於本草丹溪肘後諸書多所發明莆田縣志

林時詹名洛以字行善畫山水天順六年召詣京師成化初賜冠帶明年除工部文思院副使年七十得請歸同縣許伯明與時詹同被召擅花鳥竹石之類亦爲文思院副使書畫記

吳彬字文中莆田人精山水兼善佛像明神宗時入爲供奉彬奏臣所見南中邸壑限於方域願得至西蜀觀劍門峨嵋之勝下筆或別有會心許乘傳往及還畫益奇後有柯士璜字無瑕善着色花卉

曾鯨字波臣善寫照黃卷字聖謨余玘字玉巳黃士字翰侯俱善畫莆田縣志

趙珣字枝斯莆田人原名之璧嗜古好奇善詩歌兼愛寫鳧雁沆漭中飛鳴生動亦娟韻可觀顧不樂以書畫名當道有求者非其意不肯作曹學佺嘗推重之後有林白字了白善畫馬黃尋字子目陳元亥字爾華郭璧字無疆廖徑字引公陳雪字雪人陳士榘字亦桓俱善山水陳僧權字石人善蘭竹黃章字斐士林滄字濤士余璧字子玉俱善人物林錐鼎字定于善八分林庚字晉白黃昇字象

侯善印章皆一時之隽也縣志

國朝

康崑字子玉莆田人能詩善畫山水學栂①花道人石田翁筆意人爭購之同里有崔岱字峻于山水入能品闊韓起字聘仲善墨竹陳僧權授以筆意遂臻其妙戴昂字少昂精內家糙格韵高雅亞於黃卷林霞字九文人物師黃章亦善美人林湛字露斯善花雀朱誠字燕萬善寫照如頰上添毫神氣欲活縣志

林宸弼莆田人醫傳三世善兒科用藥當而效驗速

校注：①梅

時推獨步 縣志

周如璧莆田人數十年講究外方名著一時貧者並贈以藥愈不受謝 縣志

楊丹字漁者莆田人善寫鹿形致逼肖隱於苦竹山麓 畫徵錄

泉州府

明

柯著字景明惠安人風骨巖峭①善墨梅②為槎枒老幹橫斜踈瘦之勢精神絕出同③邑有吳河④字萬水善墨菊作傲霜圖露一體尤盡其妙 泉州府志

校注：①峭善墨　②為槎枒　③同邑有　④字萬水善

李無惑同安人善小篆爲翰林待詔盦斯公陽冰之後其勁健端好與陽冰相埒士大夫家藏之以爲寶事實類苑

陳從堯晉江人精奕同時有蔡學海者亦以奕名皆國手也府志

蘇璿南安人字孔璣精脉訣能診知生死休咎病者求藥無不樂與而不受其直府志

黃學洙晉江人善楷書初學晉人後復益以歐虞顏柳書有名當世

國朝

黃士烱字木生南安人游武庠棄弗就復爲晉江庠生凡天文地理遁甲諸書研究有得值海氛不靖被賊虜入寨逃歸室已被焚乃懸草室徽論四字托星卜自隱談禍福輒中占者踵至以所得散給窮乏或邀朋縱飲臨歿數月自撰行畧預塡日月不差子允肅進士知縣府志

郭巖字彥羡號雲谷晉江人博通內典書摹右軍畫則人物山水花草翎魚曲盡妙境尤工指頭畫及水墨牡丹嘗道縉紳先生延致無虛日性雅好山水老而不倦高僧逸客候其至輒酌清泉焚名[illegible]①

校注：①香

以撥其好興至則伸紙潑墨不求而應今雲林泉石間遺踪獨多郭氏家傳

周思彥安溪人性慷慨篤實晚學濟人術施藥活人甚多府志

漳州府

宋

林廬極善彈琴十歲出家爲道士宣和間至京師時興七科試中琴科引御奏琴稱賞凡八宣召賜賚有加佩金紫後乞歸漳徐知常送之以詩龍溪縣志

明

詹永達南靖人自幼失明宣德間寓居龍溪以人生年月日時推其貴賤壽夭及父母兄弟存亡行次多奇中亦善占法尤精射覆又自知死期先詣所知辭謝至期果卒府志

盧譚字深谷晁泰舉人以善書名里人林雍稱其按紙和墨略不經意而端正中度俊逸瀟洒卓乎自成一家元孫振崇正舉人能世其業人得其寸楮爭寶貴之龍溪縣志

鄭萬龍溪人精醫術治病以意爲之不主故方而得奇效太守某夫人兒啼腹中傾圍棋一奩於地命

兩婢夾夫人俯拾之未半而啼止以兒在腹中口失乳根故啼俯身則乳根就兒兒得乳則不啼也既而太守得郎君秋捷信喜笑甚顚張不可合召萬萬知其由故不時至既至故觸之守怒鄭走出使人再召萬萬曰公疾愈矣使還疾果愈蓋喜極當濟之以怒也鄭爲人仁厚貧者煑藥飲之以爲常龍溪縣志

李宓字羲民龍溪人工諸體書董文敏嘗見其書幣請其書晚年以黃庭內外經一經一緯右軍書外景而不書內景殊缺事績書三千字補之結體工妙

論者以爲如天女六銖繁采麗密自然縹緲今所存摹搨甚多縣志

許神醫失其名詔安人善鍼灸嘗之潮潮有婦孕而胎不出婦幾斃許一鍼而兒墜許曰兒兩手托乳根上故不下以鍼刺之痛則胎動其掌中當有血痕視之果然府志

楊玉璇漳浦人措思工巧善雕鏤玉石水晶諸類凡人物鳥獸蟲豸器皿俱極精肖當事諸縉紳爭延致之又能以徑寸琥珀作玲瓏準提像手眼毫髮畢露見者驚爲奇絕閩小記

徐大淵字子胥鑾子學丹青設色點染黄筌周昉之流亞也今所存遺幅粉墨剝蝕而神彩猶炳煥云府志

周佛日海澄人少攻舉子業遍考醫學方書卒通其技嘗著論曰元氣根本也軀體枝葉也本根不固則木衰元氣不克①則身危孱弱而延壽者元氣存也強壯而夭折者元氣亡也故峻削之劑不可用而旦夕之效不可期用峻削者雖快小鬱而貽大憂期旦夕者或利一時而留後害故善醫者務以和平而致理善用醫者勿以遲效而生疑士友見

校注：①充

之曰佛日良醫也適其言可以醫國矣府志

國朝

魏萬字大千龍溪人工書學顏魯公得其筋骨展之爲尋丈約之爲鍼芒於家廟麻姑二碑尤爲神肖請書者具幣甚腆大千隨手散去不留一錢後有黄巔字小山邑諸生草書學懷素亦擅名縣志

嚴仙黎字太乙龍溪人能詩善畫名流多慕尚之同時楊譽斯名士章者師法陳白陽貴家屛障多求①揮酒又有郭玉峰楠能爲米家山水洪蘭如馥善學龍眠白描書畫部

校注：①揮洒

延平府

元

伍元如工山水愛作煙雲出没竹木變怪之勢府志

廖文彬將樂人質酷鈍日夜讀醫書廢寢食以求通曉用藥如神尤好施人稱仁醫府志

明

鄭文英將樂人工人馬學趙承旨得其大畧府志

王人佐將樂人善畫梅花枝點綴多師王冕又有沙縣羅汝文善繪山水府志

張宗華沙縣人清介絶俗善文詞工草書元季徵召

以老辭子允厚知霍州允纖獲嘉教諭府志

邊景昭沙縣人恬曠灑落博學能詩精花果翎毛宣德間召至京授武英殿待詔同邑邊孟屯善山水人物府志

鄧文明羅績劉琦盧朝陽俱沙縣人善翎毛工巧①[illegible]絕似景昭又張一奇自號散仙善翎毛山水名門於時縣志

李宗謨永安人工人物白描山水皆森秀蒼雅府志

高平川永安人精星術得雲谷道人斷袁了凡意李九我葉臺山微時與語二公駭之已而二公入相

校注：①處

言皆驗憐其貧諷令以子小就一職爲祿養平川曰寧日不再食勿以薄分辱名器也李葉益重之府志

林元眞將樂人善醫成化間巡撫高明得奇疾諸醫東手元眞投劑應手而愈高奇之授醫官徵諸醫從①受業焉名醫多出其門縣志

賴湯銘永安庠生病毋爲庸醫所悞遂棄舉子業精醫無論貧富雖百里必視之投劑輒驗有四科治要闡醫多祖述之府志

李坤將樂人年少不羈倣倪物表工詩草書遊吳越

校注：①受業焉

燕趙愚鍾林茂之器重之又同邑車素善畫楷書學歐陽詢石經凡十二筆意皆得其解府志

潙繼功永安人精堪輿禽遁明末山寇竊發繼功臨卒作語云木雞空有爨火豕定無遺及乙酉邑大災丁亥城陷人皆謂其言具驗有手輯遁甲諸書府志

胡靖南平人工書畫嘗從天使泛海至琉球覽島嶼風景繪爲圖志刻畫精工後削髮自稱澄雪道人縣志

鄧文伸永安人祖醫蠱毒方術秘異凡中毒者倒以

雄鷄銀十分戒其家勿語客攜至鄧之祖廟爐下鄧亦不言而知其中某方毒郎付藥服之無不立愈府志

國朝

安行南平人邑諸生書工小楷諸家法書手追心摹無不宛肖縣志

建寧府

宋

艾淑字景孟建安人早遊太學善書畫龍與陳所翁同舍時稱二妙後爲寧海節度判官府志

徐復字復之浦城人學易通流衍卦氣法自筮知無祿遂遊學淮浙間益通陰陽天文地理占射之說尤精音律嘗從林洪範說詩有得因以聲氣求樂之本皇祐中胡瑗作鐘磬大變古法復曰聖人寓器以聲不求其聲而更其器可乎召見帝問天時人事復對以京房易占推之今年所配年月日時當小過也剛失位而不中其在強君德乎帝稱善又問明年王何卦對曰乾卦用事說盡九五而止除大理評事府志

張炳字明叔浦城人少有奇疾在太學師事蜀士史

載之極醫之妙及歸推心究物有謁必往全活甚

衆縣志

元

劉畝字和中甌寧人業醫而精性樂施與病者與藥

貧者施棺人感其德府志

明

雷時中建安人伯宗裔孫學易及岐黃諸書醫能奇

中貧者暮夜叩之必攝衣往酬以錢則辭蓋以醫

隱者府志

鄒福字魯濟甌寧人業醫善察脉决人生死於數載

前奇症人不治者投劑輒愈嘗曰病知其源則治症不泛藥劑不多品舉其要斯效速矣嘗集經驗良方十卷閩書

林一清字源潔甌寧人善繪事筆法蒼古揮洒無不妙絶府志

黃錦字子綱甌寧人祖世德太醫院判授秘術錦學而精之治傷寒痘疹尤奇效同邑葉汝南字子林潛承秀字君實皆以醫知名府志

王祐字彥貞建陽人性豪邁所交皆一時才俊尤善草隸吟咏弄墨竹及陰陽地理之術號玉石道人

府志

陳子和浦城人性倜儻不事家人產嗜酒善畫酣後縱筆爲山水人物花草翎毛皆稱奇絕縣志

李守道字存吾浦城人少治壁經不得志讀元化傳撫案太息曰仰卧帳中繹素問靈樞之旨悟診療不出陰陽試輙驗有中痰癎症者諸醫皆窮守道手捫其腕曰疾易矣令俯首砌艾灸顱後口含刀圭少許臆餔以糜病尋愈府志

邵武府

明

徐鑑字本昭邵武人丰神瀟洒精繪山水而墨氣淋漓得煙雲掩靄之趣獲其片紙若獲拱璧王顯常師之閩畫記

胡梅號東池善畫山水以清遠自奇為一時名手府志

逵仙泰寧人精於畫不由師傳凡山水翎毛竹石俱以己意點染窮神盡態難之者曰子畫無一筆似前人逵仙曰予惟一筆不似前人所以高於人府志

王熙號碧峰麻雲漢號若仙於畫頗有瀟疏之致兩人皆稱名筆府志

李儆仙泰寧人為人樸實所畫筆力甚老每以潑水

墨高人年八十猶能作山水人物花草禽魚一抹立成不假脩飾府志

邱珏字廷美本習儒業穎悟絶倫而未用於世旋學醫精脉理以濟人利物爲分內事郡守患疾辟醫問效珏胗曰是易療耳乃進藥服畢私語其僕曰漏下二鼓公渴宜備湯三鼓公饑宜備粥公如期索之俱如意也謂僕曰爾何慧若是僕曰醫所諭耳公駭然以秦越人隔垣之見癥瘕不啻也與談皆儒生語公說曰匪儒醫曷能及遂顏其廬曰儒醫姪名希彭字商卿傳其術醫多奇中人稱其青

出於藍府志

陳八號東野精岐黄之術善治瘕痢尤長於治内傷覗脉登叔和之堂製方入仲景之室曠懐高誼動足千古府志

汀州府

宋

李友長汀人善寫猫爲世所珍圖繪寶鑑

明

劉紀長汀人善草書邑人鍾文俊贈以詩府志

李源號松山上杭人工翎毛山水縣志

曾一虔長汀人書工八法府志

羅文綱上杭人斵竹爲鏁堅澤如銅機發匆之景陵鍾惺有銘府志

國朝

吳士鳳長汀諸生善畫黎士宏爲之記府志

謝用周名憲時以字行十歲舉止如先民議論文辭若出宿習間作水墨花卉嘗摹倪雲林骨理淸逈輒書其變府志

上官宇字文佐長汀人工詩尤精於畫所交當世名士題贈盈帙與查愼行黎士宏尤善著有晚笑堂

詩集畫傳府志

黃愼字恭壽寧化人奉母以孝能詩工畫善草書王步青評其有倪黃筆意著有蛟湖集府志

福寧府

明

何雪澗善畫龍虎徐昆善畫山水周廉善畫鷹廉常之海上見孤鷹立石上揮毫摸擬其鷙如眞同郡劉玄亦善畫鷹尤長於竹府志

國朝

李赤泮頭人善書畫出遊繪望雲圖妙絕一時府志

康順禮後巷人善畫鯉鱗鬣水花精緻𦂳比府志

臺灣府

國朝

曾明訓字泗濱號曰唯鳳山庠生天分高朗得異人之傳精古驗爲人擇地占卜有奇中寧靖王器重之縣志

盧周臣臺灣縣人吟咏自娱善淡墨山水人物隨意揮灑並臻佳妙縣志

許遠字程意臺灣縣諸生性高雅工書畫與之遊者得其墨跡弆爲家珍縣志

王之敬字篤夫號竹冠道人太學生詩古文詞膾炙人口兼擅書畫下筆悉入妙品

徐元字凱生臺灣人精繪花鳥作八分大小篆尤入妙不苟下筆而性善飲求者置酒邀之乘醉揮毫日數十幅縣志

林元俊字份生本廈門人徙居臺灣善奕精醫俱爲海外國手將揮毫作竹石及草書縱橫如意瘦硬入古縣志

釋澄聲號石峰海會寺住持擅書畫好吟咏尤善圍棋有司聞其名多就訪之或苦旱延以祈雨屢驗

府志

永春州

宋

陳朗字子彝德化人遇異人授以草履受而著之行疾如飛精地理人呼爲陳朗仙縣志

連惟深德化人白眉皓齒嘗遇異人授以青烏書遂精陰陽地理之學縣志

明

郭福順大田人世業醫嘗遊汀邵從一寺僧學盡得其術而歸遂爲名醫爲人診脉能預言其人數年

後事已而皆驗縣志

國朝

陳雷德化人精岐黃術邑有曾某患譫語咏謳酬答論古談禪皆其生平所不習者已復問之不復記憶如是半載雷伺其譫語時與談藥性隨叩隨應及舉雷先龍薈之方曾忽云渠不敢對矣遂取其方治之立瘥縣志

龍巖州無

福建續志卷五十八終

福建續志卷五十九

列女一

聖人綱紀羣物使人人各自奮於名節之中而天下治故聞忠孝潔廉異絛不惜褒庸而光顯之沒則表其閭或追賜爵邑其所以風厲從善之心甚至至於帝幃之秀言不出梱宜無所自見於天下然輶軒采風下國首別貞淫二南之詩幽道家人琴瑟燕婉之細務而王化成焉是故女子有行常被勸激嘗與士夫等自昔劉更生范蔚宗史傳書列女詳矣郡國之志善善欲

長而閩地又當山川奧宅風氣素樸貞懿粹白之行相望綽楔故有徽傳金玉蔚若女宗或感慨殉軀靡他矢志又或冰霜寒節沒齒集蓼於是芳烈上聞顯承
褒錫然家貧不能自達泯沒以終者固不少也爲類而書之以見雖閭閻弱質皆名節砥勵爭光千載則士君子之知所樹立以蘄稱於當世宜更何如哉續列女志

福州府

國朝

名媛

葉球副榜貢生謝宣妻生二歲父汝棟歿與母林依舅氏縫紉紡織以供母性聰敏授以列女傳及各媛詩歌過目即能背誦年十七歸宣事舅姑以孝謹宣卒氏矢志撫三孤慈嚴兼至晝持家政夜口授詩書三孤俱成立仲子道承康熙庚子鄉薦第一辛丑成進士累官內閣學士兼禮部侍郎

按前志所載列女茲不復錄而獨錄葉氏一人者前志葉氏載節孝內稽其過目能誦口授諸子詩書宜入名媛故復別之

廖淑籌禮部正郎均妻氏婉嫕天成事舅至孝舅宦陳留官署灾先擁護幼叔小姑而後及其子從夫官京師夫由祠部郎奉命楊州清查錢糧貧至不能備行李氏脫簪珥以資及卒於官同仕有賻贈胥却之歸家貧無以自存淑籌工詞翰間寫竹卉皆極精緻尚書陳宏謀序以爲不減管道昇趙文淑風味有贈詩云女師自昔優文學懿德于今益壽康之句所著有琅玕集以上閩縣

林宜人張氏柔嘉惠來令應艮女中書舍人林佶妻也少通經籍女訓于歸後舅姑年高凡謹候視庀

滫瀡悉稱微指佶得專志讀書喜著奇書以力綿莫致柔嘉娩簪珥購奉佶出遊四方已卯舉於鄉丙戌直武英殿上奉二老及喪葬之事下訓子孫誦讀皆其力也嘗率二子入都二子侍佶同纂圖書集成時各七翁集盤餐修潔人共贊之佶於雍正癸卯旋里即捐館舍長子正青佐鹺小海場告歸奉母五世一堂年九十七卒

黄氏工部主事晉良女善詩通女史適同安令鄭善述循內則族戚無間言善述家故貧至即鬻婢供滫瀡善述授徒建溪三子皆氏自督課不令就外

傅中子方旦早卒長方城季方坤皆成進士晚歲病目猶口授孫曹書夜分不寢孫天錫復捷南宫嘗有句云不辭嚴督課家世是儒冠著有蕭然集以方坤守兗州贈恭人

林瑛珮字懸藜雲銘女適拔貢生鄭郯年十四時雲銘遭變下獄脫簪珥數千緡謀贖父命匿幼弟萬山中身任家務親寄饘飦藏利刃衣袂間以死自誓雲銘卒免於難毋病刲臂以療病尋愈夙能詩有唐人風味著有詩鈔及懸藜遺稿二卷

陳玉暎宿虹同知郭起元母有女德能賦詩著有蘭

居詩草（以上侯官）

節孝

林仕德劉經妻年二十九嫠居力勤以奉舅姑甘旨撫兩弱息慈而能教耄年子歿辛勤課孫守節五十六年年八十四卒

劉氏余成名妻年二十六夫死事姑撫子苦節二十餘年

邱氏林德懋妻年十七□①歸二十七夫歿欲以身殉念姑老子稚遂矢志苦守勤紡績奉甘旨惟謹孫劍光成進士乾隆間旌

校注：①于

周氏年十八歸宣洪祚七年洪祚歿勤女紅奉姑拮据營葬兩世苦節五十八年

陳氏年二十適游君禧月餘君禧往湖廣省父病歸氏刲股和藥卒不起投繯者三姑勸止之事舅姑撫孤有成七十二卒

董月官江一龍妻夫病革囑之曰吾有老毋幼姪無恃且先世未葬汝其勉之氏矢志養姑撫姪營瘞五棺姑卒終喪爲姪婚勵節三十一載年五十二卒

葉氏諸生陳聯芳妻夫卒家徒壁立氏女紅撫孤姪

生半月失恃氏曰吾翁後只兩孫耳撫猶已出後
子姪俱成人乾隆間　旌
黄氏諸生鄧文光妻年二十三文光疾篤囑曰家貧
孤幼惟汝是依氏截髪以示信乾隆間　旌
何氏鄭永泰繼室年二十四夫卒苦節三十年卒
葉宅歲貢生嘉猷女年十八適黄守謀守謀歿氏年
甫二十勵節撫孤垂三十八載卒
王氏舉人李建極妻建極卒於蘇州訃聞氏欲殉之
以舅姑力止乃矢志守節撫孤年五十一卒子蘇
州通判雲龍請　旌

蔡氏諸生高徽女監生陳日輝妻日輝卒氏矢志撫孤課督二子有成乾隆間旌

黄氏林天培妻歸二年夫卒子甫八月氏撫孤孝養翁姑歷十八年卒

蔡氏廪生王鴻烈妻于歸四十日而寡家素貧舅姑已老氏矢志撫遺腹孤紹基苦節三十四年

陳氏何廷樫妻夫早卒孀守三十餘年

陳端勤監生鄭田逵繼室歸一載夫卒氏年十九歷節五十餘年乾隆間旌

劉氏山西人宜陽丞閩縣林錦妾錦死父母欲奪其

志不可卒携幼女歸閩不下樓者五十餘年

歐氏武舉林起鳳妻起鳳以計偕卒於道氏年二十撫孤守節三十一年

江氏陳以桂妻夫卒守節三十年乾隆間旌

金氏蘇州人閩縣何正禧妾年二十九正禧卒於吳氏扶櫬歸閩守節二十四年

陳氏傅世哲妻二十七歲夫死守節三十五年乾隆間旌

陳氏順昌訓導天昌女適林贊煙二十三歲贊煙卒守節三十三年

林品官張纈及妻夫夭矢志撫孤有成卒年七十五

乾隆間　旌

陳氏董孔亮妻年二十九孔亮歿子文德娶婦陳四載文德復亡姑媳相依以雙節稱乾隆間　旌

陳氏舉人軒翥女適高坦年二十六坦卒苦節終身

乾隆間　旌

鄭氏吳文標妻二十八歲夫歿哀哭絕粒欲以死殉翁姑切勸諭之強留殘喘奉親撫孤竭力女紅以佐甘旨孀守四十九年卒孫紹驄乾隆巳卯副榜

范氏林艮諴妻年二十八而寡勤紡績以奉舅姑育

孤稚三十九年足不喻閾乾隆間 旌

蔡氏諸生郭文坊妻年二十三夫卒氏方孕數月哀毀不欲生姑慰諭之乃止竭力奉養甘旨無缺撫遺孤成立備受艱辛未幾孤卒復撫孫有成性貞靜寡言語至老族戚無有識其面者歷節五十二年卒

吳氏聶國書妻年二十五而寡奉翁姑撫兩孤成立守節三十七年

林氏陳敦夫妻二十二歲而寡事姑教子守節四十三年乾隆間 旌

鄭氏王繼疇妻年十九而寡飲櫱茹荼守節五十九年

林氏邱國祿妻二十五歲孀守勤紡績以奉姑媁撫後嗣慈而能教歷節四十二年

楊氏林龔駕妻二十二歲夫歿守節三十一年乾隆間旌

張氏諸生趙颺妻年二十七而寡矢志撫孤食貧三十餘年以子尤溪教諭學天貴贈孺人

沈氏黄國綸未婚妻夫歿即歸黄稱未亡人矢志孀守歷三十三年卒

周氏邱淳妻淳疾篤氏刲股和糜以療不效事耄姑撫孤子以節終乾隆間旌

林氏黄紫善妻十八歲結褵九朝而夫歿經營窀穸立嗣承祧翁姑滫洗之奉皆其女紅所出守節五十餘年乾隆間旌

陳氏張彥妻二十九歲夫歿奉姑鞠子守節五十二載

江氏陳永萬妻夫死於水氏煢煢壁立拮据盡力事姑嗣子礽週氏撫之過於所生稍長就塾一切衣服修脯皆從氏針黹中出守節二十七年

柯氏陳文湃妻年二十而寡事祖姑與翁盡孝幼叔未婚一切氏提挈之飲蘗茹荼守節五十一年卒

吳淑女李文烜妻翰林庶吉士開葉婦也少孤母林氏以節顯淑女年十八于歸力持家政孝於舅和於先後間文烜夙有文譽以攻苦致病結痾纔數月而卒氏誓不獨生舅切慰諭之立其季叔子玉驄爲後遂絕鉛華一意孝養撫孤舅素清貧及歸老林下家益落氏操女紅織紉日啖饘粥而以甘旨奉其舅值夫諱日必手治祭醴務盡哀禮奉先亦如之而嚴於教子篝燈課讀每日必至夜半嘗

訓曰人不知書不明理即富貴亦徒爾玉驄自此發憤有聲庠序人稱節婦之孝慈敬焉孀居三十八載卒

林氏襄陽縣丞軍功加正一品頂帶高琬子翹檍妻于歸後檍隨翁任所氏家居親操井臼奉太翁及姑服勤盡孝夫歿誓不貳而太翁及姑繼歿氏脫簪珥以營祭葬一切盡禮撫四歲孤鞠育教誨底於成人孫藍珍乾隆庚辰副榜工詩文乾隆間旌入節孝祠

葉氏金極妻年二十六夫亡家貧孝事舅姑力撫二子六十歲卒乾隆間旌入節孝祠

林孙官年十九歸陳嘉譽踰二載而夫歿誓志靡他守節三十三年乾隆間旌

紀氏楊鏗祖妻年二十九而寡無子家貧氏忍饑孀守孝事老姑艱辛備至年六十二卒

紀氏蔣燧妻年十九而寡撫猶子廷璣以續夫嗣茹荼飲蘗年五十卒

張氏王德運妻年二十四生子四月而夫歿舅姑已老仰事俯育子娶婦復夭與婦黃氏撫孫長成苦節多年

陳景銓浙江溫處道謚忠毅冊赤曾孫女浙江糧道

一夔孫女增生汝充女也景銓生忠清後端慧而明大義事親以孝且涉經史慕賢孝節烈事年十八歸何裕居二載裕遘重疾景銓刲股和藥籲天以身代病卒不起屢投繯吞珥皆以救免水漿不沾口者七日兩家尊親泣諭之始勉從爰却鉛華聲不出戶事舅姑益勤摯舅姑歿哀毀如所生兄公夫婦繼卒景銓泣曰吾夫久未議嗣婦未亡者冀伯多育耳今伯雙亡僅單枝奈何因擇從子應舉教以讀書入成均嘗置祀田葬先匶并周貧乏巡撫鍾音表其閭乾隆間 旌入節孝祠

林淑坦舉人元龍妹許字諸生嚴棟棟隨兄之陝西任卒於署訃聞淑坦奔嚴門哭奠即入自經以救免立姪爲嗣守節四十餘年乾隆間　旌

周氏庠生魏開業妻結褵後隨夫僑居蘇州夫以侍翁病成疾不起氏含哀覩殮奉耄舅以敬以孝尋舅又逝氏挈少孤瑛奉兩櫬間關三千里歸閩卜葬兩世撫瑛慈而善教未冠遊庠爲名諸生

何珠官翁長邁妻年十九于歸甫百餘日長邁卒珠官投繯欲殉以救免矢志孀守孝養舅姑擇夫姪國章爲嗣撫育督課迄於有成國章及孫大溱俱

庠生能文備歷苦節三十餘年乾隆間祀節孝祠

阮氏太學生陳長庚妻十九于歸甫十月而夫歿二老勸慰得不死遺腹孿生氏養老撫孤孝慈兼盡守節三十一年年五十卒子文炳有聲庠序

翁瑞玉許字林大志大志卒即潛咽金屑以救甦復投繯父母力勸之乃素服往林守貞三十八載

林淑齊中書谷①人佶孫女國學生玉衡女適莊篤培事舅姑克盡婦道舅爲萬州守以辦賑卒於途篤培哀戚得癇症姑陳氏亦憂鬱痼疾支牀氏奉醫藥罔懈旋遭姑與夫喪艱難措理皆如禮遺子週

校注：①舍

歲女紅自給以姑及夫柩未葬泣血告天積十餘年乃克蕆事歷節二十四年

李氏陳道泳妻年十七嫠居與姑林氏共矢苦節奉事無違歷節二十六年卒

鄭氏曾孫驤妻于歸而驤已遘疾氏鬻簪釵珥以供醫藥又刲股以進十載夫歿辛劬撫孤以至有成子思謙占魁俱國學生以上閩縣

林氏年十九適游子烱六載夫歿女紅撫子子復夭又撫嗣孫若節四十餘載六十八卒

陳氏莊森妻夫歿矢志撫孤守節三十一年乾隆年

間　旌

陳氏葛士瓚妻夫卒矢志孀守三十年

蔣氏御史晟女適舉人林芷淳芷淳計偕卒京邸氏年二十八同妾胡氏年二十一茹荼守節奉姑撫孤子立元夭婦陳氏殉烈二氏矢志歷三十載

陳氏林日旻妻年二十三夫亡事舅姑撫孤邦龍及長娶婦謝又歿謝亦矢節氏以乾隆間　旌

周氏王事懋勲女嫁莊仁仁歿氏年二十一孝養太姑及孀姑躬勤紡織撫嗣孤昌善成立姑歿喪葬盡禮苦節四十年乾隆間　旌

莊九畹字蘭齊周氏女也靜慧能詩許字詔安教諭
吳應運長子暐未婚而殤九畹時年十四守貞自
矢與母氏煢煢相依二十餘年更爲姑及夫營葬
春秋展墓祭必豐潔副使單德謨書太璞完珍額
以旌之著有秋谷集候官林正青永福黃任爲序

方氏諸生黃麒會妻夫卒教子有成守節三十二年
乾隆間　旌次子文焱乾隆丁卯舉人

莊氏同安訓導宏女適高華夫亡氏矢志殉烈雉經
未死乃紡績度生歷節三十餘年

柯宣監生官于績繼妻父母病割股以療及歸官氏

撫前妻子如已出年二十六夫卒守節三十二年

陳氏儲懋木妻夫歿守節三十三年乾隆間　旌

王氏林時芬妻夫卒矢志守節乾隆間　旌

蔡氏吳湘妻年二十八而寡育孤有成乾隆間　旌

孫士奇乾隆庚午舉人丁丑進士

陳氏舉人何然妻年二十八然卒食貧守節課子有成乾隆間　旌

王氏莊濂妻夫歿守節三十六年乾隆間　旌

陳章使劉敬箴妻夫歿遺腹孤甫數月矢志養翁姑課督子拱宸讀書補郡諸生乾隆間　旌

葛玉珠高鳳適妻年二十五夫歿氏奉翁姑盡禮撫二孤以養以教至於成立長世銓諸生次飛騰庚辰舉人族黨咸稱美焉乾隆間　旌

鄭徽柔同安令善述女適監生陳日贊日贊病瘵氏割肝以療後日贊卒矢志撫孤苦節四十餘年氏能詩遭家不造皆悲哀愁苦之音與弟方城方坤多所倡和著有芸窗蛩響集方坤序而傳之時年七十有八乾隆間　旌

陳氏諸生甘昌衍妻年二十七而寡矢志育孤子晉錫孫維禎俱登賢書

裘氏林禹濟妻年二十九夫歿氏念舅老無子爲納
婢生二子氏撫教之守節三十五年
蔣氏莊大信妻年二十一大信歿生子甫一歲稍長
復夭苦節四十五年
陳氏監生何鏡妻年二十九夫死於水守節二十九
年
官氏寧化教諭莊女適薩聞韶年二十七聞韶歿氏
奉姑撫孤守節三十三年
胡氏總戎胡駿女適鄭于演于演適吳道卒氏親往
扶櫬歸閩守節四十年

陳氏吳隹木妻隹木遊桐城卒氏年二十一舅病子女幼氏仰事俯育備極艱辛家燬於火貧益甚苦節四十餘年

陳氏林長輝妻長輝病羸以弟子思贊爲嗣及卒氏年二十四奉舅姑撫嗣子辛勤倍至乾隆間　旌

陳氏何振紳妻二十孀守苦節四十五年

方氏朱可成妻十九歲夫故孝姑課子歷節三十四年

陳氏鄒昌璦妻年二十五夫卒守節四十六年

陳氏翁從實妻年二十四夫歿誓志孝養撫孤未幾

孤殤姑又垂歿氏顧影煢煢窮獨無依夫弟從岱生二子從岱歿家貧罔措其妻欲挈二子他適氏留其二子以縫紉爲俯育計備極艱辛及二子成人以長爲巳子而以其次爲從岱嗣守節五十餘年乾隆閒旌

林氏湯文輔繼妻年二十七夫歿事老姑盡孝撫孤有成歷節三十二年

葉氏教諭葛經邦妻夫病刲股和藥以進及歿欲以死殉姑謂撫孤事大遂嫠居以盡孝養教子有成苦節五十餘年子連城孫觀瀾嶸俱庠生乾隆年

閭　旌

官氏貢生林德愃妻年二十而寡誓志不貳子甫週歲家貧氏力紡績爲撫育計教子成名卒年六十三子啓周孫開春俱遊庠思至乾隆庚辰舉人章華國學生

陳氏蕭士品妻年二十娶居孝奉翁姑慈撫繼嗣子廷鼎邑庠生乾隆間　旌

林氏鄭任鉉妻年二十五夫歿家無儋石勤十指以奉姑督課孤子成人歷節五十餘載乾隆間　旌

李氏施天資妻天資病刲股以進及屬纊欲吞金拨

縲殉之皆遇救止遂孝事親嫜撫孤自誓終始勿
懈守節數十年乾隆間 旌
游氏廣東守備兆麟女許字林文芳文芳卒矢志殉
烈父母泣勸於次年詣林氏守貞五十三年卒乾
隆間 旌
林氏舉人元寶女適陳允遴年二十四孀居家赤貧
奉姑至孝撫孤長成爲諸生荼苦三十一載乾隆
間 旌祀節孝祠
唐氏陳爾光妻夫故氏年二十三孝養堅貞歷節三
十六年乾隆間 旌

陳氏孫國祥妻二十二歲而寡茹荼飲蘗守節三十年

張氏林興旦妻二十七歲夫歿守貞不貳歷三十七年卒

方氏張爾士妻守節三十七年乾隆閒　旌

高氏林立九妻夫歿欲俱死念祖姑在堂孤兒無恃延殘喘以盡孝養鞠育藐孤底於成立而氏之辛劬至矣守節三十一年卒乾隆閒　旌

陳氏魏雯妻二十三歲夫歿守節六十二年乾隆年閒　旌

應氏張登俊妻年二十于歸三年夫歿絶粒數日復
闔戸投繯均以救免老姑病篤朝夕侍湯藥割股
和藥以進姑病遂愈守節三十年
方氏太學生林長浩妻年二十三夫卒撫姪爲後苦
節四十餘年乾隆間　旌入節孝祠
姚貞女淑金君章女年十一字同里徐文經逾八年
而文經卒訃至入闈投繯毋急救而蘇夜又投門
前小澤鄰人救之次日解珥環以吞復吐出不死
遂絶粒九日幾斃矣姑陳氏携子爾寬往慰曰文
經歿時指吾幼子爾賢尚能讀書起家爾有志就

義過吾門代操井臼何如女點首父以婿家貧難之女力疾下牀跪曰願受艱苦遂適於徐敬事舅姑姑病危刲股以療未幾翁歿家益貧氏百計作苦奉姑或二三日忍饑而姑饔飧未嘗缺時以芹茟佐姑食而自摘其所棄之葉食以當飯無何姑歿而爾贇亦尋逝氏以爾寬子爲嗣嗣見家空乏飄然不知所之氏一身煢煢目昏不能治女工以鉢爲鍋以草爲衾①而所賃屋又以負租被逐立哭於道挑夫某見而哀之出微貲爲氏謀入普濟堂事聞里人醵金賃屋助氏衣食乃得免死於路然

校注：①衾

氏猶奉徐家木主朝夕禮祀以冀其嗣之歸也守節四十餘年事載鰲峰書院所藏姚貞女節孝冊

周氏蔡繹妻年二十三夫歿事姑孝謹撫遺腹子及妾鄭之子恩勤如一守節三十年

陳氏知縣開周女適邑人趙署子光焯嫁甫一年而寡事舅撫遺孤不闖門而語者三十餘年廵道白瀛①以勁氣嚧霜旌其門

王氏薛正晟妻夫歿誓志靡他飲冰茹蘖歷節數十年

吳氏邑生林圭妻夫早歿養姑教子壽百四歲乾隆

校注：①瀛

閭　旌

林陳氏壽壹百壹歲乾隆間　旌以上候官

吳氏林元秋妻年十八元秋病篤以老母弱子爲囑氏斷指明不負後子復夭立嗣孤守節三十七年

楊氏柯天弼妻年二十而寡奉老姑撫孤克盡慈孝孀居五十餘年

陳晃姑舉人于侯女許字毛愿年十九未婚而愿殤女守貞不字與仲嫂林氏並事色養里稱雙孝仲兄濤病林刲股侍疾晃姑亦如之晚因林歿女悲深骨立長齋終年

盧氏諸生陳夏妻年十九歸陳夫亡矢志撫孤歷節二十四年

林冬姐陳簡元妻年二十夫亡苦志孀守以從孫利方爲嗣年八十五卒

陳蘭官年十九適李文浩逾年夫亡遺腹生男善基及冠而亡復撫孫有成歷節四十餘載

柯巳姐陳利篘妻年二十五夫亡撫孤知熊縣尹旌之

高氏江霽妻夫卒守節四十五年

林銀姐蔣文欽妻二十二歲夫歿事翁姑盡孝遺腹

六月撫育成人乾隆間　旌

彭善姑陳吉甫妻夫卒氏年二十五撫孤成立守節四十餘年乾隆間　旌

鄭細仲江元曉妻夫卒歷節五十一年乾隆間　旌

陳氏鄭純鑣妻夫卒孝事翁姑撫育有成孫成立雍正乙卯中式乾隆間　旌

潘沂英謝宸浩妻二十一歲夫亡子文恭甫週事舅姑撫孤慈孝兼盡文恭聘林氏未婚而逝林歸謝與姑晝夜紡績煢煢相依均全其節乾隆間　旌

陳氏李隆妻夫歿事翁姑盡孝撫子成立守節六十

年乾隆間　旌

卓氏鄭氏皆陳長祚婦長天保妻卓氏次天球妻鄭氏俱早寡孝事姑嫜名撫二孤互相課督鄭氏男永書乾隆戊午副榜妯娌歷節各四十餘年乾隆間　旌

王氏柯萬明妻年二十七夫死嚙指血書守節撫孤四字於壁以自勉乾隆間　旌

吳氏柯國標妻夫死遺腹五月及生男作苦撫孤乾隆間　旌

潘氏陳良興妻夫歿守節四十七年乾隆間　旌

鄭氏陳于上妻二十二歲夫歿以紡紝易菽水奉姑子嗣襁褓鞠育有成苦節五十餘年乾隆間 旌

黃氏陳亨圭妻二十二而寡婦代子職以事翁姑課繼嗣劬勞備至孀守五十餘年

林氏諸生永敭女適陳昶昶病篤氏刲股以進昶病尋愈又十年卒矢志事姑撫子成立

陳氏鄭興超妻年二十三夫歿立嗣承祧子娶婦又卒與媳共矢栢舟守節七十七年乾隆間 旌

陳氏林天蓮妻年二十五夫卒孝養舅姑慈撫繼嗣子光崧諸生鹽法道徐景熹以松操荻畫旌之

鄭淑立諸生陳元秀妻夫病刲股和藥罔效及卒誓
志守貞事翁姑盡孝會姑病篤又刲股以療課子
孫嚴而有法卒年七十四孫文藩廪生化龍乾隆
庚辰舉人以上長樂
詹氏前都督卓朝雄妻朝雄駐水軍移鎮銅山值
國朝初年海氛尚熾以靖難殁氏年二十聞變即
投繯繯絕赴井者四皆遇救止七日不食有諭以
撫孤乃食時孤甫三歲茹荼鞠育孀守三十九年
卒曾孫道翼乾隆壬戌進士
翁氏薛雲定妻二十二歲而寡家故貧撫教子女底

於成立茹荼五十年七十一卒其妯娌魏氏游氏葉氏皆早寡相繼歿給諫嚴通爲立傳稱一堂四節

吳氏林守鄭繼室年二十夫卒矢志孀守躬織袵以事舅姑撫前室子若已出秉性嚴毅厲節四十餘年以節孝旌其閭

葉氏諸生何其逵妻其逵卒於會城氏慟絕復甦矢志孀守養翁姑授書課子年四十八歿子龍光貢成均龍見食餼於庠

林如玉葉益褒妻年二十六夫卒遺孤二稍長婚娶

相繼夭亡仲婦方氏生子甫四月林與婦矢志撫
孫茹荼三十八年其娣姒林靜細亦早寡撫孤子
進揚同以節終
薛敬使年十八歸翁應瑞應瑞卒於粵氏矢志孀守
及遷海徙居洪江母子相依貧甚而卒年五十九
林卿使翁應環妻應環授鬱林參軍卒於粵西無子
撫一養女衣食不給時授鄰女書以資饔飧以清
節終
魏冬官庠生劉雲登妻年二十二而夫歿其姒鄭蒸
宋年十九夫昌寅亦卒俱未有子艱苦共撫嗣孤

孤錦成立補諸生魏年八十有五卒鄭歿年八十有二俱祀節孝祠

吳氏陳可俅妻可俅力學早世氏年三十而寡撫二子榕椿依外氏居邑之南門外康熙甲寅乙卯間海氛未靖賊四出縱掠一夕奄薄吳舍擄吳兒并擄氏二兒氏大呼罵曰我陳氏婦也夫不幸早世所以不死者爲二兒也若羣獨非人奈何擄寡婦兒卒掠去二兒抵廈門賊首有母諸所擄掠必令拜其母椿長揖不爲跪賊母①嗔曰是大家兒乎賊具述氏呼詬語母爲感動數月二兒得贖回榕尋

校注：①嗔

天乃督椿績學植行爲巡撫張伯行所禮重事詳椿傳氏年八十六卒

甄氏薛逸野妻逸野客亳娶婦二年夫卒踰月生男仲履時氏年十七扶櫬歸里事翁姑育孤子卒年五十四祀節孝祠

黃氏張明友妻明友客死山東氏年二十三事姑撫子積貧運櫬歸里歷四十餘年

王興宋許字周君明年十九君明歿女聞訃遂赴周守貞孝翁姑擇嗣撫養成立事聞　旌獎

鄭邀宋李志協妻夫卒年二十六矢志事舅姑子二

長正錦既娶而夭婦陳氏有遺腹孤共撫之髫齡

補博士弟子鄭卒年六十三陳年六十九

黃氏王士捷妻夫歿氏年十九撫孤矢志值海氛不

靖嘗挺身衛姑剸面自全年八十無疾端坐而逝

林閬宋吳鳳朝妻年十九夫卒家貧苦節四十餘年

年七十二卒

薛瑜宋毛以獻妻夫歿子甫四歲撫之成長姪久燠

妻郭氏亦早寡薛哀其貧曲盡推解以成其節卒

年七十有五

王福宋林以惠妻生兩男夫歿孝養舅姑姑病篤天

割股和藥以進歷節四十五年年七十三卒

鄭氏年十八爲諸生魏伯蕚繼室方數月蕚隨父之荔浦任卒於署氏奉姑訓撫嗣男終身茹素卒年七十五李文貞公光地立傳嗣子綱康熙癸酉舉人

潘淸宋適林道燠夫卒苦節傭紉撫孤伯瑾爲娶婦陳氏未幾伯瑾夭姑婦相依共撫二孫卒年八十四

徐平宋盧秉文妻年十九夫卒子正忠方週歲長娶婦陳信宋生子七歲正忠復歿陳年二十有七姑

婦矢節撫孤有成徐卒年八十五陳卒年五十五

黄定宋林世達妻夫卒無子矢志孀守勤紡績葬翁姑及夫夫弟世禧亦早世婦周氏撫二孤以長子承其嗣人稱雙節

謝長宋林子發妻夫卒氏以節終

吳換宋李昌發妻夫卒氏年二十撫二子成立卒年七十五

林氏年十九適監生吳世錦未逾年夫卒撫遺腹孤聿渭成人娶婦蔡氏年十八聿渭又夭蔡亦守志與姑相依歷四十載女名淑女適李文烜甫逾月

夫卒亦孀守三十年俱得旌

楊梨姐何均妻夫卒撫二孤次子又夭媳江氏生孤甫週歲亦守志以雙節稱

陳亦官國子生薛鼎祖妻夫卒年二十二撫兩孤事祖姑及姑以孝稱卒年五十

何宥宋翁兆瑞妻早寡矢志撫孤夫弟掖理妻陳氏年二十七而寡兆玫妻林氏年二十三而寡兆琛妻王氏年二十二而寡兆璧妻吳氏年二十八而寡一門苦節爲時所敬

何明官魏士儀妻夫卒氏年二十四撫孤矢志以老

壽終

魏永宋劉邦瀆妻邦瀆客死氏撫三孤各爲婚娶兩男繼夭與二子婦同以節著

林縈宋魏士魯妻夫卒氏年二十五長子六歲次子遺腹生長公毅娶陳氏生子週歲而公毅亡陳氏二十四子又殤婦姑矢志雙節全貞

翁柔宋張士亨妻年二十三而寡撫孤成立年七十八卒雍正間　旌祀節孝祠

李冬宋適施正艮夫卒遺孤三茹荼育之卒年七十八子萬春乾隆壬戌進士

何爵使諸生吳頤朗妻年二十四夫歿誨嗣子濂成
進士任山西偏關令乾隆間 旌
李新宋林百范妻年二十六夫歿課孤成立孫必映
武舉福振福擬及曾孫肇爕同舉武進士乾隆間
旌祀節孝祠
游進使翁土垹妻年十九而寡遺孤一齡姑六旬老
病饘粥不能進氏以子乳哺之歷節四十餘年
魏協官明經經國女適諸生蘗廷和夫卒氏年二十
六力撫遺孤娶婦陳氏生孫四歲而孤夭孫亦殤
氏同媳孀守以老

翁梅官王克安妻夫卒遺孤又殤氏年二十四繼姑
欲奪其志氏割耳自誓撫嗣子歷節五十六年
吳秀宋方維亮妻夫死撫孤矢志有成
張氏陳昌異妻年二十四夫卒遺二孤俱殤翁姑及
夫兄弟後先同喪僅存夫兄二子氏擇其少者爲
嗣女紅資生爲嗣男婚娶以節終
王碧官諸生鱣女許字陳啓萬啓萬病篤請婚女入
門而危甚奉侍五晝夜竟死孀居三十五載
林兆官方宏妻夫卒氏年二十九撫教男樹模成立
寡居三十年樹模辛酉拔貢學使于辰旌以孝節

慈壽

林建哥縣學生魏伯基妻基卒氏年二十六矢志事

姑撫孤歷節四十三載

嘉淑貞張士浩妻年二十七而寡撫孤營葬翁姑及

夫柩年五十四卒

郭①實宗諸生翁士蔚妻夫卒長孤五齡次甫週歲氏

事姑撫二孤歷節三十餘載

蔡氏廩生王鴻烈妻年二十四而嫁嫁四十日而夫

卒奉翁姑撫遺孤成立歷節三十四年

李懿宋國子生林邦彥妻既寡撫孤有成後孤娶婦

校注：①實

葉氏復天氏與婦同守苦節被　旌入節孝祠

林德玠適教諭張可儒事姑以孝夫卒氏年二十三
訓子成立守節三十一載

鄭寧宋靖州知州占春女適國子生魏可仲可仲卒
氏矢志撫孤歷三十餘年

魏聚使許字陳克潤年十六克潤亡父母秘之將適
年潤父卒訃至無潤名始知之遂絶食欲投繯父
母固勸之乃歸陳執婦道事姑盡孝撫嗣子成人
守節三十三載卒

湯氏許字周澤澤卒訃至氏告父母曰旣周家婦遂

當往修婦職父母許之遂往孝養舅姑貞守三十
餘年
魏饒官許字江孝朗未婚而孝朗亡女聞訃欲奔喪
父母弗許日夕哀號堅請往遂縞素赴江門守貞
二十九年
方閏使許配吳建年十八未婚建夭守貞四十一年
魏玉宋許字李聖卿夫卒守貞四十餘年
黃容宋許字郭孝謹性至孝父病刲股以療及聞孝
謹訃至奔喪守貞既翁病氏又刲股和藥獲痊喪
事舉以疾卒

鄭長宋許字嚴伯易夫歿聞訃奔喪守節
趙氏監生張登政妻夫卒矢志無孤二十年卒
何金宋其玫女太學生余宏生妻于歸四載夫歿無
子遺二女氏欲死殉宗人勸止之曰汝亡二稚女
何依乃爲夫擇嗣鞠育教誨辛勤備至次女許字
陳文乾未婚殉烈氏持家儉勤舅姑及夫宅窆經
營盡禮氷櫱自持歷四十四年乾隆間　旌
陳喜宋俞順人妻夫病籲天請代及歿事翁姑盡孝
教子有成乾隆間　旌
魏淑齊王則錫妻夫亡誓以身殉翁姑力勸乃止孝

事姑嫜勤課孤子守節數十年乾隆間　旌
陳招宋林兆則妻夫亡孝事翁姑復勤苦積貲經理
夫葬乾隆間　旌
王氏庠生孫學孟妻夫歿撫遺腹孤長大朝夕紡織
自營修翁姑墓卒年七十一
林鳳官何述四妻二十五歲夫亡親蒔蔬菜奉親育
子苦節數十年乾隆間　旌　以上福清
黃氏陳時超妻年二十八夫死子堯若在抱太姑及
姑俱在堂氏紡織以供甘旨鄰家火起氏憑夫櫬
號慟須臾火滅得全堯若領順治庚子鄉薦

朱氏諸生孫永啓妻夫死明季兵燹朱年二十一覓屍葬之守節六十年

吳藥姐林紹光妻年二十四夫死家貧舅屢廹之嫁不從以節終

吳氏陳時明妻事姑至孝姑病篤家貧不能延醫氏默祝於天割肝和粥以食既而姑卒氏以哭姑瘡裂隨歿

广①氏歸林渭伯未逾年姑以心疾卧牀幾殯②氏刲股肉爲羹以獻遂愈

葉氏黃萬年妻姑曾氏年八十餘多疾氏寄刲臂肉

校注：①于　②殞

入餌粥中冀目姑愈邑令榜曰眞孝回天

王氏諸生陳光祿妻孝事舅姑老而多病氏刲股投粥以進舅病忽起方氏割股時恐傷病者心秘其事即光祿不及覺也

朱氏吳力①行妻年二十二夫死無子家乏餅粟力嘗生計每苦不給寒餓以死間②者傷焉

黃氏陳詡妻年二十夫卒無子家貧甚而持志益堅年五十餘卒

林端玉年十九歸黃君賓夫死孕甫數月矢志事姑撫子孀守三十二年

校注：①行　②聞

林氏許字陳兆鍾夫病篤請於父母往侍湯藥夫歿
投井以救免截髮自矢苦守終身卒年五十四
莊氏謝正仁妻年二十二夫死守節三十八年
阮氏陳時寅妻年二十七而寡苦節數十年卒
王芝之小陳堯文妻年二十二夫病不起乃引刀斷一
指爲信遺腹生子勤劬以撫上奉舅姑允稱節孝
王錦姐林日至妻二十七而寡其兄欲奪其志因謝
絕之矢死不歸寧歷節二十餘年如一日
陳氏年十七歸孫斯若二載而夫歿遺腹生子朗人
長補諸生氏持身至嚴堂階不輕下年八十餘郡

守顧焯旌之

李氏陳際時側室際時殁遺孤仕晉方齔氏督之學卒以知名於時

葉貴小黄肅寧妻年二十八夫死子方七歲其祖姑老而失明顧以貧故欲嫁婦以自資葉不從時拮据易粟爲老人饘粥自啗者糠秕而已晚嘗病癰誓不求醫及危篤其女爲剖之立愈

孫氏吳聖功妻聖功夭年二十四孤方四歲守貧不嫁嘗製絨爲花貿以自給貞潔性成斗室自居而几席振拂無纖塵布衣蔬食憔悴至老

吳舉官林紹妻歸紹逾二年紹漁於海遇風溺死遺子方週歲誓不嫁貧無屋居宗人重其義以宗祠寢室使母子託處之窮老慘淡安其遇不悔

林氏葉德介妻寡居時二十七歲家貧伯姒利嫁婦金數窘辱之使速去林持義屹不可動卒以完節

李氏林兆盛妻年二十八兆盛卒遺孤紹宗三歲苦節五十年卒

吳菊姐黃廷揀未婚妻黃賈於外客死女誓不改志有議婚者至輒號泣求死自是佐父母治家以節孝終其身

黃氏丁兆章妻早寡督其子樵採供爨後稍稍自給舅姑之喪久在淺土擇地葬之長子廷焜娶婦黃氏而夭婦亦矢節不嫁邑令彭之曇並旌焉

潘氏諸生陳光庭繼室年二十五而寡卒年六十二

楊氏進士邱允通季子之婦夫欽士病數年死楊年二十四家貧甚內外莫爲顧恤獨撫二子持節終身卒年六十七

林氏旻津介孫志仁長子漢廣之妻漢廣卒林年二十二家貧遺孕方三月及娩生男樫鞠之成立後樫以例爲永定訓導

張鹽姐劉德俊妻年二十七德俊卒子大綸方三歲張奉姑鞠子以節著

陳氏鄭瑞生妻諸生大澤毋年二十二夫亡男四歲女方週歲事七旬老姑撫子甚勤歷節三十餘年

張氏官陳上游妻二十四而寡撫孤成人餼於痒①孫帝睿諸生歷節六十五年卒學使者旌之

孫氏諸生熊元鼎妻年二十九夫卒事舅姑撫二孤歷節四十餘年

劉氏陳德清妻年二十七而寡孤尚河方七歲女在抱尚河長遊於庠其女死烈劉卒年六十四

校注：①庠

孫宜聞舉人璋女歸鄭家樑貧落不能振孫盡脫簪珥資之虀粥布素恬然自安年二十五育二子一女而家樑卒以勤鞠子以禮自閑針管之事老不去手端莊矜①肅閨秀以爲風範

趙純玉游有濟妻年二十七夫卒鬻粧奩田以葬舅姑守節終身

林莊小陳禹聞妻年二十四而寡守節數十年

陳喬姐趙正發妻年二十嫁十五日而寡無子苦節終身

劉讓姐王洪錦妻年二十三洪錦卒育嗣孤守節二

校注：①矜

十二年

王氏諸生陳光堂妻早歲夫卒氏矢志撫孤守節數十年乾隆間　旌

孫慈姐林則坡妻年二十三夫卒守貞二十五年

陳院姐周宗泮妻宗泮歿矢志撫嗣孤守節二十五年

陳茹蕊蘭元懋妻年二十五守寡苦節二十八年

王氏游子鳳妻年二十八夫亡守節撫孤年七十二卒

陳氏官日煌妻年二十四日煌歿育幼孤成立守節

三十三年

鄭氏謝爲瓔妻年二十三而寡守節二十七年

孫洪姐謝廷徽妻嫁甫五月而寡有欲奪其志力拒不從撫嗣孤有成守節三十五年

孫綦姐林殿栻妻嫁一載而夫死守節三十年

黄氏林肇新妻年二十夫死守節三十五年

鄭氏方天驥妻年二十二寡居撫遺腹孤守節三十一年

孫氏陳兆鋮妻年二十三夫殁奉舅姑育孤有成守節三十二年

林氏董能禮妻年二十七孀居舅失明氏扶持承順
得其歡心守節二十五年

陳奕姐趙克修妻年二十七而寡歷節三十餘年大
憲題旌

陳應官邱懷玉妻二十四而懷玉卒焚脂却粉終身
不與慶會撫二子成人雖含飴弄孫笑不見齒卒
年五十五

吳良慈陳滉妻未逾歲夫病氏侍湯藥不少怠及夫
志於殉死家人勸之因忍死撫子愛而能勞年踰
五十得疾子進藥却不服曰吾所以不死者若未

立故也今得有辭以報地下矣爲者竟卒以上連江
黃氏諸生蕭時嘉妻年二十五寡乾隆間　旌
鄭氏諸生林濟時妻年二十九濟時歿守節終身
乾隆間　旌
朱氏貢生游奕輝妻年二十四守寡撫孤以節著
乾隆間　旌
鄭氏陳掄妻年十九而寡撫孤苦節乾隆間　旌
黃淑望許字游承鼎承鼎病絶氏奔游門大慟承鼎
忽甦乃刲臂肉以進延三日終歿氏守貞終身
黃氏諸生尤倜妻夫死課子有成乾隆間　旌

鄭氏林光綬妻夫死守節乾隆間　旌
黃氏葉綱妻夫死守節以上羅源

列女二

福州府

國朝

節孝

熊伏①姑陳耀南妻年二十二而寡子幼戊子山寇剽掠全家遇害氏襁抱其子以遁賊追及刃傷仆地賊焚屋去氏旋甦匍匐匿鄰邨後孤子長娶婦育孫六歲子亡氏與媳兩世苦節卒年八十二媳卒年六十

校注：①伏

李氏黃國樞妻烈婦尊姑之從祖母也年二十五而寡當尊姑自刎時羣婢急持之李叱曰稍遲則求死不得矣尊姑復自縊李視其氣已絕撫屍痛哭賊帥義之令殯斂尊姑戒部下無掠黃家賊退去李號慟久之越十月李無疾書心經一笑而逝

丁實姑許配魏潤潤忽搆惡疾自分殘廢令改適氏曰瘡耳可療也潤至其家示之不聽竟歸焉潤獨卧一室不與寢氏曰生死與俱吾志決矣迨有娠潤恐其染藥下之弗克彌月生子潤尋卒氏誓志孀守厥後子復生孫俱無恙人以為貞節之報

張珠姑魏惇甫妻避亂山中猝遇賊欲污之不屈賊揮刃傷指罵愈厲連砍其臂賊去旋甦僅存二指以壽終

林翁姑年十九適魏應鋕未幾應鋕死父憐其少謀嫁之氏聞自縊不獲遂佯狂迨年五十日吾志已成可以無狂矣卒年八十一

程藍姑許字江艮俊艮俊歿歸江門守節奉姑以終

張秋姑余時卿妻年二十八而寡其次子端士卒妻

李申姑年二十九人以貧故勸之他適李曰饑死事小失節事大撫四子長天職次天肅相繼早歿

長婦李滕姑次婦陳富姑年皆二十八姑媳妯娌相依爲命後孫登林復夭妻李勝姑亦年少一門四代五寡均勵志節

張翠姑陳華生妻守節四十五年邑令趙某旌之

湯長姑鄭擢妻夫病刲股療之延十閱月竟不起氏撫遺孤守節五十餘年邑令某旌之

章璉姑年十七適陳聖昌二年而寡撫遺孕孤事翁姑以孝翁病篤氏刲股和藥療之時炎蒸剜痕不潰翁病亦尋瘳人稱孝感卒年七十五

包章姑徐朝燦妻夫死時年二十八撫一子向琛娶

媳王車姑奉姑盡孝姑病刲股以孝聞

余燦姑阮鴻杰妻二十一歲而寡生子紹蒼方三月課之有成補邑諸生家嘗遭火挺身救老姑於烈焰中

黄璧光黄銓女父病刲股長許字李鏊鏊失怙母陳殉烈鏊復夭氏聞訃奔喪積女紅貲葬其夫家三世守貞三十餘年乾隆間旌

林諒姑周光宏妻姑與翁相繼病氏兩割股和粥以進年三十寡以完節終

姚氏魏介人妻年二十八夫死子睥吉甫七歲及長

娶婦吳慈姑生子世俊甫五歲暉吉死吳氏年二十六世俊長娶莊梅姑生子成基莊年二十九世俊又死家徒四壁三氏皆以節顯

黃縣姑戴光治曾祖母夫早世立嗣子撫之娶婦汪氏嗣子夭立嗣孫娶媳林氏嗣孫亦夭黃氏二十二而寡歷年八十四汪氏十九而寡歷年七十三林氏二十八而寡歷年五十人稱三節

王琴姑薛大衍妻年二十九而寡生三男長作梅娶媳陳鼎姑次作楨娶媳李莊姑季作標娶媳朱巧姑三子相繼夭姑媳相依一門四節

李礽姑諸生余希旦妻年二十六而寡子成琮甫二歲比長娶婦李艮姑二十八歲而成琮歿撫幼孤鏞亦不壽婦黃巳姑三世孀守皆以貞節自勵

李嬌姑陳作霖妻年二十八而寡家貧苦節撫幼孤成立

徐氏林夔鳳妻二十五歲夫故以姪爲嗣卒復以姪之子嗣之孝養翁姑守節五十二年卒乾隆間旌

王氏藍剛思妻二十六歲而寡撫孤子鞠育備至守節三十六年

吳氏余永燦妻二十四歲夫歿子甫二齡矢志撫孤
孀守五十二年卒乾隆間旌

陳氏翁維珍妻二十八歲夫歿撫三歲子成人苦節
四十九年

張氏翁維璿妾維璿歿勤紡績課子事嫡妻敬而盡
禮守節五十一年乾隆間旌以上古田

張允姑陸瑞金妻于歸三載夫歿矢志不移營翁姑
窀穸撫孤子課督不少貸守節五十六年乾隆間
旌

孫氏張祿贈妻年二十二而寡誓志撫孤事翁姑生

餋死藏殮克盡禮守節六十一年乾隆間 旌
周氏張旭傑妻二十五歲夫亡孝姑課子朝夕勿懈
守節三十九年乾隆間 旌以上屏南
鄭氏詹允哲妻歸五載而寡家無擔石勤紡績以供
衣食事老姑撫幼子年九十三卒順治初 旌
劉艾姐錢學甫妻年二十四寡居無子俄夫弟死留
一子其妻改適氏遂撫爲已子奉姑孝卒年七十
二
王棠姑曾士允妻年二十四夫歿家貧撫孤葬翁姑
及夫年八十六卒

陳氏適許世偉不數年夫歿育遺腹孤長大

林氏諸生曾興琚妻年二十一歸曾二十六夫卒氏
堅守撫孤姑病瘋臥牀不起氏朝夕侍奉者十三
年乾隆間　旌

傅蘭青黄君士妻年十八守節踰八旬而卒乾隆間
旌

吳氏詹子愷妻年二十一夫歿事太姑撫幼子歷節
四十餘年乾隆間　旌

周靜一年十九適姚榮二十七夫歿奉舅姑撫兩孤
八十三卒乾隆間　旌

陳咨使適林璧萬甫兩載璧萬夭遺孤未逾月氏守志不二力營舅喪十年侍姑病乾隆間旌

姚淑品年十九歸諸生陳志鋭夫卒守節乾隆間旌

葉坤使鄭宗生妻歸鄭甫半載而寡苦守三十餘年

劉氏年二十二夫毛右公歿孀居苦節于渭水爲諸生年七十卒

劉氏許字許而甫未婚而甫亡氏奔喪守節擇嗣以承夫後足不踰閾

劉氏許文炳未婚妻文炳歿氏歸許守節終身

吳罕姐程孟逵妻年二十夫疾鬻衣簪以代藥餌及歿矢志守貞苦節六十八年乾隆間 旌

陳淑梅劉一鴻妻二十六歲而寡家徒四壁勤苦守貞歷三十五年乾隆間 旌

佘淑玉許孔鎬妻年二十九而寡孝事姑嫜勤撫弱子辛勤備歷守節三十六年乾隆間 旌 以上閩清

林京舍柯大煥妻年二十九夫死育子有成守節三十餘年

謝秀璉生有慧質年十三父母繼歿遺妹五歲弟生甫數月秀璉自矢不字撫弟妹長成爲之婚嫁葬

二親年旣老山寇竊發過其家相戒勿犯以去

林雍宋許字程克繼克繼卒女歸程自守

林玉纘許字黃士拔士拔卒女奔喪守節終身以上永福

已經旌表節孝

趙氏林爾奇妻　李氏林嘉常妻　林氏黃邦璵妻

林氏李海如妻　張氏施佶侯妻　黃氏謝宏基妻　張氏嚴廷異妻　張氏林天縉妻　鄭氏許湘華妻　胡氏鄭長章妻　何氏林鋭妻　林氏陳鴻聲妻　朱氏李百齡妻　王氏薛鍾佶妻　范氏薛治衍妻　張氏何宸遇妻　曾氏鄭廷棟妻　陳氏

鄭守崧妻　葉氏黃鵬妻　周氏陳肇吉妻　郭氏
簡雲潮妻　張氏林燃妻　陳氏莊寶妻　王氏張
既公妻　林氏張宗寅妻　陳氏鄧良臣妻　林氏
潘彥國妻　鄭氏黃德瑞妻　黃氏林岫甫妻　薛
氏吳鵬龍妻　羅氏楊彥著妻　曹氏陳日光妻
王氏陳文樑妻　王氏林嘉猷妻　李氏鄭騄妻
周氏邱淳妻　曹氏曾景徽妻　吳氏王起發妻
劉氏嘉元鼎妻　林氏鄭元麟妻　陳氏鄭三槐妻
陳氏李文鶴妻　陳氏王侯鐸妻　林氏蕭家梅
妻　楊氏林天祐妻　林氏郭孝治妻　林氏陳國

基妻　林氏郭雄妻　茅氏周子向妻　李氏葉駿
聲妻　陳氏葉日烜妻　陳氏洪子開妻　倪氏周
維叢妻　詹氏鄭與芝妻　郭氏張元濟妻　陳氏
朱朝儀妻　齊氏林殿魁妻　葉氏林丹馨妻　陳
氏黃隹諭妻　王氏蔡君正妻　林氏陳仰山妻
黃氏王文連妻　段氏鄭宏基妻　張氏王繼衡妻
魏氏林銘妻　陳氏王聖恭妻　陳氏曾聖春妻
林氏王利宜妻　許氏蕭國棟妻　何氏翁長邁
妻　何氏王廷菁妻　陳氏梁道敷妻　陳氏官仁
妻　孫氏蕭孝奎妻　王氏陳振統妻　許氏黃文

熺妻　鄭氏祝鐸妻　許氏吳大鵾妻　林氏李肇
芳妻　翁氏祝世地妻　王氏何士涇妻　歐氏鄭
長燧妻　陳氏鄭學禮妻　王氏翁煥妻　王氏宋
祖長妻　翁氏蔡友洸妻　何氏張爲綏妻　李氏
吳昌煥妻　李氏吳孔和妻　王氏張士奇妻　陳
氏董文德妻　徐氏許榮蛟妻　陳氏林奕輝妻
薛氏施洪庸妻　鄭氏林達志妻　陳氏潘文綱妻
馬氏梁世榮妻　陳氏林恒妻　王氏黃日章妻
陳氏林思喬妻　王氏鄧文璧妻　鄭氏吳姬寧
妻　王氏陳謙樹妻　黃氏趙志登妻　陳氏李長

隆妻　林氏陳丹樹妻　葉氏王朝相妻　王氏黃
文鼎繼妻　游氏吳昌維妻　郭氏鄭文起妻　王
氏裘士恩妻　官氏盧匡祐妻　吳氏王有升繼妻
郭氏鄭天沂妻　沈氏陳蔚生妻　吳氏林志棟
妻　陳氏王廷璉妻　林氏余可華妻　翁氏王亨
曾妻　林氏毛崇純妻　鄭氏倪瑞奇妻　張氏陳
文嘉妻　陳氏傅士哲妻　薛氏王大標未婚妻
黃氏何煜妻　車氏鄭元臣妻　涂氏姚舜裔妻
高氏王欽連妻　林氏倪紹祖妻　張氏龔繼會妻
盧氏林楷妻　林氏吳伯琳妻　葉氏馮紹衍妻

李氏鄭能仁妻　戴氏林中選妻　陳氏劉送王
妻　方氏鄭德美妻　鄭氏王元立妻　王氏莊東
守妻　吳氏姚國樑妻　李氏王元定妻　程氏周
振台妻　黃氏洪亥東妻　朱氏周繼祖妻　施氏
吳敏妻　陳氏史天厚妻　林氏祝易贊妻　趙氏
游朝煥妻　陳氏鄭繼芳妻　謝氏鄭仕進妻　林
氏黃師官妻　毛氏陳開基妻　陳氏林日旻妻
張氏周紹鳳妻　葉氏林爲裘妻　林氏鄭守仁妻
陳氏林祖發妻　龔氏陳應逵妻　林氏陳治溥
妻　蔡氏洪際濤妻　黃氏林逢蘭妻　夏氏胡志

浩妻　張氏謝宏修妻　林氏陳廷章妻　吳氏翁
其陞未婚妻　謝氏林標侃妻　謝氏蔡文績妻
吳氏嚴廷選妻　朱氏林文儀妻　楊氏謝重燕妻
李氏林秉寬妻　游氏林文芳未婚妻　黃氏李
鰲未婚妻　翁氏林大志妻　何氏林蒯妻　陳氏
林璣妻　周氏汪國禎妻　林氏薛楚卿妻　潘氏
王聖道妻　薛氏吳騰龍妻　林氏陳繼岡妻　林
氏王憲清妻　洪氏蔣之熙妻　吳氏林儀健妻
鄭氏楊耀錫妻　陳氏黃宸達妻　張氏周文清妻
謝氏楊普妻　林氏楊文正妻　林氏鄭以桐妻

翁氏林銑妻　吳氏嚴廷選妻　葉氏林爲裘妻
陳氏李肇魁妻　陳氏王牧功妻　鄭氏齊應麟
妻　劉氏葉元鼎妻　王氏余起蛟妻　馬氏何九
皋妻　張氏何麟書妻　王氏葉廷章妻　陳氏史
文威妻　甘氏林鴻盤妻　謝氏林邦龍妻　高氏
葉天掊妻　甘氏鄧德生妻　江氏余子明妻　鄭
氏林厚光繼室　林氏嚴棟未婚妻　吳氏張爾盛
妻　柯氏張聚鳳妻　呂氏王光生妻　陳氏鄭芳
振妻　蔡氏李鼎妻　貞女高氏　貞女劉氏　陳
氏蔡以瓛妻　何氏陳永和妻　劉氏蔡惟聘妻

周氏丁鴻諟妻　謝氏蔡廷瑞妻　鄭氏劉揆叙妻
施氏楊與梅妻　莊氏林國達妻　黃氏楊天用
妻　林氏葉昌蔚妻　陳氏何君典妻　莊氏馮光
膺妻　郭氏林守桂妻　林氏方宏妻　鄭氏許臣
驥妻　林氏董大崇妻　林氏陳必奮妻　范氏林
良誠妻　蕭氏王登士妻　林氏施循佑妻　貞女
沈氏　林氏蔣永茹妻　劉氏郭昌隆妻　劉氏林
興漢妻　林氏陳覲聖妻　鄭氏歐乾鎬妻　邵氏
陳家士妻　李氏程一鵬妻　陳氏儒士俞德威妻
曾氏儒士陳永在妻　陳氏儒童黃縉爵妻　陳

氏監生何奕琰妻　施氏儒士張士美妻　蔡氏儒士林尚飄妻　鄭氏儒士張爾喜妻　蔡氏儒士張恒爾妻俱乾隆間旌以上閩縣　方氏王大捷妻　吳氏盧人文妻　陳氏林廷木妻　阮氏郭惟奎妻　陳氏胡緒瑞妻　林氏陳春焱妻　鄭氏吳克達妻　黃氏薛珖妻　錢氏高炘未婚妻　王氏黃志輔妻　王氏朱德滋妻　李氏黃允昭妻　陳氏高霳妻　曹氏施開立妻　侯氏鄭章妻　陳氏胡宗華妻　鄭氏邱但妻　程氏侯君榮妻　許氏陳宗調妻　黃氏林靜妻　陳氏薛天叙妻　陳氏郭繼淮妻　施氏

林晅繼妻　程氏陳仕煌妻　黃氏李霖行妻　趙
氏馬尙襄妻　程氏李天授妻　力氏林鍔英妻
甘氏林鏞英妻　林氏陳玘妻　楊氏陳瑞輯妻
李氏陳小舉妻　陳氏林立英妻　潘氏陳元文未
婚妻　包氏陳子景繼妻　陳氏葉拱曦妻　徐氏
楊金鉉妻　鄭氏林青雲妻　王氏曹仁會妻　陳
氏王乾徵妻　邱氏藍王權妻　劉氏葉濟川妻
陳氏楊金焱妻　周氏曹林材妻　王氏李琳妻
周氏鄭繼有妻　林氏陳紹翼妻　王氏陳守仁妻
何氏鄭俊生妻　林氏官克敏妻　蔡氏曾鼎贇

妻　劉氏王聖乾妻　林氏陳光燦妻　陳氏林仲
興妻　陳氏力子儼妻　陳氏鄭則治妻　林氏陳
天思妻　何氏陳士奎妻　陳氏林申泰妻　馬氏
陳天毓妻　劉氏葉方蓁妻　陳氏張奮異妻　陳
氏曾景惪妻　趙氏蘇文爵妻　葉氏唐二春妻
陳氏張惟祥妻　高氏程絢聲妻　吳氏方遇妻
余氏王夏玉妻　施氏方瓊枝妻　陳氏謝鞏根妻
魏氏劉元順妻　王氏鄭宏有妻　張氏周子傳
妻　湯氏劉元德妻　陳氏葉若栢妻　蔡氏李英
妻　余氏林爲先妻　金氏戴甸卿妻　葉氏姜思

溫妻　張氏方昌霖妻　張氏姜機妻　張氏宋應
球妻　林氏陳紀妻　吳氏周季先妻　黃氏陳士
趙妻　周氏翁孫謀妻　王氏陳禹言妻　林氏彭
朝彥妻　曾氏魏日爌妻　黃氏張天祿妻　張氏
爕坤生妻　王氏劉趙龍妻　林氏連朝聖妻　林
氏陳伸妻　倪氏陳錫爵妻　林氏陳文煬妻　鄭
氏樊溶妻　梁氏劉文重妻　鄭氏林翟妻　王氏
鄭子器妻　林氏何啓相妻　黃氏林衡善妻　陸
氏朱容達妻　陳氏彭溥妻　許氏李時彥妻　林
氏蔡天程妻　吳氏李寅礽妻　陳氏藍履恒妻

金氏陳允健妻　吳氏林天爵妻　蔡氏林夔熊妻
李氏藍允艮妻　邱氏林永就妻　蔡氏吳湘妻
鄭氏陳允法妻　陳氏張一鳴妻　嚴氏潘子景
妻　陳氏何上林妻　林氏陳俊妻　陳氏季春汧
妻　陳氏范鍾苞妻　王氏詹永康妻　沈氏詹昌
立妻　黃氏陳正傅妻　蒲氏丁右文妻　鄭氏周
修仁妻　官氏王錫侯妻　張氏余天士妻　林氏
王謹妻　吳氏陳孟乾妻　張氏何九苞妻　林氏
周子言妻　林氏鄭詒厥妻　陳氏龔其嵩繼妻
何氏陳詩斌妻　張氏林永潮妻　陳氏蒲立樞未

婚妻　陳氏林汶妻　朱氏周子任妻妾林氏　曾
氏黃師稷妻　林氏鄭長滋妻　林氏江夢蓮妻
陳氏林汝達妻　饒氏黃行育妻　葉氏張廷隨妻
郭氏薛國樑妻　高氏張蔚妻　高氏劉日曉妻
鄭氏陳道晃妻　林氏龔禹九妻　薛氏王仕豸
妻　何氏王子升妻　黃氏林鳳翥妻　蕭氏林軼
青妻　黃氏鄭述聞妻　黃氏鄧子藩妻　劉氏周
家正妻　邵氏陳法祖妻　高氏林大典未婚妻
余氏馬大升妻　何氏林子澄妻　孫氏林枝芳妻
施氏陳廷魁妻　施氏王寶朗妻　陳氏任志周

妻　項氏鄭永朗妻　林氏吳益來妻　林氏鄭允
佳妻　何氏林君用妻　林氏鄧士元妻　陳氏劉
惠生妻　彭氏王文棟妻　方氏林君政妻　周氏
鄭天宇妻　陳氏張汝梅妻　鄭氏盧君廣妻　王
氏詹啓元妻　何氏楊葉春妻　林氏莊傳妻　王
氏游欽定妻　趙氏陳守五妻　王氏蕭若源妻
胡氏陳化龍妻　林氏鄭繼鏈妻　王氏林其熾妻
唐氏吳士標妻　何氏翁文光妻　朱氏王爾瓚
妻　張氏陳聖有妻　張氏朱士幹妻　温氏林在
奇妻　陳氏林登雲妻　薛氏高登錦妻　林氏藍

學禹妻　王氏陳協五妻　林氏張帝擢妻　葉氏
陳驥妻　江氏陳大士妻　趙氏黃坦妻　陳氏林
宗宣妻　陳氏林道啓妻　李氏韓偉卿妻　徐氏
關克肇妻　王氏侯承臣妻　張氏江澤魁妻　秦
氏陳大謨妻　龔氏鄭仲立妻　張氏陳修吉妻
程氏洪則昌妻　黃氏高兆鸞妻　王氏侯爾贊妻
葉氏侯立甫妻　鄭氏侯爾達妻　林氏連珧妻
張氏莊寓妻　邱氏張墢妻　王氏邵昌靜妻
潘氏嚴協文妻　林氏邵濰妻　郭氏曾時臨妻
翁氏周廷賓妻　金氏林世耀妻　方氏劉夢膺妻

沈氏楊道燦妻 陳氏周其琮妻 詹氏林作肅
妻 林氏葉國安妻 王氏林彥良妻 黃氏陳聿
驌妻 林氏黃成憲妻 何氏陳宏巖妻 林氏陳
與開妻 陳氏林大繼妻 陳氏林廷講妻 王氏
潘雲卿妻 陳氏唐朝英妻 陳氏唐定國妻 翁
氏陳時晃妻 鄭氏陳經邦妻 王氏林益熾妻
林氏陳大惠妻 周氏劉開裕妻 鄭氏倪侯舉妻
鄭氏陳德聞妻 楊氏翁希尹妻 鄧氏林一棟
妻 何氏陳自潞妻 趙氏金季騰妻 陳氏林修
妻 孫氏林芳芝妻 楊氏陳元熊妻 劉氏陳文

実妻　嚴氏潘作標妻　連氏林翊妻　王氏劉起
龍妻　黃氏陳兆驤妻　陳氏何肇龍妻　金氏沙
起蹇妻　鄭氏葉履餘妻　馬氏陳帝実妻　汪氏
陳周則妻　貞女陳氏　卓氏陳伯俊妻　林氏阮
兆基妻　林氏陳廷念妻　許氏薛果卿妻　陳氏
戴靖侯妻　姚氏張思食妻　林氏曾登龍妻　貞
女姚氏　葉氏鄧梃生妻　潘氏陳元龍妻　羅氏
謝得軒妻　張氏林景禧妻　張氏林景壽妻　盧
氏陳峙妻　張氏潘天成妻　唐氏潘天開妻　陳
氏江浩極妻　韓氏姜時佐妻　陳氏嚴應亨妻

羅氏周合仲妻　周氏鄭天鈞妻　連氏林光朝妻
陳氏林世騰妻　郭氏熊應宣妻　韓氏康奕希
妻　周氏康華騏妻　車氏陳玉生妻　洪氏程女
馨妻　田氏卓國鸞妻　林氏黃季仁　龔氏江同
妻　吳氏林圭妻　莊氏紀鶴年妻　張氏紀元士
妻　楊氏劉洙妻　郭氏林士麟妻　王氏楊有經
妻　林氏李元鑣妻　張氏林崇禮妻　黃氏周守
朝妻　歐氏邵堂妻　林氏倪克舉妻　高氏陳時
楷妻　許氏劉國樑妻　吳氏林逢萇妻　劉氏張
棖妻　蕭氏吳東昇妻　郭氏姚鵬妻　吳氏儒士

黃仕灼妻　陳氏儒士何彔伍妻　紀氏儒士蔣鑾妻　林氏生員陳師孔妻　王氏監生洪溥妻　戴氏儒士陳履安妻　洪氏監生謝希哲妻　謝氏儒童鄭啓宴妻　陳氏儒童牛北灶妻　潘氏儒童林允翅妻俱乾隆間旌以上候官　周氏官陳思驥妻　李氏陳國栢妻　高氏劉則立妻　翁氏林長佩妻　陳玉姐李守書妻　貞女林氏　鄭氏施友樑妻　游氏周格可妻　陳氏周格可妻　陳氏鄭純嶽妻　駱氏鄭良進妻　姚氏陳朝建妻　黃氏鄭興泗妻　陳氏邱宏振妻　陳氏林恩敬妻　陳氏潘仁興妻

林氏儒士陳元金妻俱乾隆間旌以上長樂　黃氏陳恆泰未婚
妻　葉嘉宜林爲裘妻　陳穎官張時叶妻　陳靜
宋李志行妻　柯氏張登東未婚妻　王氏周君明
未婚妻　林端雅王譁妻　劉金宋董鳳苞妻　何
文使李瑜妻　王典宋張士奇妻　林安宋郭伯海
妻　林莊宋嚴宗波妻　林秀宋吳承軾妻　倪福
官劉德祐妻　薛氏陳遵貞妻　夏玉宋陳潮妻
林從宋郭伯學妻　林敬靜官林君亮妻　劉珍使念
兆申妻　莊亞官黃世鍵妻　王彩玉翁煥妻　李
玉使鄭元香妻　陳蕙宋周肇貴妻　余金宋陳允

位妻　余舉宋陳朝忠妻　魏氏鄭青蓮妻　貞女黃靜官　黃氏鄭混夫妻　方氏蔡寶妻　葛氏陳大受妻　陳氏王子槊妻　鄭氏張文美妻　林氏陳佳春妻　貞女鄭氏俱乾隆間旌以上福清　林氏楊叔禎妻　陳端小楊叔禎妻　林氏夏紹理妻　陳氏余行邦妻　貞女章氏　貞女黃氏　葉氏張響文妻　吳氏孫昌洪妻　黃氏陳炳憲妻　吳氏陳常徵妻　陳瓊姐王洪墀妻俱乾隆間旌以上連江　范氏吳求兌妻　黃氏游承鼎未婚妻　陳氏朱登發妻　李氏朱元久妻　張氏鄭兆禧妻　董氏游耀祖妻　黃氏張

元簫妻　尤氏攢典黃廷柱妻俱乾隆間旌以上羅源　吳氏丁
任科妻　鄭罕姑周文昂妻　林勉姑陳希招妻
周端靜陳德寬妻　陳氏徐極生妻　余亭姑阮明
武妻　甘氏鄭子宋妻　鍾瑾姑陳玉才妻　藍月
姑張光治妻　袁氏金棟妻　鄭氏戴登科妻　丁
氏曾元魁妻　吳氏丁爲鐸妻　魏氏翁正中妻
陳氏鄭敬墀妻　陳氏生員張啓生妻　李氏鍾士
耀妻　夏氏熊貢吉妻　魏氏儒士朱兆斯妻俱乾隆間
旌以上古田　吳氏張爾盛妻　許氏陳研妻俱乾隆間旌以上閩清
陳瑞玉張世堪妻媳黃元使亦守節　林一佛董克

驥妻 蔡副姐陳瑞亨妻 劉擇使齊一鴻妻 陳癸使黃毓長妻 林熈使杜世炳妻 林碩使張昌儀妻 貞女柯氏俱乾隆間旌以上永福

未經旌表節孝

孟氏周艮桓妻 吳氏周澂妻 楊氏張儀岱妻 程氏唐洪基妻 劉氏江子恭妻 曾氏鄭廷梅妻 曾氏鄭宗長妻 林氏郭忠本妻 林氏鄭朝宗妻 陳氏高麟妻 林氏施長華妻 嘉氏潘思朗妻 陳氏潘茂賓妻 許氏黃道暨妻 黃氏林昇妻 李氏鄭拱極妻 張氏許衡妻 郭氏林雄臣

妻　林氏許東儀妻　楊小鬢王大章妻以上閩縣　陳氏
葛玉友妻　謝氏王子冕妻　張氏嚴鳳儀妻　鄭
氏謝錫章妻　高氏盧日輝妻　劉氏林宰妻　葛
氏林方夔妻　張氏鄭崑生妻　焦氏范清海妻
林氏黃文提妻　陳氏王文錦妻　葛氏薛大翰妻
林氏江儀妻以上侯官　劉玉端李開元妻長樂　余氏施維
源未婚妻　薛氏王大標未婚妻　林靜朱鄭孔木
妻　常氏陳國勳妻　何恭朱方奇妻　施潤朱劉
文培妻　何整使吳載炳妻　林翼官夏起光妻
倪采蘋方爭妻　俞瑞哥黃士琪妻　周仲朱劉崇

谿妻　余莊使薛亨廷妻　周金環余廷茂妻　鄭
外宋陳朝魁妻　陳璧宋余士璠妻　吳氏王世珍
妻　連省宋林欲立妻　薛車官張大裕妻　陳靖
宋施尚謀妻　楊瓊官吳可淳妻　何氏方瓊妻
葉芝之官鄭　杞妻　陳懿宋林欲宋妻　王端宋陳
嘉裕妻　俞寶宋林樞侯妻　陳氏薛稱妻　張季
宋李景上妻　宋藩宋鄭君美妻　吳淑禎陳安仁
妻　何莊宋郭君舜妻　嚴靜宋翁卿佩妻　張氏
薛仲謀妻　許閏宋薛朝美妻　薛聯宋郭家錦妻
陳馨宋林駿學妻　黃麟宋陳彬廷妻　林貴宋

郭家韜妻　鄭寧宋郭志正妻　翁靜宋黃廷亨妻
方庚宋何魁芳妻　范承弟何某妻　甘姿官何
得愷妻　林護宋陳兆熊妻　何慈官劉士起妻
俞奇宋張守叢妻　林晃使薛憲奇妻　陳嘉使林
日嬌妻　李安宋翁兆恭妻　施科宋何義昆妻
吳金宋林殿如妻　吳靜宋何望聖妻　江玉官施
觀千妻　王靜宋倪廷棟妻　林貴宋吳名繡妻
黃官妹林某妻媳君大妹亦守節　陳景宋林開鐘
妻　余龍宋陳汝擧妻　蔡寧宋陳恭霖妻　吳祉
宋林士信妻　王兆宋林日欄妻　郭春宋林世襄

妻　陳氏鄭禹亭妻　吳瓔宋魏潜卿妻　吳騤官
陳祚達妻　夏葵官陳鼎煃妻　薛徽使劉爾清妻
林靜宋陳從禮妻　林建宋陳鼎焆妻　趙高官
吳達侯妻　林氏余正侯妻　張懿宋韓振宗妻
林舉宋余彬卿妻　王愛蓮余廷秀妻　李在宋余
元爕妻　施芝宋林爲哲妻　施貴宋余友溥妻
張氏何栽承妻　郭囘宋何允富妻　何金宋陳廷
山妻　薛春官方昌遠妻　陳聯宋何崇懿妻　潘
眞宋葉積濬妻　張品宋林其誠妻　何嗣音張登
禧妻　林戌官陳明奇妻　倪細宋余滔侯妻　林

端宋林大珩妻　翁巧官余文順妻　黄夏宋林國

壽妻媳楊四宋亦守節　余球官羅正麟妻　石努

宋郭伯御妻　林蓋官陳恭陶妻　余清宋陳子山

妻　歐重宋陳善英妻　歐順宋余暢侯妻　翁靖

宋江伯芳妻　林安官陳良葵妻　鄭瑞官郭伯居

妻　鄭邀舅陳仲恒妻　薛龍宋方元侯妻　林朝

宋翁肇階妻庶姑何氏亦守節　李文宋卓士岳妻

陳省官林有演妻　夏英宋鄭士爵妻　翁靜宋

薛允祥妻　蔡雅宋施長祥妻　王端宋何娘之妻

李節宋陳劍欽妻　陳科官俞經國妻　薛蓮宋

江大行妻　陳瓊宋俞懋績妻　施回宋陳明雲妻
張才宋劉子涵妻　陳西宋鄭雲鄉妻　王秋宋
陳允栢妻　何淑端楊蘖端妻　葉福官劉孫永妻
陳敬宋佘斑侯妻　林成宋陳長將妻　俞舉宋
陳朝恩妻　吳殿官方竣武妻　陳升宋王三德妻
王玉宋張六隆妻　施細宋陳善賢妻　陳雪官
魏嚴卿妻　翁定宋何龍承妻　李安宋翁基妻
翁淑榕王聖适妻　謝璧宋林良妻　江蓮宋翁肇
淮妻　江寶宋陳仲時妻　夏桂宋薛廸明妻　施
細官何恒恩妻　張挺芳吳天祚妻　何夏宋陳爾

銘妻　何金宋余益友妻　鄭安宋陳守莊妻　何
長宋陳鼎隆妻　張珠宋何嘉鵬妻　張氏林英妻
林彥宋陳國熊妻　林氏馬文鈞妻　林莊使薛
于閭妻　方居宋薛卿榮妻　林細金薛自登妻
方正宋薛卿修妻　施莊官薛志烘妻　施秀宋薛
志智妻　謝華宋薛卿上妻　林武宋薛師孔妻
周新金薛志蘭妻　林壽宋薛聯登妻　翁尾宋王
席恩妻　薛氏余達友妻　郭氏王永徽妻　高長
妹鄭一楨妻　陳金宋黃得乾妻　阮金宋方元周
妻　吳秋宋陳廷蔡妻　翁玉宋嚴志纘妻　陳有

宋嚴常白妻　祝氏陳玉樹妻　葉氏陳兆袞妻
林氏陳樹鷹妻　王氏陳士謙妻　王雪宋郭際觀
妻　張整範林英妻　何棻宋吳大猷妻　魏定宋
黃尙疇妻　林懋敬許世瑞妻　王夏宋林君輝妻
阮喜宋余正炳妻　林朱宋張公品妻　吳順宋
翁兆光妻　俞寶宋林樞侯妻　劉細宋王君達妻
施懿宋方逢然妻　鄭筌官吳贊旌妻　王治宋
朱永常妻　蔣琚官吳有俊妻　周鳳宋林元喬妻
林觀宋余大友妻　莊煥宋嚴朝忠妻　周節宋
林端仁妻　余懿宋張時孚妻　何雪官施嘉隆妻

黄招官施士謙妻　余謹宋張明豊妻　何德官
張大山妻　魏月宋施一貫妻　葉申宋鄭思籌妻
陳儒宋張思達妻　郭觀宋鄭允鼎妻　田酉宋
陳志華妻　余端宋王永範妻　何全宋陳亮發妻
陳聚宋何栢喬妻　李斗宋陳朝祿妻　沈金宋
王贊卿妻　張玉宋林璐士妻　何戍宋薛君殿妻
王嫩宋何元品妻　石懿宋薛大亮妻　陳源使
吳名驥妻　林瑛官鄭孔秋妻　林榮宋陳允美妻
黄煥宋吳亂元妻　林紫宋林爾忠妻　張星宋
余子星妻　陳連宋嚴常輔妻　林鳳宋嚴伯朝妻

鄭邠宋游允俊妻　林璘宋何士美妻　林敬宋
余爾敬妻　林曉宋余孝砥妻　林氏王其方妻
施完宋陳泰礿妻　陳祐官林振特妻　莊進宋嚴
嘗謨妻　翁珠宋黄士珪妻　林戊宋陳秉拱妻
莊雪宋陳淑安妻　林昭舜陳秉爲妻　委敏宋陳
淑容妻　李尾宋陳艮進妻　李然宋翁世彤妻
王秋官鄭子明妻　嚴贊官林則陶妻　李昭宋鄭
元青妻　施梅官鄭孔介妻　傀珠宋李永椿妻
吳燦官侯崇遂妻　林細宋張汝恩妻　張庸宋林
伯祥妻　薛㯋宋蔡朝德妻　薛丁宋陳維謙妻

鄭英宋杜君耀妻 林雪宋杜子蕃妻 吳奇宋陳
伯儀妻 田正宋陳森欽妻 萬氏陳聿永繼室
林福宋翁士章妻 林開官王觀澄妻 劉金宋倪
耀甫妻 余莊宋翁士華妻 鄭徽宋嚴常寶妻
何玉宋嚴常佑妻 林氏方蕚妻 林福宋嚴道奉
妻 莊貞宋林文泰妻 陳端宋蔣士鼎妻 林氏
王子猷妻 莊婉宋魏儀卿妻 郭氏王宗華妻
陳宦官林于肇妻 陳玉宋蔣子麟妻 余書宋陳
宜緯妻 翁三宋陳彥恩妻 郭鳳宋林會宗妻
程秋妹陳朝景妻 林園宋黃君浩妻 黃金宋郭

守勝妻　黄銀宋陳朝光妻　黄玉宋陳士逢妻
許金宋黄顯爲妻　謝尾宋黄國珍妻　連玉官林
于映妻　林明宋倪茂元妻　林招舅王士章妻
高宜宋毛允周妻　林氏方耿妻　薛文官方宗達
妻　林氏方騰妻　林秀宋吳國章妻　李翼官魏
信妻　戛春宋陳佾哲妻　吳捷宋陳虔伯妻　陳
寶使吳紹祖妻　林錦宋周肇仁妻　陳粹官吳元
逢妻　陳士金余彤侯妻　何淑宋方承爵妻　林
宜宋何繼春妻　何蕭宋陳志成妻　林秀宋薛懋
達妻　黄閏使林伯樑妻　鄭珠官陳爾光妻　陳

氏王士翰妻　陳細金王肇炳妻　薛氏王薛仲妻
石磁宋李永綬妻　何科官歐士長妻　張賽宋
鄭左侯妻　林端金張可濳妻　陳玉秀何朝蕃妻
鄭惠宋何大浩妻　吳恕宋王奕超妻　何彩宋
林尚智妻　周永宋王茂士妻　朱音官吳均妻
黃秀官陳朝映妻　林丙宋張世經妻　林至宋倪
正循妻　田卯宋陳崇海妻　王成官張維調妻
陳龍宋林聖敬妻　何石宋吳可滇妻　何雙官念
允啓妻　俞舜宋陳正熠妻　鄭貴使高廼軒妻
余禧宋何遠昆妻　鄧榮娘鄭康贊妻　江節宋葉

廷棍妻　歐儀宋倪天麟妻　謝諸宋蔡士炤妻
林湌宋何恬妻　葉氏吳轉齊妻　魏寧宋林士沂
妻　陳莊宋林彭學妻　盧氏林道侯妻婦陳氏亦
守節　姜榮宋林開嫌妻　陳姻官林撝吉妻婦翁
氏亦守節　林淑和何朝璇妻婦王氏亦守節　余
愛宋薛尹官妻　顏氏薛師峰妻　高玉宋嚴伯豪
妻福以上清陳氏吳濬達妻　趙氏吳游操妻　林氏謝
中行妻　葉氏黃之綎妻　陳淑和林梓妻　陳氏
孫正經妻　劉氏林立志妻　陳氏孫靜山妻　鄭
厚妲楊柟妻　孫端妲鄭雪妻　林喜小楊枝豊妻

余氏張章朝妻　楊聚姐沈邊炎妻　吴永姐陳廷茂妻　孫氏陳端哲妻　王煥姐陳元華妻　瞿氏張季虞妻媳陳氏同守節　鄭氏梅肇垣妻　吴謹姐鄭集生妻媳邱氏亦守節　瞿輿小陳鏗妻　林招姐陳鎬妻　孫氏林克訓妻　邱氏吴端如妻　陳招姐黃朝攀妻　林金小陳鳴京妻　王氏陳堯祝妾　林順姐周峻伯妻　王氏劉峻妻　陳氏黃孔容妻　鄭静姐陳志超妻　鄭金小楊宏植妻　周招小邱景祥妻　吴氏張克章妻子婦葉氏　林氏張茂榕妻　孫氏鄭起朗妻　黃氏陳錦之妻

吳昆瓊陳汝垂妻婦周氏　董氏林高甫妻　薛
氏邱禮妻　朱氏許永春妻　陳氏易世瀚妻　王
氏葉君輔妻　吳氏林雲程妻　王氏陳升之妻
滕氏程永受妻　卓氏趙秀卿妻　何信小陳開淑
妻　孫福姐章作彥妻　江氏謝少峰妻　林氏陳
恩全妻　趙士錦楊茂聯妻　董氏謝士晃妻　陳
聚小張日榜繼室　吳桂姐張文志妻　范氏陳堯
能妻婦孫氏　黃氏陳德老妻　黃氏陳俞年妻
王招姐陳倍吾妻　黃氏吳學文妻　張氏吳士卓
妻　楊氏林兆泰妻　陳晉姐孫平妻　連居安林

允發妻　黃氏陳存質妻　陳奇姐黃在中妻　陳
氏林能泰妻　朱氏黃有才妻　梅從姐陳子壽妻
林聰姐黃芹卿妻　林求姐鄭霞妻婦俞氏　楊
氏陳而章妻　鄭氏柯國佐妻　林氏謝子邇妻
歐氏梅大年妻　陳氏孫永禧妻　何氏繆用霖妻
邱氏陳有翼妻　黃安小陳綱妻　陳瑞小鄭才
生妻　林氏鄭嵩妻　秦蒨姑陳志奇妻　鄭氏卞
成允妻　羅氏林鍾捷繼室　陳氏余成俊妻　彭
氏陳文蘭妻　陳氏林昊子妻　黃靜姐張嘉祥妻
陳氏林能梃妻　林氏謝子方妻　林氏陳如遹

妻　林懿德陳爾輝妻　謝氏林惟月妻　林氏鄭
賦玉妻　王頭姐林魯士妻　鄭氏林成棟妻　謝
氏翁士義妻　楊氏陳馨若妻　葉氏鄭家望妻
胡氏陳異木妻　孫氏陳子安妻　陳氏林子富妻
游玉小吳應聘妻　孫超姐陳祥英妻　劉氏林
大儀妻　黃氏陳欽若妻　田氏黃大昌妻　魏氏
超功寅妻　陳氏林錢燦妻　夏氏鄭彝妻　鄧氏
鄭邦經妻　滕氏翁達行妻　陳氏吳孟占妻　傅
氏吳希攀妻　林氏鄭植妻　周氏陳時照妻　張
氏劉尚永妻　鄭氏趙時文妻　陳保小薛士禮妻

孫氏林光福妻　林珠姐陳宇元妻　李氏鄭時凱妻　張氏陳廷枝妻　馮氏陳理玉妻　陳氏李士開妻　邱進小林文煥妻　陳玉姐王周中妻　滕氏陳祖望妻　連氏林經訓妻　孫氏楊元五妻　林氏陳有敘妻　張啓小陳鳴禔妻　黃和小葉森然妻　蕭貞姐王大元妻　葉榭志陳公論妻　張氏林朝宜妻　鄭氏吳翰占妻　貞女吳氏林禮如妻　貞女藍鸞小陳光順妻　貞女章德梅陳兆鏞妻　吳氏陳常徵妻以上連江　黃氏鄭文學妻　楊氏高戴麟妻　卓氏高士亮妻　鄭球姑丁名震妻

蘇玉姑徐椅峰妻　高順姑林春澤妻　朱惠姑
鴻騰妻　余氏黃芳人妻　林純姑陳桂芳妻　陳
封姑丁經邦妻　陳典姑丁高光妻　張冬姑陳子
祈妻　張蒲姑余瑶妻　林傳姑曾昌逢妻　林丁
姑余魯若妻　盧欵姑任正輝妻　任英姑陳渾金
妻　陳璋姑丁登宛妻　黃雁姑曾鳴揚妻　李金
姑曾聖傳妻　謝申姑余樂侯妻　余祚姑丁正慶
妻　鄒蒲姑陳業禧妻　陳雪姑盧文璧妻　余瓊
姑丁仕銓妻　黎氏鄭天賜妻　李秀姑陳上試妻
藍儀姑陳垂芳妻　陳槑姑林飛龍妻　李亭姑

余元珍妻　鄭斗姑陳杏芳妻　王氏鄭瀚源妻
阮慧姑黃掄元妻　施冰姑葉作梅妻　薛莊姑徐
偉元妻　姚勸姑徐任英妻　周長姑陳綱妻　陳
僯姑丁元生妻媳朱氏　鄭邀姑戴正曜妻　張氏
陳堅妻　胡梅姑盧堯日妻　陳密姑卓名相妻
李恭姑余元琇妻　林端姑黃政人妻媳楊氏　羅
淑宜丁盛妻　余貞姑藍恭忠妻　余翼燕陳之冠
妻　馬氏黃啓朗妻　林長姑許開岳妻　吳貌姑
李顯夫妻　翁興姑丁文觀妻　江秀姑林端儀妻
鄭恭姑林秉鈞妻　李荆姑戴久任妻　劉玉姑

陳士明妻　林福使程漪妻　何永姑陳邦贊妻
周端姑陳天佑妻　劉端姑林應豸妻　鄭淑姑丁
正奇妻　鄭舜姑陳子亮妻　陳氏曾淳生妻　吳
蕺姑丁子元妻　汪宜姑林瓊瑜妻　陳柔姑翁維
珍妻　施貞年陳大芳妻妾楊氏　卓懿姑包緯齊
妻　陳招姑戴子紳妻　曾續姑陳紹芳妻　丁渭
姑陳枝攀妻　翁玉姑陳維南妻　鄭玉姑王正侯
妻　林從姑陳子政妻　熊有姑丁齊人妻　劉騰
姑陳爾盛妻　盧喜姑鄭爲儀妻　丁叙姑藍枝春
妻　卓畏姑陳啓元妻　姚永姑陳振妻　黃芳姑

林棟樹妻婦丁氏　陳雪姑盧汶璧妻　李秀姑陳世德妻　林淑姑陳廷獻妻　貞女施若碧林長燦妻　徐秀姑陳仲光妻　陳叙姑謝懋栓妻　陳梨姑丁式邦繼室　張釦姑鄭東海妻　陳昭姑甘自桐妻　藍運姑陳澄妻　林柔姑陳沂妻　范要姑林棫妻　陳碧姑曾元嘉妻　倪莊姑陳所知妻　江醉姑丁文綸妻　張端莊鄭東華妻　陳齊姑丁登閣妻　丁銀姑朱亭妻　王纘纓藍帑健妻　林敬姑黃燿臣妻　黃氏藍孫璉妻　丁冠姑曾芝祥妻　彭桂姑陳枝梅妻　林志姑黃子良妻　丁容

姑陳朝進妻　李賢姑卓仲謀妻　卓蒔姑鄭敏士
妻　陳器姑盧元達妻　陳助咏丁常光妻　余氏
阮鴻儒妻　陳書姑李時簡妻　李金姑徐四妻
朱氏張尊孝妻　王氏黃承重妻　余淑巧丁詔元
妻　徐氏謝日煌妻　陳蘭姑包祚挺妻　戴煥姑
池宗洙妻　鄭鳳姑陳仲耀妻　周容姑錢明侯妻
吳長姑陳枝秀妻　陳勉姑袁汝驄妻　謝建姑
陳丁王妻　周氏程世宰妻　陳氏程上運祖母
魏氏陳觀翰妻　郭氏黃兆禪妻　楊氏黃兆栩妻
蔡氏許正鶯妻　鄭氏黃登龍妻　吳氏鄭仲光

妻　劉氏熊尚珍妻以上古田　黃招姑胡永裕妻　熊華姑陸文起妻　楊氏蘇爲璇妻　吳氏蘇聖瑞妻　蕭氏包國珍妻　余氏包某妻　甘氏包增爵妻　王氏包增進妻　胡氏包增文妻　楊氏包增武妻　陳氏包增標妻　林氏沈某妻　徐鶴姑張正模妻　陸必賽張德聰妻　謝氏葉元佐妻　鄭容使孫纓正妻　周月使黃賽觀妻以上屏南　陳氏詹宜之妻　洪庚姐毛焯妻　盧端氷林夢陽妻　溫嬌娘林惟瑞妻　林挺使謝家中妻　王氏鄭宣旗妻　林氏王子統妻　劉氏盧可坦妻　劉氏張爾起妻　羅

氏毛霖麥妻　黃氏吳元生妻　孫氏余乘京妻

高氏林思友妻　江氏余道芳妻　吳氏盧可任妻

其氏黃仲岳妻　朱氏詹廷璉妻以上閩淸林麟使謝

本宏妻　翁氏彭舉妻　林昂官林聖制妻　劉舉

官董繼芳妻　林慧使卓道祿妻　陳渭使鄭介卿

妻　林上坊張運中妻　謝寨姐林爾贊妻　陳居

姐程克煥妻　林氏張自御妻　王氏黃其宏妻

張整使程敦榮妻　唐士姐方璧妻　王意使方其

鎦妻　張氏王克善妻　彭氏林在德妻　何氏鄭

廷弼妻　王氏鄭肇鎬妻　張氏鄭廌績妻　張雍

鄭成志妻　櫃顯鄭而術妻　魏順鄭而衡妻　林淑使吳時崑妻　郴去使薛仲器妻　張寧官汪世正妻　鄭氏張自聲妻媳鄭氏　林氏鄭一樑妻　汪氏鄭大紹妻　鄭綠使何煥貞妻　曹珮官鄭一昱妻　任氏陳知日妻　傅氏巫志侯妻　葉勸使魏大賚妻　朱鶯使魏鍾妻　吳仙使魏大敦妻　何組使吳家琦妻　林爾宜柯端陽妻　柯歲使葉任彭妻　陳佑使林玉卿妻　李氏林在邦妻　李氏蔡惟典妻　賴氏蔡孔玉妻　張氏蔡孟章妻　游氏張其藻妻　廖莊使張叶①粧②妻婦陳恭③使　程

校注：①叶　②粧　③恭

女使鄭光達妻　張廉姑陳曰信妻　方愛姑張爾
文妻　夏玉使何國基妻　張奇姐余君授妻　張
女姐盧以鼎妻　章福貞汪兆璋妻　汪怡使檀祖
榮妻　陳長姐檀祖佺妻　吳氏陳易修妻　陳氏
林宗虎妻　林淑使汪持邇妻　鄭氏邵典盤妻
林氏游渭妻　張志使游佺妻　吳端使林球妻
盧餘使張宜公妻　林氏黃鉉妻　王生宋方在妻
葉莊使朱秩人妻　沈氏張宗隆妻　朱氏張夔
徙妻　鄭穹使陳經侯妻　毛端使林文仲妻　柯
女官黃元吉妻　鄭昭宋吳永生妻婦陳氏　邱新

姐陳君喜妻　江恒哥柯正甲妻　林氏陳大紀妻
黃氏江友蘭妻　鄭鸞使陳朝保妻婦林氏　魏
整使林漢永妻　張全官鄭觀光妻　卓氏張中書
妻　蔣氏何世俊妻　陳節使柯正鑑妻　高宗姐
張則定妻　柯寶使星明輔妻　黃順使吳茂岳妻
任翰使林孟玖妻　侯氏陳孔奇妻　鄢守使朱
仕偉妻　劉康使魏古泉妻媳張孝使　張氏魏北
拱妻　林蒲使薛世隆妻　柯戊娘楊君鎮妻　陳
暮娘楊大新妻　黃章使柳而正妻　張欽官陳而
長妻　范鳳使黃邦清妻　盧氏汪惟岐妻　柳機

使陳絢木妻媳張氏　吳氏王能益妻　卓氏薛①
奎妻　陳氏何連超妻　鄭節使陳元祚妻婦葉氏
張莊官柯文榕妻　鄭藻使柯文儀妻　徐清使
林上英妻以上永福

福建續志卷六十終

校注：①聚

福建續志卷六十一

列女三

福州府

國朝

貞烈

林氏郭繼汾妻郭氏以軍功世襲福州中衛指揮使明亡乃絕繼汾讀書工楷法然嗜飲好遊得嘔血疾猶弗改婦數苦諫繼汾怒婦勿怨也脫簪珥爲湯藥費斷髮誓天夫沒撫屍慟哭即日投井死無子年二十有四吳江潘耒有傳

黃氏歸陳文賢未幾文賢病刲股和藥以進及卒即於是日自經以殉時年二十九乾隆間　旌

江氏許字黃元經未婚元經歿江年二十一凶問至拊胸大慟遂以刀刲喉父母為延醫療之氏堅執不許知其志不可奪竟之黃門號哭見夫靈一慟而絕乾隆間　旌

程氏陳廷鐸妻鐸航海貿易歷五載音耗不通程艱苦食貧毫無戚色既而訃至號慟哀毀欲以身殉妯娌力慰之延數月程乘間整衣自縊死乾隆間

旌

張璚官益豐女少失怙恃事兄嫂如父母許字鄭如蘭未婚如蘭亡訃至哀慟絶粒以頭觸地告於兄嫂縞素奔喪雉經柩側時年二十二乾隆間 旌

陳氏左都督澄女歸國子生李基基死年二十八痛哭捬心投繯以殉乾隆間 旌

何氏王徽五妻夫病鬻簪珥爲藥餌貲奉事三年無倦色徽五死氏飲泣絶粒投繯而卒乾隆間 旌

陳氏年十九歸鄭子拔甫三年子拔病篤籲天期以身代及死殯殮畢雉經以殉時年二十一乾隆間

旌

江宣官許字董道坦夫卒卽投繯家人防護甚周堅臥不食父憫之許往董氏謁舅姑哭奠夫靈至晚閉戶投繯死時年十八

鄭寧官董孔祥妻孔祥以父歿哀毀卒氏投繯以殉

薛氏許字王大表大表亡乘閒投繯爲家人救護不死矢節撫嗣男蓬鬢布裙不沐不櫛年七十一卒

乾隆閒　旌

王氏吳元珠妻乾隆丁卯夏疫舅姑與夫相繼歿遺幼孤一女三氏矢志撫孤逾月孤殤所親勸他適氏斥之決計殉將死懼女啼鄰覺左抱乳幼女右

挽長女立膝前自縊絕夫黨排闥入猶未殊而坐挽抱二女如生時急招鄰人入視咸爲惋嘆與其夫合葬焉

陳氏吳孔特妻于歸後勤儉持家事舅盡孝夫病篤刲股以療及夫歿營殮事既畢投繯死

林氏徐世任妻世任負擔爲生病卒氏竭力營葬葬畢投井死去其夫死三日年三十三

翁氏石開德妻隨夫客延平數月夫卒氏齧指血爲書貽父母遂自經死

吳氏許字鄭國桐夫卒殉烈乾隆間旌

楊氏許字方應夫卒殉烈乾隆間　旌

吳氏許字翁其壓夫卒殉之乾隆間　旌

劉蘭官許字姚德榮父死母再適夫貧不能娶來辭婚女以死自誓後有奪其志者拒之不得遂自經死

陳淑莊石首縣丞麟女歸林立元立元死氏自刎柩尸而逝乾隆間　旌

林淑玉儒童朱聖卿未婚妻夫亡殉節乾隆間　旌

蕭氏儒童林承治未婚妻

楊淑晃王傳璧妻以上閩縣

陳玉姐林時杰妻康熙丙辰山寇至與妹秀姐偕林元器妻汪氏（府志作潘者誤）投水中賊欲擒之俱入深處溺死汪氏子日乾孫作賓曾孫特蜚起蛟皆名諸生

孫氏明禮科給事中昌祖孫女父諸生穀貽與同里蔡其聰相好氏姊嫁其聰次子而氏歸少子以位其聰成進士未仕而歿家酷貧以位棄其業與鹺商同事至順昌遇私販者格鬬死氏聞悲慟勺水不入口者數日潛自縊以救解迎喪江干奮身投水有持之者不克死其姊以義責之曰若幸有子

即死如立孤何乃不復求死官捕得私販者法當抵死而律令須檢傷乃定罪氏曰是重僇吾夫也痛不欲檢理官悲其意爲杖斃首惡二人氏在喪未嘗露齒足不踰戶閾有疾不肯服藥語女嘗以孤囑其姊喪且再期謂其姊曰吾兒稍長韈履可取諸姊不煩手縫矣兒向苦瘡今愈矣不累吾姊矣有言既祥而姑在當具淺色綦履者氏曰無庸姑緩之大祥之日從容如平時哭奠畢就寢稍休久之不出姊趨視之則闔戶引經自經矣年二十九吳江潘耒有傳

陳儗年十三許字黃超麀未婚而超麀死儗聞訃泣告母兄願歸黃氏守節遂歸黃跪告翁姑曰翁姑自愛勿以兒故重傷高年也語竟起入戶乘間投繯死

陳氏年十八歸王光敏夫卒投繯以殉時年二十三耳

鄭崇官爾馨女許字武生林某林某卒訃聞不食數日死父母憐之舉其柩合葬焉

何淑英舉人齊潮妻潮航海卒訃聞飲泣絕粒投繯以殉

陳藻使許字張德佐德佐卒氏歸張食貧十八載營葬夫畢扃戶自經鄰里爲之治歛

陳進官國子生學聖女適林國楷夫卒氏投繯以殉

林端淑國子生兆棟女歸葛縈機未一歲縈機病卒闔戶自經家人力救之復盥櫛拜夫靈卒投繯死越二日歛顏色如生乾隆間　旌祀節孝祠

陳氏藍椿妻椿卒氏誓以身殉及夫大祥營葬畢遂扃戶自經死時年三十二

謝陸使許字張世華未嫁時事親盡孝嘗刲股以愈父病及世華卒聞訃哭告於親請奔喪不許遂投

繯死

邱氏陳快妻夫卒殉烈乾隆間　旌

陳氏許字張廷璧夫卒聞訃殉烈乾隆間　旌

王曲使陳灝妻夫卒殉烈乾隆間　旌

毛氏王荆山妻夫亡殉烈乾隆間　旌

陳氏諸生王谷山妻夫卒以身殉乾隆間　旌

鄭氏陳大綸妻夫卒矢志殉烈家人防之乘間投繯死時炎暑經日顏色不變年二十七乾隆間　旌

鄭氏董日暄妻夫死身殉乾隆間　旌

倪廩官庠生光斗女適曾世忠三月而夫卒越六日

投繯以殉。先是父母知其有舍生之志力勸之。對曰人誰無死。同室同穴幸事也。顧不能長侍吾親耳。洎是氏理衣。粧訖。乃別親友。有往生祭者氏答拜如禮。引繩而絶。乾隆間　旌。林通政枝春爲之傳。

丁氏陳兆發妻夫亡即殉乾隆間　旌

林氏項仁貴妻仁貴卒氏即殉烈乾隆間　旌

鄭氏薩知源妻夫卒痛哭殉烈乾隆間　旌

方淑言林士標未婚妻年二十聞夫訃悲傷激烈始則自縊繼則投井俱遇救免家人防閑甚切氏自

矢含生絶粒五朝一夕嘔血而逝乾隆間旌
江氏金廷機妻夫亡從容殉烈祀節孝祠
葉氏陳以中妻夫卒殉烈祀節孝祠
林而淑陳紹妻紹卒氏爲殉烈祀節孝祠
王喜卿嚴錫昭妻錫昭卒氏殉焉祀節孝祠
詹氏林光圻繼室秉性誠篤年十八于歸二十而夫
歿慟絶復甦歛後即自刭以殉
董氏太學生林開全妻年二十五于歸三月而夫歿
氏痛極以首捽棺幾裂舅勸諭且命家人守之得
不死自此日卧牀不起半年一夕忽躍起辭家人

嘔血升餘卒年三十六

余氏江長配妻夫亡殉烈時年二十以上候官

鄭氏諸生柯應鳳妻順治初海寇肆掠鳳被執令爲嚮導不從死之氏慟夫非命且懼辱遂觸死丹山下

柯美姐陳茂旺妻歸四載夫亡幼子繼夭氏投繯以殉年二十二

陳氏許字謝順順卒即奔喪自縊而死時年十四

鄭氏王平妻夫死殉焉乾隆間　旌

張氏陳式漢妻夫亡以身殉乾隆間　旌

阮氏鄭勸澄妻夫疾侍湯藥三年及卒投繯以殉

乾隆間　旌

林彩姐陳蘭上妻于歸七日夫歿即殉乾隆間　旌

陳氏劉定謙妻夫歿即於是日投繯以殉

鄭僅姐陳于東妻夫故投繯以殉乾隆間　旌

盧氏鄭行芝妻夫死殉烈乾隆間　旌

林氏邱宗尊妻夫歿强暴欲汚之氏不辱縊死乾隆

間　旌以上長樂

江氏陳喬瀍妻夫歿事翁盡孝夫服闋即殉烈内寢

陳守娘歸田大貞夫卒有子九歲氏矢節二十載

康熙十年子被寇害氏營葬夫與子從容自縊死

鄭美宋適林一纘纘疾革注目視氏氏默喻其意越次日一纘僅存一息氏整衣拜母雉經牀前一纘氣方絶

陳氏何館昌妻翁履垓早卒太姑及太嗣姑與姑薛俱寡薛善事二太姑撫館昌兄弟有成館昌死氏哀慟欲絶姑以遺腹止之孤育三歲夭氏投繯死年二十二

郭庚宋許字葉益藝未歸值海寇蹂躪翁被執益藝及弟倉皇溺死弟妻林氏亦未婚即奔赴殉之女

聞訃素服奔喪以節終
余翼官許字陳廣業廣業卒請陳氏入室自盡祀節孝祠
何癸宋受聘王三長三長殁女奔喪獨處三年服闋絶水漿晝夜號慟自經死
吳氏余廷碩妻夫卒僅生一女氏抱而哭曰爾何不幸生我家也持小佩刀自刺兄嫂亟奪之復投繯死年二十五
葉正端明葉文忠向高曾孫女適諸生張圻一年夫病刲臂肉和藥實以進夫死泣拜舅姑貽書訣毋

及翁不食命餘不死吞毒草又服鉛粉積三十日乃卒年二十一

盧端宋李育紀妻年二十二夫卒無子氏誓以死殉翁姑泣勸之乃守節三年服終投繯死

莊興宋鄭元康妻耿逆之變與夫避難至江口夫病卒守節六年父母欲奪其志氏結帛縊牀中端坐而逝

林金宋適陳孟東數載孟東卒氏爲斂具各兩家人知其將殉泣勸之答曰與偕生當與偕死義也遂自縊死

林旭妻適監生陳子楷海寇至氏倉皇避走寇擄而
負之齧賊耳幾斷爲賊所殺
王端英許字周元梅年十四元梅卒女歸周家矢志
貞守擇姪爲嗣日夜紡績以營葬年七十九
敖器妻年二十歸王崑士崑士業儒氏勤紡績閱五
載夫卒無嗣越七日雉經死
陳齊妻葉惟娘妻歸葉一年。夫卒。服喪三年。一日作
詩云二載。錦囊成。百歲。一環。冰。骨係。三綱。遂自縊
葉巳妻適俞克操夫歿終喪自縊死
王朝官陳兆玫妻夫死無子時有寇暴氏罵賊被殺

吳授官翁士山妻士山病卒氏投繯以殉

敖氏林聲侯妻聲侯病卒旣卒哭雉經於夫柩之旁

翁佳宋適龔爾國幼通書史識大義歸龔年餘夫卒作哀詞四章投繯以殉祀節孝祠

俞銀宋林世師妻婚日世師忽病扶掖成禮越半月歿氏治喪具畢擇日拜家廟別親屬從容自縊

林貞宋年二十歸陳廣明三歲廣明以販魚溺死氏赴哭極哀即蹈海以殉以援不得死氏曰吾志決矣何苟緩須臾爲越六日廣明歛畢遂投繯死

吳嫩宋夏嘉密妻事翁姑甚謹翁嗜食魚嘉密時舉

曾取魚水漲溺死氏於次日自縊以殉

許端宋歸戴學光逾年學光從師暴卒於館氏聞變慟絶即投繯以殉年十九

陳鳳官幼聰慧知書長適林聖修夫死無子投繯以殉

周壁官許字葉文忠裔孫信年十八將婚信忽病革女聞即絶粒訃至奔喪詣葉氏展拜如新婦禮撫尸痛哭遂自經雍正間祀節孝祠

劉貴宋甫十歲父母俱亡事庶母如己母許字陳振祚振祚亡氏決志往殉及門謁舅姑如禮入內室

坐待旦雞初鳴投繯而逝祀節孝祠

薛瓊官許配林守官未婚夫卒女之林投繯以殉年
十八

葉薇使年十七許字黃家皡未婚家皡殁訃至女即
素服奔喪投繯死於夫旁

林霦官許字吳賢貫太未行賢貫太卒女年十九聞訃更
衣毀容絕食五日不死卒自縊歸於吳事聞旌獎
祀節孝祠

陳瑞華許字何廷詩廷詩年十六夭女尚幼聞訃即
欲死父母阻之不食八日卒

林申宋許字江振三未婚振三夭女年十一聞訃育着江氏殉烈祀節孝祠

任玉宋許字何奕招奕招卒女痛哭絕食之夫家投繯殉之

何蕭宋許字林孝樂未婚而夫卒女之夫家自縊以殉祀節孝祠

薛紹宋許字林于學年十八于學卒自縊以殉

許巽官許字吳觀餘將婚觀餘忽歿女乃赴夫家從容死之

歐端宋許字吳士禮士禮卒女大慟坐達旦欲奔喪

母使聞於吳矣自請吳門自經年二十二祀節孝祠

傅玉宋許字陳恭悅恭悅卒奔喪大祥日自經以殉

林氏諸生何昭昆妻昭昆臨歿以目視氏而不瞑氏指心曰此中已許君久矣幸少待郎閉戶自經

張理官年十六適諸生葉廷楝甫一載廷楝暴卒斂畢出奩中物分贈娣姒自經死祀節孝祠

鄭定宋何承恩妻夫病卒氏年二十三無子投繯而死

郭德官魏值妻夫卒自經死

林瓊官適李璧燦璧燦久病卒不起氏爲葬畢投繯
自盡
劉升宋夏耀妻夫歿氏年二十四乃自縊與同殯焉
陳瑶宋王世融妻夫亡自殉死祀節孝祠
俞卿宋楊振康妻振康卒越數日殉死年二十
陳毅官余芳年妻夫卒越三日投繯而絶
翁敏官鄭尚進妻夫病卒謂所親曰冀覓雙棺請以
死殉家人泣止之不回即於是日投繯卒入節孝
祠
林紫宋年二十適黃守靜四載守靜歿氏志決殉烈

不動聲色既殯遂登樓自縊祀節孝祠

林招宋年二十二。適何逢龍。逢龍航海遇寇死。氏聞欲殉。翁姑止之。逾年。乘間。投江。死。潮退。尸端坐沙際。面色。如。生。

徐端宋陳允容妻允容歿投繯自盡年二十祀節孝祠

林徽貞適何德寧夫歿氏年十八撫嗣男甘貧守節六年嗣孤歿遂投繯死

周繡宋年十八歸吳名阜六載名阜卒氏葬夫畢遂投繯

陳喜宋適林武武歿服將闋投繯而逝年二十八

吳持官林兆褒妻兆褒早世遺二孤家故貧氏年二十一矢志撫孤不數載二孤相繼夭氏營葬翁姑及夫遺戒承嗣了遂自經

余敏宋吳孔曉妻夫病篤即誓相從及卒遂絶粒自經死

林氏陳淑贊妻夫死乘間投繯而死

林氏宋何羣生妻夫始死雉經者數家人防之不得死至大殮日投繯以殉

陳玉宋林允貴妻年二十夫歿遺孤八歲氏哀慟誓

同死家人止之不可即自經死

施菊宋適鄭肇恭肇恭往江右葬父死於途父歸以告氏大慟投繯死

葉琦官父積沂計偕京邸母病篤兩兄相繼亡氏籲天刲股和藥以進年二十適解元施鴻綸五子紡笑越七載紡笑卒氏趣具兩棺衾投繯以殉

陳龍宋許字陳嘉魁嘉魁卒奔喪自經死

方珠宋許字夏日隆年十九日隆死家人秘之女詰知其實絕粒累日奔喪投繯死大府旌之

翁玉宋性孝許字吳贊幼未婚贊幼卒奔喪投繯

而逝雍正間　旌祀節孝祠

盧鏞官陳正炯妻炯病篤氏刲股和藥以進夫卒越

三月自殺以殉

倪居宋適林彥飛未一年夫病卒絕食自經死

林定宋劉鳴珂妻夫歿次日投繯死祀節孝祠

陳安宋年十九適徐奇蕙夫亡自盡以殉

嚴氏何立雯妻夫病朝夕籲天請自代夫歿投繯死

林楚宋夏永尚妻年二十二夫病歿營葬畢自經死

王儀宋年二十一適夏金簡夫卒立兄公子爲嗣既

卒哭自經以殉

方孟捷林嘉綏妻年二十四嘉綏卒氏投繯死

王齊宋余喜侯妻喜侯家故貧又多病未婚時氏父母欲毀盟喜侯許之氏堅不可歸余五載夫卒無子隨於次日殉烈年二十八

鄭氏年十九歸蕭聖立家貧氏奉姑謹夫病籲天請代及夫卒即日投繯死與夫同殯祀節孝祠

薛月宋吳大侯妻夫病卒閉戶自經年二十四

郭鐸官適何學纓五載夫歿遺孤三歲撫養成立孤又夭氏擇嗣孫爲後自投繯死

陳端宋適林會可年二十夫卒即日投繯死

周寅宋高允哲妻夫歿無子擇嗣定誓以死殉遂投繯死

林金娘蘇達妻夫歿氏悲痛自縊

俞春宋許字林袤夫袤夫病篤具期趣婚女母不允女請應期往供醫藥越年餘夫卒女投繯殉焉

陳秋宋魏士粲妻士粲歿氏撫膺大慟投繯而絶

王寅宋林則騰妻夫歿以死殉時年二十八

曾瑞香薛廸名側室廸名病危目氏曰汝將何如對曰願相隨地下耳廸名卒死之

鄭美宋年十七歸薛師聲五載夫卒氏自治棺具投

繯死

林玉宋薛廸吉妻生子甫七月而廸吉卒氏年二十一矢志孀守後子七歲病危氏叩天泣禱以身代兒死存薛氏一脈遂入投繯死其子果愈

施瓊宋適何恒達嫁半載夫歿即投繯以殉

陳進宋林侯肆妻夫死從容就縊

陳氏諸生方逢昴妻夫卒閉戶自經與夫同逝

張挺宋王荃妻年十八于歸後荃挈眷寓姑蘇夫歿立姪廷賢爲嗣營葬事畢再拜結繯以殉

余有宋何嘉均妻夫死遂自經

吳細宋適陳聖藻數載夫卒投繯以殉

張雅宋方宗會妻年二十七夫卒無子自縊以殉

鄭成宋適王元銓八年夫病歿氏輟哭治殮喪具家人知其欲死防之密氏乘間閉戶自經

翁仁宋林元賢妻夫卒翁客福安婦請殉家人止之以俟翁回因繯死年餘翁歸遂自經死

徐藎宋適鄭孔黃夫病卒自經家人救甦後復就縊於夫側

趙盡宋李公惠妻夫卒氏即日殉之

陳香官李錦忠妻夫卒志決必殉翁姑泣勸不從竟

遂其志

張雅宋適陳我都夫卒營窀窆畢自經而逝

陳靜宋薛繩肇妻年二十五夫卒氏欲殉姑止之以有遺腹冀延一綫及生男氏撫孤備歷艱辛迨男婚娶後告其妯娌曰吾事已畢可以報亡夫於地下矣越三日經於夫柩之側

林如官何朝纈妻朝顯遘疾氏籲天請代及夫卒未殯氏擇嗣畢即日殉焉　旌表祀節孝祠

吳招宋年十九許字林載彤將行而載彤凶問至女潛備死具往奔喪家人密爲防越三日求立嗣畢

投繯以死

吳謠官幼許字張士植士楨死父母秘之女詢知夫死即於次日素服奔喪自經祀節孝祠

蔡西宋許字鄭孔淫孔淫殁女詣其家投繯以殉祀節孝祠

王招弟許字鄭方懋夫殁至其家自經以殉祀節孝祠

楊水娘父自莆移居福清許配營卒劉沐沐從征臺灣病死凶問至女赴夫家擇姪爲嗣即自經祀節孝祠

林宋宋幼字李有純病歿女聞訃日僅飯數匕夫喪小祥閉戶自經父兄知不可回聽歸李氏拜翁姑徑入内室投繯死祀節孝祠

張月宋許字翁繡侯繡侯暴卒女奔喪自經死

林酉官許字陳昌允將婚昌允病劇女請往奉湯藥父母難之昌允旣歿女以死誓遂至夫家入室投繯而絶

王富使許字許開先開先卒奔喪自經於柩側

高齊宋許字何若夫將婚而若夫卒女欲殉死父母不許後聞有議婚者卽投繯死

林朱宋許字陳朝鴻聞朝鴻歿誓以死從家人防之
嚴乘間投繯以逝
吳寶宋許字林紹祖夫凶問至奔喪自經死年十九
徐淑徽許字薛沂衍沂衍溺水死淑徽聞之欲奔喪
父母不許遂投井死時年十九歸薛葬焉
陳椒宋許字陳華華捕魚溺水死女聞即自縊以殉
薛茂宋許字林華哲夫卒奔喪自經死
陳慧宋吳昌坤妻生子未週夫歿未幾孤又殤氏撫
膺慟哭投繯死
何煥宋歸林聖朝夫歿自縊以殉

鄭福宋陳周輝妻奉姑至孝夫病刲股和藥夫亡營
葬畢投繯以殉

陳全宋適林志壽生一男夫暴病氏刲股以進不效
竟卒孤又殤氏絕粒三日不死卒投繯殉之

李招宋薛卿隆妻夫卒矢志同死私自理衾具越三
日自經死

張容官適林則聲則聲卒氏即殉焉

鄭滿官江大奮妻夫疾革刲股以進嘗語夫曰倘不
諱願共死及卒即於是夜投繯死時年二十九

林勉宋適陳夷騰夷騰早世氏潛備死具與母訣爲夫

立嗣囑與合葬遂投繯死祀節孝祠

鄭瑞官適嚴伯懷伯懷歿氏殉死

梁詩官余敬源妻敬源客死浦城訃至欲殉氏祖母

知其志至其家防之氏乘間登樓自盡年二十八

解虔治適黄初書夫死自經於屍側同日以殯

曾須宋鄭元金妻元金病篤氏籲天請代既歿絶食

自經死年十九

吳璦官何朝碧妻年二十五而朝碧歿家故貧苦節

十一年女殤氏訣戚屬于夫忌日從容就烈

林有治黄德熊妻夫病歿即自經死

鄭銀宋適黃聖裕夫卒氏大慟垂絕既斂即投繯死

施品宋林秉章妻年十三。姊璠宋適何某。數月殉烈。母哭之哀。氏慰曰姊得死所。何慟爲。既嫁夫遘疾殁。含辛撫二。孤逾年相繼殤。遂自縊。與姊稱雙。烈

夏靜宋幼嫻女史識大義許字施應權應權卒女年十八歸施門立嗣爲夫後撫孤十七載嗣子又殤遂遍訣親屬投繯死

翁宴宋林元白妻嫁年二十越五載元白歿氏即閉戶自經

翁淑敬年二十適陳紹準紡績佐讀紹準卒氏欲殉

因姑病勉侍湯藥姑又卒乃殉烈年二十六
王愛弟黄君仁妻夫卒無子氏經理喪事擇立嗣男
遂投繯而絶
林氏適方子安姑早逝氏事翁及庶姑克盡婦道閲
四載夫卒遺孤二齡逾月里有豪者謀奪其志氏
知之卽入寢室自經
吳居第年二十歸林騰國三歲騰國歿遺孤一隨殞
遂於夫大祥日自經柩旁
林徽宋陳開仁妻年十六歸於陳夫歿卽於是日投
繯死與夫同殯

林左宋適盧存遠育一男四女比夫卒氏哀痛不食舅姑泣諭之乃守節居二年孤復殤遂拜宗廟别舅姑從容就縊

何翠妹張應文妻夫卒氏年二十投繯以殉以上福清

孫淑英林翼招妻夫卒與姑周氏同孀守戊子兵變孫懼爲賊汚赴水死

陳凝淑適林梃梅子夫牧豎耳未一歲死貧無以殯哭屍旁三日夜殮畢投繯死

孫引小年十七歸林增慶纔兩月夫以業漁溺死孫矢志喪終盡哀致祭入夜嚴粧以大帶繫椽死邑

令徐甲第造其家祭焉

何長妹懷正女歸李大妹順治庚戌大姝爲寇所殺

何聞自經死

王顏姐邱卞玉妻年二十九喪夫未有子因決計死家素饒奩具甚盛悉以付小叔宸玉以他日嗣續之事託焉遂絶粒不食其母力止之不得已謬爲食飲如常母因不疑乃乘間縊死

吳梅姐嫁鄭亨泌甫一歲亨泌卒執喪歷旬日闔戶投繯時人有詩弔之云尺繩名義留千古兩柩幽魂對六時門外一泓湖水碧春來仍照舊蛾眉

吳玉小生，而嚴肅，長適余玘，家貧，吳安焉。未幾，玘病及劇，吳涕泣誓殉。玘慰之曰：若自爲我家婦，食貧良苦，或者天其憐之，俾終有甘乎。吳泣曰：君死，妾安能得甘，吾死決矣。玘逝，吳遂以鐮鋸喉，血噴湧濺地，衆抱奪之，不得死，遂剪髮絶粒，亦不可生。獨冀其父來一訣。父知之，故不往。逾三月，始往視，吳聞父至，欣然易服出曰：兒不孝，不得終侍老父，將從余郎地下矣。是夜，郎所剪髮，紉爲繩，閉戶自經而絶，年二十四。

張秀姐，年十八，嫁何良鵬，未踰年，夫病篤，微探之，張指天以死殉。夫歿。即欲自盡。家人共止之。數月嗣子以疹殤。張泣曰吾命也。胡以生。爲。遂於是夕自縊死。

吳碧蓮歸林步苑。生一女。步苑疾不起。語吳自爲計。曰君死妾死。奚計乎。曰如幼女何。曰俟斷乳可耳。步苑歿。既踰期。女已斷乳。乃曰此吾。踐言。時也。欲投繯。其姑與同寢處。不得間。遂市砒噍之。家人急爲解噤。不受。越三日乃絕。

鄭氏陳兟妻。兟家貧。舌耕以養親。鄭勤女紅佐之。相得甚歡。後兟遘疾死於學舍。鄭痛哭語舅姑相從

泉下舅姑曲解之服喪越四十餘日卒投繯死時年二十三

林氏許嫁鄭若五子林歸鄭未踰月夫病就婦家延醫治之弗效尋卒林數欲死之父母力勸終不聽踰月扶櫬歸促翁速營葬及畢遂自縊

董合珠吳雲達婢也嫁章學閔學閔貧不自聊一日自縊於深山中董號泣求之無所得逾二年有樵者聞鬼哭聲尾之見屍已化闌珊遺骨旁有雙履歸輒語人以爲異久之聞於董董曰得非吾夫乎亟往視其履果手製也遂拾骸掩之是夜即縊死

楊愿官嫁林鳴瑜家貧相敬如賓無何鳴瑜病謂之曰我貸於人者多死且負之矣奈何及死楊盡鬻其田廬什器償之自殺以殉

陳梅姐謝守嶷妻年二十五歸謝逾年育一子又逾年夫病刲臂肉糜以進終不起既殮投繯於寢

侯月小陳滿仲妻年十八而嫁逾歲夫估於浙溺水死其舅姑欲嫁之侯執義不可自經死

林玉姐年十九嫁鄭鴻甫六閱月鴻甫得疾死越六日自縊於柩旁

楊氏吳泰士妻泰士歿自殺以殉一女方五歲將死

時語之曰吾行從汝父地下汝生非男何恃以長須明旦來攜汝壻曰女竟無病死

孫氏泰士弟光士之妻泰士死兩年光士繼殁孫氏亟欲殉之姑及諸姒防之甚周孫陰自剄不殊流血數升而已閱兩日以剪刀斷喉而殞

陳氏張孝義妻夫死陳年二十三家貧無子既葢棺閉門取所藏砒服之有頃毒作家人惶遽求藥以解麾不受曰吾志已遂無相困也遂卒

吳氏楊永相妻永相以刺船為生溺死於北茭洋吳聞覓夫屍踰月屍不可得痛哭自經死年方二十

五

鄭氏吳國言妻國言歿鄭未及視殮經於屍側

陳懿姐嫁林宗琰四年夫死陳絶食執喪七日遂縊

以死

王日姐年二十適林尚燦六年夫歿王投繯卒

孫氏翁士達妻年二十歸翁夫歿設奠如禮明日客

弔於堂婦閉臥內經死矣

陳任小農家子年十八適孫輝南輝南歿陳閉戶自

經衆覺救甦婉諭之因稍進飲食越五日竟縊死

年三十五

黃懿姐許字陳汝敬未婚而夭女年十五聞之怏怏及後漸有知乃數涕泣媒氏謀爲改聘而女不知陳母廉其事徑造女家女疑焉執婦禮出見相對悲不自勝少頃延姑於房詢來意姑曰聞爾改聘來取聘錢耳女大慟曰亡人不幸乃以妻爲市因語姑曰幸少待兒得爲計遂留姑宿盡吐所欲言隨取所愛簪珥奉姑曰留此如見兒也日暮姑辭歸女泣送於門返卽沐浴理髮改著新衣竟引刀自截其喉未斷復割之凡三乃死

孫新姐許配陳英健英健奇醜人爭誚之女曰命也

俄英健溺水死。訃至。將奔喪。父母阻之。不得行。郤水漿七日不死。遂縞素。持喪。絕語笑。沐浴。閉戶。經於暗室。鄉鄰爲籲有司。旌之。先是孫之姑。歸林增慶。慶死於溺。姑亦自縊以殉。龍江劉寵。爲作孫氏二烈傳。

鄭倫姐。少孤。善事其母。年十五。許字諸生陳錫標。陳孤且貧。莫能備禮。持二釵定約而已。未幾。病死。女聞。即求往殉。母兄止之。終不聽。乃至陳。行告廟禮。拜柩前。嗣子出拜。徹所聘二釵畀之。即振衣出。袖巾。纔就縊。繩斷。趣易復縊。而死。

吳淑姐許字諸生趙讓賢未婚。讓賢渡江溺死。訃至。女以殉請。父母諸母泣勸。不答。亦不食。閱五晝夜。奄奄欲盡。乃許其行。至趙。引繩自盡。

陳容姐許配鄭子章。子章死。女年十六。造鄭氏從容縊死。

孫氏許字葉起雝。起雝夭。孫年二十一。至葉門大慟。引刀自剄。

林蘭姐祖母游氏以節聞。女習內訓。許字諸生黃鳳彩。歸有日矣。適鳳彩母喪。未克婚。終喪。鳳彩亦卒。女行弔黃門。詣屍所。時方未殮。女入房中拜。拜已。

顧侍婢取衣來婢出亟闔戶出袖中繩繫牀縊死

乾隆間旌

陳招姐許配張光烺光烺溺海死女聞晝夜悲泣逾月閉戶自經死

李引姐許字陳日秀未婚溺水死引姐至夫家自縊以殉

孫氏王變妻歸王未期夫卒時適有兵禍乃赴水死

陳氏諸生吳光祚妻教授祖念女也夫躭飲不脩家政陳以織紝供食極憔悴而無懟容夫卒人疑貧當改節陳勵志彌堅難作投井死

林氏蘭申妻即夢麟姪婦也與夢麟妻同日刎死

鄭郡姐貢生班熊女夜坐井旁兵入遂赴井死

林氏游倎妻素安貧約時夫爲兵獲懸拷金帛氏挺身出救兵欲攜以去奔入池死同時有黃氏林琛子志第之妻歸林未數月從姑死於井吳道成妻孫氏兵入赴井死

陳氏林可金妻海寇掠諸鄉遽投潭以死同時有薛恭姐張揚輝妻戊子海船攻堡陷薛登草樓以大帶維經死張氏王承妻寇入城奔投儒學後河死

王敬姐歸諸生傅巖甫四月巖卒誓不欲生投繯以

殉

林梳姐許字劉文駿年十七夫亡奔喪乘間雉經於柩側距夫死十二日

黄氏許字鄭光謙光謙歿拜父母兄弟登輿就道行八十餘里神色自若到鄭門哭奠畢袖出芋繩自縊夫柩前

林賚姐許字陳兆錤夫歿誓以身殉母防之密乘間閉戶自經顔色如生乾隆間旌

劉香姐陳世章妻于歸後勤鍼紉以奉老翁甘旨與夫相敬如賓夫病篤刲股以療及歿號泣呼天請

於夫之諸昆弟立嗣以續宗祀入房整衣自縊死時年二十四乾隆間旌

周掄姐許字吳鵬青鵬青卒氏奔喪視殮次日解衣帕自經死乾隆間旌

鄭欽姐儒童孫日賓妻歸三載而夫歿勺水不入口爲夫立嗣於夫殮之明日投繯以殉乾隆間旌

鄭巧姐陳篤任未婚妻陳病瘵卒氏請歸陳守節父許之至則拜姑及夫靈擇嗣承祧半夜自縊死乾隆間旌

徐陞姐許字楊廷濂夫歿投繯殉烈有司獎焉

吳珠官年十九。歸陳新蘭。逾年生一子。新蘭以攻苦得瘵。屬纊之頃。氏搏膺呼天。絕而復蘇。及旬。始進湯水。一日子患疹。氏泣曰。未亡人。所以不死者。以有此子也。若朝亡。我必夕死。既而子殤。氏仰藥咽金。皆得不死。舅姑日夕防之。未幾而病。進藥餌不飲。及疾篤。出其鑰。予母啓篋。身內外所須咸備。惟曰兒所少者。雙履耳。吳早志於死。故身後之須咸預治。嘗以紅綃製履。姑見疑爲嫁具。吳聞之。恚。立焚之。故至是以製履囑云。卒年二十九。

黃氏歸鄭志廣。家貧。夫卒。拮据殯殮畢。即投繯死

章浮妞許字鄭嵋宗夫卒聞訃自經死

陳舜英童儒余起燦未婚妻夫亡殉節乾隆間　旌

黃氏儒童李天樞妻夫亡殉節乾隆間　旌

林氏儒童陳建輝妻

林鞠姐夏紹理妻踰年而夫溺水死朝夕祭奠必誠必敬含淚慰姑及嘗夫殮含立嗣夜以衣帶自縊

殉節

黃景小林仲菁未婚妻仲菁歿奔喪矢志孀守竭誠以奉舅姑辛勤備至歷節三十五年

徐鳳姊許字陳日燦日燦歿即投繯以殉及殮面如

生
楊蓉姊劉天騆未婚妻聞天騆訃奔至劉門哭奠歸
而是夜投繯死
陳氏林煌未婚妻煌歿氏殉烈
林紅姊陳大標未婚妻大標以血疾卒氏詣陳行婦
禮夜半取束身帕自縊於床死
林氏劉文駿未婚妻夫歿奔喪投繯殉烈時年十七以上連江
范明官許字吳求求卒氏聞訃自縊死時年十七
乾隆間　旌
游貞慧吳子畏妻年饑子畏染癘疾父母議嫁之氏

夜半沉水死

蘇氏鄭昌運妻甲寅之變抱四歲嬰兒赴池死

江瑳姑聞酣妻夫死子夭殉節自縊

張端姑陳勤經妻年十九歸陳兩載夫死無子誓必殉姑謹防之至次年乘間沐浴更衣自刎氣未絕自以兩手斷喉根姑覺抉扉入見其手示人若求盥狀家人進盥畢合掌含笑而逝時風雨雷電大作忽變酷烈爲嚴寒顏色不變

李櫻姑德化訓導方祚隆妾祚隆年八十一始舉子旋卒氏撫孤至四歲嫡欲奪其志氏抱兒慟曰兒

四歲可無須乳哺矣吾將從翁於地下天不絕方氏兒當自立遂自縊死年二十四

張滿姑許字戴天福年十四天福殁氏聞訃即鬄髮櫛沐恐口縮腹誓不久生母弗能割防之密歷兩旬餘乘間經橋樹下橋葉盡落樹亦遂枯邑令聞而旌之

何慈姑諸生游奇能繼室夫死欲殉家人防之愈慄然曰及吾身不爲夫營一坏土子幼未可知促命工作三壙距夫死六十日投繯死

陳秀姑諸生鄭士英妻年三十夫殁自縊而死

魏瓊姑許字鄭世獻未婚世獻卒氏自縊死尸歸鄭兩尸相向各鮮血從鼻孔出乾隆間旌以上古田

張熟姑甘珍明妻珍明歿熟姑年二十四自縊以殉以上屏南

吳煥姐林臣輝妻年十九夫卒遺腹數月見柚樹花盛開指而言曰吾未知得嘗此柚否及秋末遺腹不育氏遂從容奠拜縊死柩旁

吳善使年十八適諸生葉有蕊甫五日夫卒氏自經死

林悳㛣年十八適武生羅大綱三載夫死氏慟哀絕

食視棺殮畢即自縊

劉氏許字陳龍魁年十九聞龍魁死即親往守節孝事老姑撫育嗣子年七十五卒

陳瑫姑黃允文妻允文卒女方二歲有强奪其志者氏懼不免將女投之火遂自刎柩旁

孫徽音毛於岐妻夫殁姑繼亡勉强終喪爲夫營葬畢即自縊死

孫錦玉石首縣丞柱女通書史年十七許字丁又仁未嫁而又仁殁氏聞訃爲書與姊决從容就縊顏色如生

陳金宋翁應朝妻夫死殉烈 以上閩清

黃氏明太史文煥女孫。許聘淮陰劉氏子。未婚夫亡。請奔喪不得。遂成服於室。無何聞有他議。自投樓下。不死。居五年不釋服。曰不歸劉拜夫墓。終不釋也。舅姑乃迎以歸。謁墓。慟哭。哀感。行路。淮人士嘆美之。吳江潘耒。有黃節婦詩。

柯望使適林文憲夫死不食五日自經死

陳氏諸生張愚妻愚卒氏自縊死

游廷官鄢鏘妻夫卒奉姑撫嗣子長成曰吾事已畢即絕食卒

劉月妲年十六遇賊被執欲污之不從詈不絕口遂
遇害

張逡使適林在雍甫半載夫卒氏投繯以殉

童壽使陳允禮妻年十七歸陳八閱月夫卒葬畢不
食九日死

黃顯使適詹周士三載夫卒氏自縊柩旁

張氏適陳子儀夫卒遺腹生女氏憤痛棄於河扼吭
而卒

黃氏張磻公妻磻公死氏從容就烈

余金柳汪世合妾世合卒投繯以殉

某氏陳宜子妻夫卒從容自縊而死

陳扶姐適羅某里有豔其色逼脅之氏自縊死乾隆間　旌祀節孝祠

何氏謝欽長妻欽長死無子族戚勸其撫嗣孤氏曰已許夫以死奈何背之卒自經死乾隆間　旌

黃士韞林在劼妻夫卒氏矢志殉烈姑勸阻至期年咏絕命詩從容自經死

黃淑貞何世輻妻夫病篤山寇適至氏守夫不去遂被執義不受辱罵賊以死年二十六

莊車使邱啓受妻年十九夫卒舅姑欲奪其志受某

氏聘及期氏拜舅姑及夫靈入室自縊死以上永福

福建續志卷六十一終

列女四

興化府

國朝

節孝

郭氏陳憲紀妻姑病。刲股以愈。晚得瘋疾。子婦朱氏。服事維勤。知縣莫家禎。旌曰賢。孝。嗣徽。

葉氏儒士鄭光春妻少嫻內則。讀書識大義。年二十三。夫往雲南不返。家貧。翁姑俱老。子文炳幼。姑又瘋癱。七年。氏日。夜。背負賴操作。持家。五更課讀。嗣營葬翁姑。四十八年中。以妻代夫。以母代父。巡撫張伯行給扁曰坤德貞純。初文炳娶吳氏。合巹之夕。文炳以父客遊。不忍成婚。氏遂巡問故。因勸其行。且曰。堂上事。氏任之。文炳遂行。比歸而氏已逝。猶然處子也。孫士仁。娶張氏。事翁姑。亦以孝聞。

陳氏。儒士姚博妻。年二十一而寡。甘貧守志。立姪飛鳳爲嗣。督課遊庠。營葬舅姑及夫。年六十二卒。

吳氏。孔榮士妻。年二十八稱未亡人。養老姑。育幼兒。苦節六十五年卒。

孫氏。黃孟立妻。年二十。夫歿。撫孤守節。奉翁姑終養。

喪葬如禮年五十二卒

陳氏佘文組妻夫歿時年二十一事舅姑竭盡婦道歿後營葬如禮撫教曾孫歷節六十餘載八十四卒

林氏陳昊伯妻早寡以柏舟自勵茹荼飲蘖雍正間旌

辜氏林大韶妻年二十一夫歿矢志茹荼奉養庶姑克盡婦道撫教遺腹子成立歷節三十二載乾隆間旌

張氏卓君墀妻年十九而寡爲夫立嗣營葬奉養舅

姑甘旨無缺守志三十四年官旌其節

徐氏翁汝奮妻娶居時二十三歲食貧矢志奉姑終年鞠遺腹男景斯娶婦宋氏景斯文①夭宋年二十四姑媳相依冰操共凛

俞氏黃志煥妻年二十一守節撫孤奉翁姑無忝婦職年五十四卒

歐氏常必達妻二十六歲夫歿舅姑俱老勤女紅以備　撫二幼子備至

葉氏知府天陛孫女江有朱妻二十歲寡力貧勵節孝養翁姑遺孤纔三月倍撫鞠之

校注：①又

林氏李元珠妻二十一歲寡守節五十五年足不踰
閫親屬罕見其面
康氏字劉守正守正歿奔喪立嗣守節終身六十歲
卒
周氏諸生彭光順妻二十六歲寡事姑誠敬教子有
方
宋氏林名卿妻二十七歲夫歿姑脚疾氏扶持盥洗
不假他人手
林氏方眞朋妻眞朋歿氏守節奉姑始終罔懈子建
妻黄氏既娶而建亡黄亦守節事姑建子發祖由

浙歸溺死於海未婚妻游氏聞訃亦投海死

喻氏廩生黄斐妻年二十八夫歿辛勤矢志孝養翁姑年八十卒

翁氏陳士鑾妻年二十五守節不移子舜初娶高氏十九歲夫歿姑媳孀守人皆稱貞節翁家

高氏張隹貞妻隹貞於順治戊子遭難氏負孤百計潛踪完貞無玷七十九歲卒

謝氏蘇壽繼妻二十八歲寡偕妾唐氏同心守節撫子有成

林氏貢生李樹本妻年二十七寡奉養翁姑喪葬盡

禮撫二子長成乾隆間旌

鄭氏庠士程賡睿妻年二十四夫亡值耿變氏襁子扶姑毀容面以全節操九十二卒

林氏戴斂若妻夫殁氏年二十二紡績減膳以其貲爲翁姑及夫營葬太姑陳早卒柩失所在氏百計索之得骨合葬苦節四十餘年卒

蔡氏張曾若妻年二十四而寡家貧勤事女紅弟健人妻鄭氏二十六亦寡妯娌孀守奉養翁姑盡孝全貞

柯氏林天度妻孀居年二十四孝養翁姑撫育遺孤

守節五十一年卒

林氏郭雙瓊妻年二十一夫亡老姑在堂矢志奉養守節四十一年卒

黃氏林殿玉妻年二十七夫病泣誓俱死夫以親老子幼爲囑乃强活奉養舅姑撫二孤成立次子廷勷娶黃氏年二十五而寡侍姑力貧勵操人欽雙節

戴氏庠生方文釗妻年二十七寡姑老子幼仰事俯育紡績以給七十三歲卒

朱氏柯守全妻二十八歲寡家貧勵節舅姑年老紡

績供甘肯力撫二孤次克榮娶林氏三載克榮①寧

氏年二十一哀慟欲絕明年春以養姑有伯氏在

投繯殉節觀者如堵

江氏鄭瓊傒妻二十九歲寡奉姑育子苦節四十餘

年七十七歲卒

游氏張揚士妻二十八歲夫歿事姑盡婦道撫誨二

子有方年六十七卒

方氏黃希聖妻年三十寡矢志撫孤卒年七十二

林氏鄭宏琦妻二十七歲寡守節立嗣奉翁甘肯無

缺卒年六十九

校注：①殁

林氏朱子壽妻二十五歲寡撫二孤成立翁姑年老勤紡績以供甘旨卒年六十五

林氏陳謙侯妻二十三歲夫歿孀居勵操善事翁姑課子嚴而有方卒年六十五

林氏鄭時懋妻年二十一寡事翁姑孝撫子以慈年五十二卒

張氏翁濤妾年二十七寡矢志靡他守節數十年

黃氏林瀾妻年二十六寡奉姑孝謹教子有方守節六十年卒

徐氏陳玉麟妻年二十一寡儉積置產爲翁姑及夫

祔祀宗嗣守節至六十二年卒

柯氏陳達士妻年二十四寡竭力營葬翁姑歷節七十五歲卒

龔氏陳邑周妻年二十七寡卒年八十一

趙氏陳林斯妻年十九寡孀居三十六年卒

林氏陳陶士妻年二十寡奉姑終年甘旨無缺

柳氏許文濬妻年二十四寡孝養翁姑撫育其子七十一卒

宋氏胥樹公妻年十八而寡紡績奉翁姑撫孤子長成守節四十二年

黄氏方從侗妻年二十三寡事姑訓子六十歲卒

羅氏林師程妻年二十二夫歿於江西氏勤女紅奉翁姑撫嗣子併迎夫柩營葬卒年五十八

蔡氏林與謨妻年二十六寡養老撫孤孝慈克盡

林氏李世德妻世德歿於浙氏矢志不渝撫育遺腹子有成守節三十餘年

程氏林晴妻年二十八寡紡績以供姑膳歿爲營葬撫子成立

林氏庠生李金華妻年二十三寡勵操孀闈事翁姑孝撫孤不怠

崔氏佘亥叟妻亥叟歿氏年十九遺腹男允峰甫三月氏矢志奉姑撫子媳林氏年十八允峰歿遺腹五月氏奉姑惟謹力撫其子姑婦雙節

崔氏林堯洋妻年二十七寡甘貧勵節紡績供親能撫其子有成

李氏庠生佘金妻早寡守節八十歲卒

葉氏黃時對妻年二十六而寡歷節四十一年

黃氏王孫佩妻十八孀居歷節四十五年

胡氏陳燦人妻二十五歲而寡年六十二卒

黃氏鄭珩菴妻年二十七守節至八十歲卒

陳氏梁俊林妻年二十八而俊林歿九十歲卒

施氏姚于仁妻二十四歲寡孝養翁姑撫子入泮年五十三卒

陳氏教諭起蛟女鄭廷煃妻娶九月而廷煃卒氏勵志事姑撫子歷節五十七載

林氏宋祖超妻十九歲守節事舅姑盡孝教嗣子思忠遊庠年六十卒

劉氏張盛妻二十七孀居事姑克盡婦道鄰人勿戒於火氏抱夫棺哭泣誓與俱灰火乃止歷節三十餘年

黃氏張于來妻于歸四載夫歿氏撫孤維周成立娶
婦而維周卒媳林氏與姑守節俱六十一歲卒
黃氏林光台妻二十五歲夫亡辛勤紡績課督二孤
守節三十年卒
黃氏林夢魁妻年十七于歸三載夫卒氏氷蘖自持
事姑教子守節以終
朱氏廖世綸妻守節二十餘年孝翁姑和妯娌教子
以義方族戚敬之
方氏寧波人宫保謚忠壯朱天貴次妻天貴聞有
女德聘娶之年二十九天貴征臺殉難氏嚴肅家

規男女不通問孤稍長以報國承先勉之七十二歲卒劉氏天貴子濳淳妻年二十八夫歿聞中守貞承順太姑四十餘年如一日七十歲卒程氏天貴孫國雄妻年二十七國雄歿於滇氏謂其孤曰汝父之柩未歸吾何以相見於地下子旣長亟命之滇扶櫬歸營葬

陳氏庠生顧人麟妻年二十一夫歿孝養舅姑教育嗣子守節五十七載卒

鄭氏陳伯飛妻年十九寡善事太姑親營窀穸五十六歲卒李氏伯飛弟伯順妻年二十四寡堅貞守

志撫育其子成立

林氏江謙山妻年三十夫歿守節備極艱辛八十五歲卒

林氏許子寧妻二十八歲寡矢志栢舟辛勤孝養卒年七十二

蔡氏歐彥蒼妻年十八蒼以瘋疾溺水死氏茹素守節終始不移

陳氏朱聖從妻年二十五守節子朝榦方①睟教之有成歷節三十年聖從弟聖焜妻黃氏年二十八亦寡茹荼苦節矢志靡他

校注：①晬

黃氏曾山仲妻年二十八夫歿事翁姑孝撫子嚴而有恩孫洪海補弟子員年六十一卒

陳氏朱廷揚妻年二十八夫歿克守婦節孝事姑嫜男起璘甫五歲敎誨長成年八十卒

吳氏訓導林樹玉妾年二十六樹玉歿子纔五歲矢志撫孤同嫡妻戴氏繡佛長齋延師課督克紹詩禮孫曾林立年八十三卒

林氏訓導宋慶曾妻慶曾歿於會城林時年二十七與妾林氏同茹荼含蘗課子英兆祥嘉有聲黌序俱歷節三十四年魏氏年十八慶曾納諸從室甫

一載而寡偕二氏守節鉛華不御年五十卒

余氏鄭夢麟妻年二十六夫歿守節撫孤七十五歲卒

宋氏林晋未婚妻守節數十年祀節孝祠

林氏知縣嘉楠孫女幼嫺家訓長適朱貞榮夫歿氏年二十甘貧守志日勤女紅擇嗣教之歷節三十二年

林氏朱汝順妻年二十八夫歿苦節自持克勤紡績卒年五十九

李氏遊擊殷臣女教諭陳射斗妻性篤孝翁病篤刲

股和粥愈之。未幾，翁復病，焚香祝天，願以身代。翁愈，而氏隨殁。子一超，舉人。

黄氏，方爲仁妻。隨翁官南昌。年二十八，夫殁。越數年，翁姑又殁。孤寡旅棲，經營三柩歸里。家貧，十指度活。課男力學。卒年六十二。

陳氏，州同方名揚妾。淑慎勤儉。年二十五而寡，茹苦撫孤。卒年四十七。

吳氏，莊贇士妻。鄭氏，贇士子淳卿妻。吳年二十二寡，守節四十三年。鄭二十七寡，守節三十餘年。

林氏，中丞彭鵬長子、州同聖壇妻。事翁姑以孝謹稱。

年二十八而寡。善持家政。撫二孤釴鐏育成。爲翁營建祠墓。年六十六卒。

董氏儒士陳錫有妻。二十七歲孀居。奉七旬翁。女紅資養。孤生甫四月。鞠之。倍摯艱苦。備嘗。年六十一卒。

周氏黃先孚妻。二十二歲夫亡。撫四歲遺孤。得列郡庠。食貧苦守。延黃氏一綫。年七十三卒

王氏林師雲妻。早寡守貞

鄭氏陳爾前妻。年十八適陳。數月夫亡。守節五十一年卒

彭氏朱文龍妻俞氏朱文彪妻俱早寡守節妯娌相依彭守節四十二年卒

吳氏陳書仲妻年二十九書仲客歿於楚家貧無子母女五人忍饑紡績百計扶夫柩營葬遣嫁四女立嗣卒年六十八

彭氏陳猷仁妻二十一歲寡居至七十一卒

彭氏朱雲公妻年二十孀居矢志撫孤食貧勵節年六十六卒

陳氏翁與承妻夫亡年二十八茹荼守志日誦柏舟詩以自比年五十八卒

黄氏副貢黄洽女庠生陳日妻二十七歲夫歿守節
撫孤年六十六卒
翁氏彭紹祿妻年二十二寡事翁姑盡婦道歿後喪
葬如禮撫嗣子成立卒年八十六
吳氏程學珪未婚妻學珪歿氏號慟欲奔喪父母阻
之矢志不渝茹蔬服麻跡不出戶外未幾卒囑舁
柩歸夫家合葬
吳氏潘銑妻年十九夫歿撫孤守寡五十餘年卒銑
弟鑑妻鄭氏年二十二夫歿守節四十五年弟鎬
妻林氏年二十六夫歿守節三十九年姪汝高妻

徐氏年二十五夫歿無子守節二十餘年卒姪汝揚妻程氏年二十八守節鎬子汝潛妻黃氏年二十六守節一門六寡食貧苦節里黨欽之

陳氏蕭汝霆妻年十九寡遺腹生男文初甘貧守志養姑育子歷二十三年卒文初妻李氏二十二歲亦寡忍饑寒勤紡績撫五歲遺孤歷二十三年卒

黃氏鄭漢培妻年二十七夫歿家被火辛勤鞠子歷節四十七年卒

唐氏庠士林梃秀妻年二十六寡孝事翁姑守節五十八年

黃氏陳天培妻二十八歲夫歿天節撫孤舅姑老生
事葬祭身獨任之歷三十二年卒

陳氏黃懋潤妻夫早歿事翁姑克盡婦道撫嗣孫成
立苦節數十載祀節孝祠

郭使妹黃躋妻未婚而躋赴臺弗返于臺娶妻生二
子氏堅志守貞田旁搆草舍織屨爲食及躋歿呈
縣移文臺灣取躋二子歸家貧如洗織屨撫育卒
年六十

劉氏陳聖斂妻斂病癩氏父欲另婚誓死不從歸斂
時年十六斂癩發痛苦難堪氏以口吮之二十二

歲。斂死。紡績以供翁姑。既歿。竭力營葬。年六十二卒。

黃氏鄭紹德妻夫亡守節教子有方年四十九卒

林氏方殿公妻年二十四夫歿守志事姑留心擇嗣歷節三十年卒

張氏李祿章妻年二十六夫歿守節年七十八卒

許氏林豐春妻二十七歲夫亡守節立嗣以紹宗支守節四十八年

林氏潘尚友妻尚友亡氏孕方七月誓死不移歷節三十年卒

李氏魏雪軒妻二十歲寡居老姑在堂遺腹生子婦德母儀兩盡

林氏蔣漢春妻年二十八夫歿氏奉養翁姑訓誨藐孤聲淚俱下及二老歿喪葬盡禮年六十七卒

程氏宋楙岊妻夫歿時年二十八養姑鞠子曲殫辛勤男慶芳娶吳氏年十六慶芳歿姑媳孀居程六十九卒

廖氏御史必琦姊彭起山妻早寡事姑盡孝誓死勵操撫孤承煜娶林氏年十八夫亡遺腹生子與姑孀居足不踰閾義方訓子迄於成立

朱氏李植魁妻二十六歲夫歿子彥賓方四歲伯植墀又無嗣氏念夫兄弟止傳一子撫教備至植墀妾吳氏年二十三夫與嫡繼歿遺命以姪彥賓爲嗣立志守節以教孤子與朱共以苦節聞

程氏陳建忠妻年十八于歸四月而夫歿氏矢志孝奉舅姑擇嗣繼之年五十八　旌表祀節孝祠

鄭氏黃奇猷妻年二十夫歿守節五十二年子楚臧娶林氏楚臧歿氏養姑撫子與姑孀居三十一年

林氏僉事衍培孫女葉萬璣妻二十五歲夫歿氏以女紅自供積貲數十年贖先代圭田修列祖祠墓

夫得安厝嗣子入國學年七十六卒祀節孝祠

林氏周潛妻二十九歲寡姑病篤氏刲股和粥以進姑立愈六十八歲卒祀節孝祠

郭氏鄒獻壽妻年二十七寡勤紡績以事姑減饔飧以哺子八十歲卒

陳氏張懷寬妻年十七歸張姑有疾夫亦善病氏承順扶持無少懈怠二十六歲孀居七十八歲身故祀節孝祠

林氏太僕卿源女太學生張沂妻十六于歸事翁姑如事父母數年翁逝夫亦早世氏嘔血吞聲備極

慘瘁。姑卒。盡哀盡禮。卒年四十八。

朱氏葉則侯妻年二十三寡食貧苦節奉翁年五十四卒

何氏貢生唐朝瑞妻年十六歸唐。二十五夫亡。二老在堂。三孤依滕。氏忍死。代夫奉親甘旨不缺。訓子以義方。年七十一卒。

朱氏程學成妻夫歿氏年二十三藐孤三歲氏孝養曾章克盡婦道撫子倍殷乾隆間　旌祀節孝祠

黃氏朱洪策妻洪策少攻舉業年二十六歿氏誓守節紡績佐養翁姑歿喪葬盡禮撫教藐孤以壽終

陳氏關奕明妻二十八歲夫歿奉養太翁克盡婦道撫教三孤成立孀居二十八載

陳氏林德三妻二十七歲夫歿矢志撫孤士祥至長娶婦彭氏士祥又歿姑媳相依陳氏守節四十餘年六十七歲卒

陳氏吳學賓妻年二十五夫歿家貧紡績奉養翁姑生事歿葬始終盡禮撫孤成立卒年五十八

黃氏陳元長妻夫歿年二十三氏奉養翁姑撫三歲男長成年五十四卒元長弟元雲妻李氏年二十五夫歿遺孤六歲守節三十五載卒弟元謨娶林

氏弟元華娶鄭氏元謨元華繼殞林氏年甫二十三無子擇嗣承祧守節二十四載卒鄭氏年二十二夫歿撫育遺腹子守節三十載娣姒同矢貞操人稱一門四節

林氏翁天培妻夫歿氏年二十二姑素終身事舅姑盡孝年五十二卒

林氏陳煜未婚妻煜歿氏即奔喪奉養翁姑十餘年卒

鄭氏郭廷鑑妻于歸八載夫歿氏誓守節家貧奉養翁姑撫教二子守節四十九載

鄭氏庠生林時升妻年二十六夫歿食貧守節爲翁姑與夫營葬撫子培及孫必甲颺俱有聲黌①序卒年七十六

方氏貢生詵女黃爔春妻年二十二歸黃未週歳爔春歿氏食貧紡績以事翁姑購產爲祔祀久遠之計

監②氏林學焆妻十九歳夫歿張氏林國焻妻二十歳夫歿娣姒相依矢志撫孤

陳氏廩生姚江濤妻二十三歳夫歿奉養哀翁撫育孤子苦節四十二年年六十五卒

校注：① 黌　②藍

彭氏巡撫鵬女性端淑嫻内則歸知縣林楨男必捷必捷早世氏守貞訓子三十餘年家藏古賢母圖朝夕覽觀卒年七十

黃氏通判洪符圖繼妻年二十二夫歿產盡氏歸母家辛勤日給撫二孤成立孀居數十載戚族罕①見其面年八十五卒

黃氏陳聖達妻夫得瘋疾氏日夜扶護夫歿氏年二十四欲以身殉念姑老而寡家貧無依乃孝養終身年七十五卒

林氏黃世綬妻二十四寡矢志撫孤事翁姑以孝聞

校注：① 窺

年六十九卒

余氏黃鳴瑚妻二十五歲寡守志撫孤五十九卒

宋氏稟生黃震雷妾年二十四寡貞潔自矢撫男受知刻邑庠年九十四卒

姚氏許允師妻二十六歲夫歿守節奉翁姑生事葬祭如禮撫男森入郡庠

劉氏林班來妻十八歲夫亡撫育孤子苦節自持姑病侍湯藥三月不解帶願以身代姑病旋愈年七十一卒

彭氏蕭祿妻年二十一夫亡甘貧守志葬翁姑及夫

立姪懷爲嗣娶朱氏懷又歿時朱年二十七姑媳相依朱年五十一卒

黄氏鄭學伊妻年二十一夫歿立姪爲嗣辛勤鞠育孝養舅姑終身茹素卒年六十一

黄氏知縣雯女游一洙妻年十九寡守節立嗣事姑盡孝年四十九卒

楊氏林熊斯妻二十五歲寡矢志撫孤年六十五卒

張氏知縣黄雯妾年二十四孀居無子守志弗渝年六十九卒

黄氏林樞妻二十九歲寡守節養姑教子天錫入庠

守節五十四年

林氏陳協璋妻年二十四而寡守節七十二年卒

鄭氏唐朝義妻年二十一夫歿養姑撫孤茹苦四十餘年卒

許氏林廷景妻年二十二寡矢節五十年子肇爵妾吳氏二十歲而寡守節五十三年卒

林氏方銘妻歸逾年夫亡守節五十三載建坊旌之

蔡氏陳翔山妻年二十七寡守節四十六年

翁氏宋誠公妻年二十九寡勤女紅奉舅姑爲夫撫

嗣子子天又擇嗣孫撫之年八十四卒

黃氏庠生林飛妻年二十五寡奉姑撫子六十五歲卒

林氏黃君度妻年二十歲寡奉養舅姑撫嗣子鐘鳴入泮

歐陽氏李子彥妻二十一歲夫歿孀居六十一載卒旌表祀節孝祠

吳氏周言妻性淑慧二十歲寡事翁姑撫孤子有古孝婦賢母之聲五十六歲卒祀節孝祠

陳氏宋孕均妻夫歿家貧艱難辛苦營翁姑及夫葬

事撫三歲孤孀居五十五年卒

馬氏江有錦妻十八于歸越兩載夫歿奉故水得翁姑歡心復存夫家宗嗣年六十一卒

林氏陳師濬妻濬歿氏年二十三守禮矢志孀居五十載卒

施氏王順士妻年二十六寡家徒四壁事翁課子晨夕弗懈

張氏蔡麟士妾二十九歲寡守節艱貞年六十三卒

周氏廖洪妻早寡守節孝事翁姑八十歲卒

彭氏蔡成功妻二十三歲孀居撫孤元顯成立年六

十三卒

黃氏蕭學淮妻二十七歲夫殁事翁姑盡孝苦節數十年

朱氏庠士黃培妻二十五歲寡謹守婦道卒年六十四

彭氏鄭元仁妻二十二歲守節事翁姑撫遺孤盡範於禮子宗澄娶林氏結褵未久夭寡矢志守節悉如其姑彭六十四歲卒

陳氏林來斯妻早寡守志卒年七十六

朱氏江友白妻二十歲寡嗣子亭繼妻亦朱氏二十

二歲寡姑媳相依氷霜比節姑七十三卒媳守節
四十餘年
陳氏林于玉妻年二十五夫歿子殤食貧事姑守節
四十餘年卒
李氏姚而拱妻性堅貞夫歿霜操益厲卒年八十六
高氏彭崇家妻崇家溺死氏年二十一艱貞自矢卒
年六十一
林氏彭衛周妻年二十二寡事祖毋克孝撫孤成立
數年子又歿媳李氏年二十六姑媳相依艱苦守
貞林卒年五十六

鄭氏黄禎妻孝事翁姑年二十夫亡遺腹生子鼎甲矢志撫之歷四十餘載鼎甲雍正乙卯舉人

李氏方捷先妻年二十三守節子元達甫二歲撫養成人娶婦余氏年十九元達又歿與姑同矢柏舟

黄氏廩生戴養淳妻年二十八淳歿孀居守志孝養翁姑壽七十卒

林氏宋震先妻年二十一寡欲以身殉念翁姑六旬餘强活以盡奉事之禮勤紡績供甘旨營喪葬子東淮甫三歲撫之成立入邑庠歷節四十年

張氏方悅公妻年二十八寡矢志勵操鉛華不御卒

年六十九

林氏余聖域妻二十一歲寡夫歿朝夕飲泣以翁病苟延殘喘竭力奉事翁歿氏以憂勞成疾卒計守節二十九年

鄭氏彭與尊妻年二十二夫歿孀居守節氷操自持卒年六十一

翁氏彭鐳妻年二十六寡矢志奉姑撫子成立卒年七十

張氏朱如玉妻孝養姑嫜克勤紡績年二十七寡無嗣耿逆爲氛貞操愈烈祀節孝祠

高氏宋洪宣妻洪宣歿氏年二十四以二老在堂遺孤在抱茹荼苦節歷五十年如一日年七十三卒

黃氏朱珍妻年二十八夫亡孝事翁姑和丸撫子守節五十餘年

林氏戴伯玉妻年二十夫亡甘貧守節年六十三卒

陳氏幼侍父病割腕以療長適曾繩美美家貧往浙親柩在堂氏節膳食以卜宅兆卒年七十三

吳氏鄭元采妻年二十八寡遺孤二歲與妯吳氏栢舟共矢守節七十年

方氏喻孟墦妻年二十五寡矢志守節孝事翁姑年

七十卒

蕭氏林愼章妻愼章病危囑蕭曰烈不如孝蕭承夫命孝事翁姑姑病願以身代太守沈起元爲序紀其節孝

鄒氏黃輯明妻年二十六寡孝養耄姑子庠生向春甫髫歲撫而長之年七十卒

方氏林伯周妻年二十九夫歿守志奉姑以孝聞伯周弟伯有又歿妻吳氏年十九無子擇嗣教之底於成立

葉氏進士知縣大楷女陳肇桂妻孝事翁姑夫亡氏

年十八守節三十一年卒

謝氏張起雲妻年二十六夫歿無嗣氏孝事翁姑擇嗣撫教成立卒年七十四

林氏范端麟妻早寡守節建坊　旌表

林氏生員黃嶠妻夫歿守節數十年卒後　旌表

余氏林鳳慶妻奉姑至孝雍正間　旌

陳氏張于白妻事姑至孝守寡三十八年

吳氏庠生柯鈺妻二十歲而寡守節四十年卒

魏氏唐鑰妻砥礪閨門節孝顯著入節孝祠孫山進士

方氏拔貢從仁女黃炳未婚妻勤苦守節立坊　旌

表

王氏黃慶源妻守節三十年建坊　旌表

黃氏林元齡妻早寡撫二子長磐娶知府朱翰春女

次珏庠士娶俞氏俱早寡姑媳三節相依冰玉嗣

徽

黃氏蔡儀仲妻年二十六寡家徒四壁貞操自持卒

年六十四子叔陵娶紀氏方三載而叔陵歿紀孝

事寡姑絕跡閫外

林氏王友質妻年二十八寡室如懸磬氏晝夜機杼

易升斗以贍姑而自啗糠覈義方訓子子及孫並
遊庠年七十卒
許氏庠生戴振猷妻猷歿値兵變許抱子逃山中事
太姑以孝聞卒年七十九黃氏戴振鶴妻年二十
五寡敎子旗入泮年八十八卒朱氏戴翼妻孀居
無子姑病刲股和粥愈之更爲翁姑營喪葬守節
四十年謝氏戴應青妻青就婚外家三月病歿謝
抱主歸戴擇繼嗣竟歿年五十九卒黃氏戴學眞
妻年十八夫歿家貧子幼依父母以居苦節自矢
卒年四十二

林氏朱峻欒未婚妻年十八歲夫卒氏入門守志立嗣撫孤歷節三十餘載乾隆間　旌

林氏舉人顧宏烈妻宏烈病歿吳江氏年二十五聞訃即欲自經念姑老子幼矢志栢舟孀居六十餘載乾隆間　旌

林氏方允沐未婚妻年十六允沐卒氏矢志孀守入門孝事舅姑六十載無間言督學黃之雋以閨淑完貞獎

吳氏林日芳妻夫早逝氏孝奉翁姑撫男嗣曲盡辛勤督學汪廷璵與扁旌茶節可嘉男學海宗海皆有

聲黌序
翁氏鄭協升妻二十七歲協升歿氏勵節撫孤事翁姑以孝聞乾隆十六年旌
黃氏林厚模妻年三十九夫歿紡績養姑兼治具入篚娶撫兩孤毋而兼師食貧茹苦守節四十一年乾隆間旌
朱氏鄭于振妻年二十四而寡矢志奉姑撫幼孤夢墜成立娶婦陳氏未幾夢墜夭陳氏殉節死朱復撫孤孫六十四歲卒
宋氏彭朝俟妻二十七夫亡食貧孝事翁姑終身不

出丹庭卒年五十五歲

戴氏知縣程甸女庠生林斌妻年二十九寡養姑訓子促不踰閾以上莆田

福建續志卷六十二終

列女五

興化府

國朝

節孝

張舉姐諸生陳夢爔妻幼通內則孝經列女傳事嫡母生母俱以孝聞十六歸夢爔事後姑如其母姑疾篤刲股調漿願損年以益姑壽姑疾乃瘥卒葬西山

吳氏諸生陳瑞虞妻康熙初海氛未靖舅一珍以里

長解軍餉違悞當斬吳焚香日夜祝天一珍遂得歸

劉氏諸生陳堂妻幼有至性年二十歸陳翁姑老病劉晝斥奩資以供羞膳病劇刲股調羹者再

黃氏耆士文標女適陳元士性仁孝識大體元士少而好義黃力成之歿時黃撫男錦繡纔五歲次甫三月姑苦集蓼以養以教先是地多海氛黃奉姑避難艱危中忍饑啼姑糗糒必以時進姑久病目翳每晨舐之目為重明卒年八十六

吳氏鍾年女諸生王鶴鳴妻事舅姑誠敬甘旨之奉

寒暑無間姑病日侍側親奉盥漱子炳登武科
陳氏林而百妻而百讀書不遇早世家無遺儲翁姑
老二子幼氏拮据供奉姑歿不克葬質子以營窀
穸當道奬之
黃氏贈校尉林廷輔妻姑臥病朝夕扶持櫛沐親爲
滌器三年如一日子旺官守備
盧氏陳門婦姑病割臂和藥得痊年九十六卒
林氏浦江知縣清偉女何昌期妻年二十五而孀居
事後孀撫遺孤以孝慈稱城陷賊知爲節婦不加
刃而去年九十卒

嚴氏諸生鉞女年二十歸諸生蘇際隆順治間城陷姑與夫俱歿遺腹子又殤家貧與翁相依翁目失明或勸之歸寧嚴泣曰舅老目眇我去曷恐備嘗艱苦十六年不出閨門卒年四十九

葉氏林紹忠妻夫亡時年二十六子德膺僅三歲家無宿舂父母令他適葉閉門刺面紡績餬口年七十餘抱痾德膺婦陳氏祝天願減壽益姑算姑隨愈

黃氏嚴廷訓妻年二十五寡居子維珠四歲維瑛在腹家貧守節紡績以養舅姑足不出戶庭者三十

五年。維珠遊庠。娶婦林氏而卒。林氏猶少。矢志堅貞。兩世苦節。後子昌犄貴。林封宜人。

鄭氏李楫玉妻年二十三而寡無子雙白在堂鄭以婦代子職舅姑繼歿家貧無依紡績以自給卒年七十一

傅氏李元義妻年二十三夫亡矢志撫遺孤艱苦備嘗年八十餘卒

劉氏吳廷武妻年二十一夫歿育子孔成婚未幾又歿僅遺一孫婦林氏孀守姑媳相依兩以節著

謝氏鄭敏卿妻年二十八而寡家貧二孤俱幼氏勵

志以壽終

吳氏別駕廷鯤女諸生劉子第妻順治間城陷子第歿氏年二十五下鞠幼孤上事二老喪亂艱苦不渝其節

黃氏諸生吳廷鱗妻年二十九寡撫幼孤成人順治十二年城陷遇害黃撫兒尸哭曰我所以不從而死死者冀若成立今無望矣遂獨閉一室又二十五年卒

陳氏顏啓芳妻年二十一寡晨出汲強暴語稍侵之陳提甕歸閉門哭三日自是足不踰閾雖慶會未

嘗見齒

陳氏顏晉妻年二十五夫歿有麗色順治間由賊猖狂陳匿林藪間賊索得欲污之陳不從賊怒刃之未絶含之而去經宿而蘇以節終

蘇氏林憲策妻康熙壬寅盗起蘇與夫同上寨避夫弟際泰爲賊所傷夫奔救被殺時蘇年二十三娠七月守節四十七年歿

李氏陳幼蘭妻年三十寡翁老子幼會海氛未靖李與翁奔避相失李持姑主攜諸孫環山而呼尋得其翁年八十餘卒孫體明妻方氏年二十一寡遺

孤未晬父母欲奪其志方斷指以誓歷節三十九載卒

張氏陳十兒妻十兒旅江西因娶張及病劇顧張曰死生命也所憾者故鄉遼遠魂魄思歸耳張泣曰君自珍重若不諱所不歸君者如日歿時張年二十六喪畢躬負夫骸閒關險阻閱歲抵里貧苦無以自存採樹葉及龍眼核搗餅療饑工針刺知書矜莊自勵門以內咸式之

王氏陳麟未婚妻年十七麟歿王素服就夫家立嗣侍喪後生一孫相繼殀王甘貧守志有憐而助之

者却不受年八十一卒

羅氏詹瑞未婚妻瑞死羅年十六即歸瑞家養舅姑卒年三十舅欽亮邑學生以喪子再娶妾鄭氏數年欽亮殁鄭氏年二十六子甫三歲鄭撫而長之一門雙節

任氏黄廷若妻廷若以欠兌延解殁湖廣蘄州將往移櫬氏書①斥賣簪珥以助其裝曰門內事吾取辦十指足矣廷若篤於友愛日寢處櫬旁冒寒暑往返閩楚六千里勞頓嘔血至家遂不起任年方二十加茹淡撫孤經營翁姑葬事姪有逼之他適者

校注：①盡

氏毀容大慟曰爾負心獨不念斷艸之行乎激切懍懲悲動四鄰卒年七十七

陳氏黄袁甫妻年二十六夫歿事翁姑克孝教二孤勤事耕讀鄉閭欽之卒年五十一

陳氏黄聖美妻夫歿陳課督遺孤成立撫姪等無不周至卒年七十二

林氏名三妹陳之方妻未婚夫歿訃至欲奔喪父母難之林不從易服而往恪循婦道翁姑歿扶櫬營葬爲夫立嗣年三十八卒

林氏吳堯燁妻年十八于歸越三月寡苦節數十年

六十四歲卒

林氏詹聖儉妻年十八聖儉歿家貧無子林以婦功易米養姑隆冬皸手不恤自給糟糠而已十五載姑歿林哭之哀會歲饑採茶以食死而復蘇卒年五十二

謝①氏劉廣侯妻年十八于歸越歲而寡以姪阮為嗣積紡績節貲延師課子後舉歲貢授福清縣訓導孫婦趙氏二十而寡子在襁褓氏勵節孝養矢志不移

蔡氏嚴宗妻年十九寡屏居食貧膏沐不施舅姑宗

校注：① 謝氏劉廣侯

族咸禮之年八十餘卒

黃氏薛鉅妙妻年二十八而寡家貧子幼諷之嫁不可苦節五十四年卒孫婦趙氏年二十夫死育嗣訓方屏居深室中罕見其面卒年六十三

林氏朱孟嘗妻孝子孟愷嫂年二十三夫歿七日不食舅姑徐解之曰我垂白矣若死何靠且獨不念爾遺妡①乎乃忍死矢志歷節四十餘年

溫氏陳元都妻年二十六寡紡績以鞠遺孤雄歷節四十四載與雄同歲俱歿時人哀之

蔡氏諸生陳玉崑妻年二十九寡撫二孤歲饑出錢

校注：① 姙

穀賑里族之貧者并捐資收枯骨葬埋年六十八卒。

王氏林炳日妻年二十四寡撫幼子增光成立康熙戊子登武科年八十七卒

陳氏李庸祚妻年二十五夫歿男向榮甫二歲妾陳氏年二十四相與撫子歷勤兼至向榮及諸孫相繼成名人謂二陳苦節之報

鄭氏諸生林心妻年二十五而寡子冀州及長娶婦又歿婦蘇氏年二十二姑媳相依孀節益著

趙氏唐德求妻年二十六而寡無子為夫立嗣後翁

任訓導趙隨任清晨必櫛沐祝天以祈翁壽年四十二卒

蘇氏林德元妻年二十八寡二子俱幼姑老病臥牀親自灌園以給菽水歷節三十八載卒

陳氏黃幼亨妻年十八于歸順治十二年城陷夫被害無子陳守節立嗣歷五十八年卒

黃氏陳達侯妻年二十八寡子材甫週歲稍長延師訓督伯廣文貧以膏火及姪孫搆幼孤不能自存黃爲撫養並代婚娶卒年七十八

劉氏廩生陳興德妻年二十八寡。撫嗣子成立。時興德歿。興道興讓。相繼病歿。興道妻蔡氏。年二十四。興讓妻黃氏。年二十三。同居勵志。以養翁姑。營壙墓。勗子孫。門內肅穆無誶語。蔡氏黃氏。各年七十卒。

黃氏。王得上妻。得上病篤。顧黃嗟歎。黃曰。婦人從一而終。君不諱。願以死報。得上曰。死者所必不免。但念嗣續爲重。黃斷髮誓曰。君勿憂。妾籌之熟矣。時年二十八歲。純靜治家。撫嗣子成立。卒年三十有七。

林氏。許亦周妻。亦周讀書不遇。早世。林年二十八。子

根纔五歲拮据撫育事老舅以順謹聞

陳氏諸生吳必甲妻年二十八寡姑老二子俱幼陳以紡績餘資養姑撫子歷節三十四載次子崑玉歲貢生

李氏林光口妻年二十五寡撫孤子至於成婚而卒媳唐氏同志苦守歷節六十四年人謂姑媳雙貞

盧氏黃學願妻年三十寡撫孤傑雲方七歲課督有成知府卞永嘉奬以懿德流芳歷節三十餘年

孫氏①賓黃雲鳳妾年二十七寡子夢龍尙幼嫡陳氏垂白孫以紡績餘貲事嫡撫孤歷節五十五載

校注：①耆

葉氏林瑚仲妻二十九歲寡康熙間火延其居八皆
節家貲葉獨抱木主出卒八十三
茅氏王簡臣妻年二十七寡二子俱幼艱苦不易其
操卒年七十八長子君璧工琴棋醫衕①資所得以
養母
何氏唐廷掄妻年二十一寡矢志養翁姑撫遺子足
不踰閫者二十年尢②能曲體姑意卒年四十一
李氏黃雲竹妻年二十七寡翁病刲臂以奉課子詩
書後皆入泮
林氏貢生炳烈女茅起鐮妻年二十四寡翁姑年老

校注：①術　②尤

遺孤景崧甫四歲林獨矢堅貞克盡孝慈歷節三十二年卒叔姒陳氏十八歸起鉉二十八寡陳撫二子成立從姪朝婦蕭氏年二十三寡與諸姑食貧守志人欽其節

彭氏詹仰禾妻年二十寡父母欲奪其志不從兄弟又勸之遂絕迹外家自食其力非出已手者不受始終一節歷年八十二

李氏余文茲妻年二十而寡遺腹一子撫至長忽殁家貧三旬九食食貧勵節見子姓必以禮孀守五十三年

傅氏芽元琳妻年二十六寡家貧子幼出慰竊發掠其家。姑手爲賊所斷。負姑伏叢。傅挾被洗濯七八載。勿懈。庭有柿樹。族人以傅孝舉以界之戒勿剪至今。結子。離離。人呼爲孝婦柿。卒年五十八。

薛氏鄭天福妻年二十四寡無子翁歿久不能葬薛悉力營墳立姪爲嗣姑歿喪葬如禮卒年七十一

邱氏陳鍾淇妻年二十四寡一子方在襁褓邱以紡績①度日先是祖姑何氏年二十四夫歿亦以節著人謂邱之節無愧於何云

鄭氏林處斯妻年二十七寡遺孤甫晬②遇翁姑忌涕

校注：①度日　②晬

淵不能飲食卒年六十四

葉氏諸生黃正坤妻年二十一寡時當兵燹室嘆調饑業勤劬孝養以壽終

康氏陳華峰妻二十七歲夫歿孤幼家貧以織紝為養子誠耀奉母惟謹撫同祖諸弟聚食而居者四十餘年無疵語

林氏陳華崢妻華崢歿林年二十有九有助以繼贖者林泣却之敬事庶姑撫藐孤百苦備嘗一日林方治庖有議婚者怒刃左掌血淋漓以示議者驚謝云

陳氏張捷卿妻年二十四守節立嗣性又好施鄉黨俱稱其仁卒年八十二

陳氏庠生朱謙益繼妻年二十三謙益歿撫前妻子庠生雲從及己子風從教養兼至年七十五卒

唐氏歐薇妻年三十薇卒唐念翁姑已逝己又無嗣家門莫支回母家苦守五十餘年資針黹工以食卒年八十有二

朱氏刑部主事程震元孫明卿繼妻年二十寡遺腹一子隨歿朱居一室未嘗見齒逢夫忌以紡績錢具祭物慟哭病劇自喜必死沐浴易服返席而卒

從叔姒陳氏年二十而寡欲以身殉因姑在且有娠不即死後產雙男長隨殁僅遺一孤陳不膏沐不出門閱六年以哀傷死咸稱程門雙節

何氏蕭其鍔妻夫死年十九遺孤大垣鞠育以成歷節五十載

張氏林雲說妻年二十三寡歷節五十一載奉　旨旌表子監生增大娶劉氏年二十八增大歿姑媳相依跡不出戶孫交啓娶劉氏年十六寡三十二卒一門三婦俱以節著

鄭氏庠士王儼然妻十八于歸二十七寡遂茹素以

女紅餘資孝養舅姑撫四子俱至成名乾隆三年
旌

嚴氏知州昌構孫女年十七歸庠生林廷隆會翁病氏焚香以禱翁得痊年二十五夫歿絕粒十日期以身殉舅姑解之曰爾一子甫晬余又老死將如之何乃稍進飲食屏居一室至老足不踰閫子世瑞候選州同乾隆間旌

嚴氏陳榕妻年二十歸榕越八歲寡翁姑雙白二子大受元篤俱幼嚴事老撫孤姑病篤嚴護持臥起願以身代翁老膳羞必躬親之二十餘載如一日

元篤邑諸生。舉優行。嚴以子大受官州同　封安人。乾隆間　旌。

陳氏王士徇妻夫歿兒方週歲陳哀號潰一目閨①之外不經足步

林氏黃萬末婚妻萬久赴臺灣不歸林屢却他聘。年三十餘萬母。病篤林往。事盡孝卒爲治喪。期年。仍。歸父。家不再字。

吳氏黃序溫妻年十八歸黃甫六月夫溺水死訃者取扇挑以報吳對之哭幾絕救乃甦因奉扇挑寢處必偕有諷之他適厲色斥之翁姑相繼臥病吳

校注：①門

刲股以療

孫氏陳萬卷妾年二十五寡偕嫡吳氏守節越二十載嫡歿家徒四壁撫二孤又相繼殞勤紡績以自給祭時必備酒肉畢則分諸家人歲饑有餽之粟不受爲族人賃舂餬口

吳氏郭皇建妻二十五而寡事翁姑敬順無違姑黃氏病篤吳衣不解帶隨侍寢側祝天刲股尋愈撫子成立苦節四十三載

鄭氏黃見龍妻年二十三寡嗣尋夭再立姪郎以繼郎甫列諸生又歿撫其遺孫守節數十年

何氏林先博妻年二十寡勤愼不出戶域

陳氏王元崇妻年二十寡無子父母屢勸之嫁不從遂絕跡外家立從子爲嗣勤紡績以自給守節六十餘年已上仙遊

已經

旌表節孝

貞女林氏　林氏董方銘妻　盧氏林大鑾妻　林氏儒董黃芸妻俱乾隆間旌以上莆田　胡氏李書勤妻乾隆間旌以上仙遊

未經

旌表節孝

鄭氏黃迹妻　程氏林承墀妻　朱氏林廷濤妻

徐氏林聖和妻　林氏黃聖芳妻　林氏劉成璒妻
方氏戴爲乞妻　黃氏阮荆妻　黃氏林文英妻
黃氏洪祖禮妻　林氏彭尙友妻　郭氏戴有士
妻　陳氏郭英妻　林氏黃道爝妻　張氏盧孟宗
妻　林氏黃祥仲妻　王氏程近復妻　劉氏黃志
毅妻　林氏黃師常妻　陳氏黃元標妻　林氏黃
君榮妻　陳氏方萬裕妻　黃氏方肇向妻　林氏
周右人妻　潘氏江萬侯未婚妻　黃氏庠生翁源
熙妻　卓氏黃成林妻　吳氏李長謙妻　周氏李
聖學妻　王氏吳彥煇未婚妻　余氏林叔航妻

林氏宋秉公妻　陳氏翁師佩妻　鄒氏邱開淵妻
陳氏王廷禎未婚妻　曾氏黃師華妾　李氏陳
玉丁妻　王氏何瑞樑妾　林氏徐維翰妻　林氏
張餘侯妻　周氏林駿人妻　方氏翁天垣繼妻
廖氏黃瞻斯妻　黃氏方周侯妻　黃氏陳溥妻
俞氏翁志章妻　林氏黃裕妾　廖氏林季盛妻
黃氏陳元禮妻　阮氏何巨源妻　徐氏林若軒妻
許氏林金生妻　周氏方有賓妻　陳氏余獻若
妻　方氏許韜生未婚妻　程氏陳巽斯未婚妻
林氏姚名儁妻　康氏姚于達妻　陳氏姚來翥妻

黃氏崔舜豪妻　黃氏林世岐妻　戴氏方大[illegible]妻　林氏游仲師妻　柯氏唐孟瓊妻　黃氏薛廷植妻　陳氏姚兆金妻　李氏彭鎰妾　蕭氏蘇聖達妾　鄭氏蘇萬寶妻　黃氏翁文候妻　梁氏吳元士妻　黃氏王允萬妻　高氏林興初妻　鄭氏游謙徵妾　周氏林元升妻　黃氏林司周妻　廖氏林葉妻　林氏鄭少謨妻　王氏章學會未婚妻

黃氏林天祝妻　陳氏林其懋妻　陳氏方寬妻

陳氏李正蓁妻　高氏李正蓁妾　何氏吳揚候妻　唐氏朱獻若妻　朱氏彭朝修妻　周氏彭朝

倖妻　戴氏連季清未婚妻　陳氏鍾行周妻　李
氏林堯日妻　黃氏林向太妻　林氏郭嘉謀妻
方氏林學田妻　張氏林葵妻　林氏程學洛妻
黃氏程鎮妻　朱氏程學雍妻　潘氏宋燦妻　陳
氏李其聲妾　姚氏彭鐕妾　柯氏鄭仲熙妻　鄭
氏余允厚妻　王氏徐秋未婚妻　林氏張元爵妻
朱氏何曰棟妻　翁氏陳乾初妻　許氏林公苞
妻　楊氏黃茂妻　程氏林旭妻　方氏陳步蘇妻
李氏徐昇載妻　張氏鄒天璧妻　陳氏方雲公
妻　陳氏彭與略妻　劉氏陳季高妻　陳氏林位

昭妻　陳氏黃學斯妻　鄭氏朱特士妻　鄭氏林
艮仲妻　陳氏鄭愼步妻　林氏劉爾澄妻　周氏
黃銘繼妻　柯氏宋齊賢妻　朱氏許登龍妻　朱
氏方元珏妻　何氏戴奕璋妻　葉氏知縣戴程甸
媳　曾氏陳宗迪妻　林氏陳學楨妻　陳氏鄭斌
升妻　林氏王應濤妻　何氏張膺斯妻　林氏李
奕輝妻　李氏王亞祈妻　陳氏方子雅妻　朱氏
謝與玉妻　宋氏陳龍會妻　王氏陳而厚妻　陳
氏彭駒妻　陳氏潘振友妻　周氏潘宏勳妻　郭
氏鄭賓斯妻　宋氏方紹印妻　陳氏方岳齋妻

游氏陳公雲妻　黃氏林與卿妻　鄒氏周域妻
鄭氏楊弼侯妻　康氏陳爲先妻　朱氏林世求妻
林氏張丹吉妻　林氏張爲驪妻　鄭氏劉君仁
妻　戴氏方端栻妻　鄭氏吳聖尊妻　黃氏彭廷
經妻　徐氏顧奕男妻　林氏顧恩若妻　徐氏顧
愼若妻　吳氏林長桂妻　盧氏方子瑞妻　方氏
李懷公妻　黃氏周斯行妻　彭氏徐正學妻　鄭
氏黃舜奕妻　游氏李朝井妻　陳氏方聖起妻
陳氏方文雄妻　陳氏姚朝高妻　陳氏鄒淑震妻
林氏蔡元文妻　翁氏林克來繼妻　黃氏張德

士妻　林氏宋瀌妻　劉氏宋聖時妾　陳氏黃和仲妻　余氏蔡天材妻　黃氏宋汝霖妻　伍氏許殿英妻　王氏蔡來士妻　許氏周思質妻　林氏彭巖繼妻　陳氏姚旭斯妻　鄭氏劉煥伯妻　陳氏林君祿妻　鄭氏李仁山妻　林氏鄒琚春妻李氏蕭汝霖妻　周氏鄭徽若妻　林氏黃世雲妻方氏陳滙妻　鄭氏陳銓妻　宋氏林士勤妻康氏鄒自東妻　翁氏林順吉妻　林氏彭秉珠未婚妻　陳氏林俊曾未婚妻　鄭氏方人文妻　魏氏吳子厚妻　陳氏吳聚星妻　游氏黃燦妻　鄭

氏翁祿富妻　游氏黃道滂妻　陳氏方河妻　鄭氏陳邁興妻　王氏詹銘斗妻　朱氏劉君熊妻　陳氏戴殷士妻　陳氏劉遂人妻　鄭氏陳仲璟妻　李氏游金閶妻　廖氏黃大城妻　吳氏陳志上妻　陳氏郭郊妻　吳氏林慕人妻　鄭氏謝恩妻　林氏鄭繼隆妻　林氏鄭繼盛妻　宋氏葉公謀妻　林氏黃泌妻　林氏周泳臣妻　梁氏翁忠心妻　鄭氏翁忠翰妻　鄭氏陳政侯妻　林氏陳榆生妻　林氏方雍若妻　林氏宋禎沔妻　魏氏柳立公妻　陳氏林士俊妻　鄭氏黃與中妻　柯氏

何毓來妻　鄭氏朱廷擢妻　李氏方允文妻　葉氏吳雲鸞妻　郭氏李漢標妻以上莆田　黃氏陳仁妻　林氏何斯來妻　徐氏林琦妻　陳氏王敏卿妻　林氏陳萬珍妻　余氏李文華妻　焦氏陳元妻　嚴氏張國偉妻　陳氏張成琰妻　李氏何義斯妻　張氏陳宗爵妻　余氏曾大妻　嚴氏唐爲欽妻　蔡氏張文韶妻　游氏王仕秀妻　陳氏傅開典妻　羅氏吳翰妻　林氏戴鴻恩妻　陳謹妻王氏妾林氏　余氏何斯遠妻　張氏吳君舟妻　劉氏鄭宗妻　陳氏鄭存妻　盧氏陳萬穀妻　吳氏許

愛生妻　莊氏許時行妻　黃氏岳雲鵬妻　何氏李爵師妻　李氏陳兆仲妻　邱氏唐兆鼎妻　黃氏林振瑤妻　董氏林君美妻　張氏鄭應仁妻　王張氏吳通妻　蔡氏林際泰妻　郭氏李琰妻　王氏吳韓仲妻　陳氏嚴孟祐妻　鄭氏陳明艮妻

鄭氏張而常妻　英氏連莊恭妻　張氏吳坦妻

顏氏林質妻　林氏魏輝典妻　詹氏黃名亞妻

林氏曾起蛟妻　陳氏郭嘉仲妻　傅氏黃子南妻

蔣氏黃仁妻　李氏陳元璋妻　陳氏王輝妻

朱氏方仲燠妻　朱氏方英文妻　黃氏王向春妻

陳氏黃譽妻　吳氏林文程妻　盧氏陳正業妻
吳氏陳正理妻　余氏陳俊人妻　羅氏黃克紹
妻　胡氏陳正璣妻　姚氏陳正鋭妻　黃氏傅禎
典妻　陳氏吳君寶妻　鄭氏林逵妻　林氏許敬
生妻　陳氏許和生妻　莊氏林章侯妻　林氏朱
瀛士妻　陳氏唐熙謙妻　鄭氏吳宗光妻　陳氏
傅華瞻妻　黃氏吳高標妻　陳氏林仁霍妻　陳
氏蔡十兩妻　黃氏鄭培子妻　林氏劉淑曜妻
余氏莊廷舉妻　邱氏王聖尊妻　胡氏王仲籍妻
盧氏郭若丹妻　李氏劉長春妻　吳氏莊騰麟

妻　潘氏鄭公協妻　梁氏林爲盤妻　柯氏游宏
志妻　張氏林斗三妻　劉氏廖國樑妻　陳氏張
繩武妻　王氏陳愧唐妻　鄭氏吳東爰妻　彭氏
吳東明妾　劉氏黃志雄妻　楊氏陳如環妻　嚴
氏陳上達妻　黎氏鄭欽耀妻　林氏李廷榕妻
翁氏俞德奇妻　何氏鄭德純妻　陳氏徐名凰妻
嚴氏林天益妻　朱氏陳仕泰妻　張氏茅運珠
妻　許氏黃雲會妻　李氏何志璜妻　張氏徐榮
嘉妻　葉氏余獻升妻　鄭氏劉建兆妻　陳氏林
子秀妻　范氏謝時顏妻　曾氏謝榕妻　黃氏陳

鴻妻　謝氏陳廷仁妻　劉氏陳名世妻　張氏林
元妻　阮氏陳廣章妻　林氏嚴光森妻　陳氏唐
德寧妻　邱氏陳榮虞妻　吳氏陳榮悅妻　陳氏
吳衡若妻　曾氏范帝垣妻　張氏范帝垣妾　屠
氏傅世琦妻　宋氏劉元禧妻　余氏陳興妻　李
氏林祖星妻　陳氏屠山繼妻　徐氏王三達妻
粱氏陳進璋妻　陳氏　聖初妻　蔣氏鄭鍾凡妻
林氏張文起妻　黃氏陳永錫妻　王氏鄭升元
妻　蘇氏陳循士妻　楊氏黃名釗妻　陳氏張于
用妻　吳氏林韓舉妻　林氏方雲峩妻　黃氏阮

世柱妾　余氏游添妻　陳氏連衡士妻　鄭氏楊
愼妻　蔡氏余季顒妻　許氏林德聖妻　李氏陳
鄉臣妻　鄭氏林夢麟妻　陳氏吳敬周妻　林氏
羅國華妻　林氏郭叔志妻　郭氏林試妻　林氏
張重興妻　吳氏黃爾選妻　鄭氏李毓崇妻　陳
氏李雍妻　林氏周子芳妻　何氏張國鼎妻　陳
氏陳燧妻　楊氏朱健飛妻　許氏朱學揚妻　魏
氏彭天樞妻　朱氏林震坤妻　余氏林奕煌妻
陳氏蔡雲從妻　王氏張成琨妻　曾氏林公洲妻
楊氏周昭雄妻　楊氏黃達妻　陳氏林公遜妻

蔡氏陳必甲妻　林氏陳荆石妻　黃氏林光攀
妻　林氏王文乾妻　梁氏陳士侃妻　李氏儒士
嚴明斯妻　莊氏張廷昌妻　林氏張見龍妻　吳
氏蔡開叟妻　林氏鄭序妻　曾氏吳昆鶯妻　黃
氏邱欽蓬妻　吳氏邱羕妻　江氏林翰壹妻　陳
氏黃堯垣妻　黃氏游友士妻　陳氏游章士妻
李氏林廷珍妻　謝氏楊鍾嶽妻　林氏吳模妻
余氏林顯謨妻　李氏余綠雲妻　游氏沈廷煥繼
妻　陳氏林奕協妻　詹氏黃漢觀妻　陳氏張維
爵妻　柯氏林澄妻　林氏徐特星妻　方氏李珂

妻、宋氏方英文妻　張氏鄭幼贊妻　杜氏盧泉達妻以上仙遊　祁氏舉人鄭帝眷妻莆田

貞烈

吳氏名兆治林琦未婚妻年十八聞訃奔喪孝事太翁紡績資養翁病篤刲腕肉和糜以進病立愈未幾翁殂氏艱苦儉積卜葬歸依於母乾隆七年母家失火氏抱翁姑與夫木主慟哭民舍被燬而氏數椽獨完人謂鬼神護之母既殁且葬氏嘆曰吾所以不即死者爲母也今尚何待遂堅臥絕粒十餘日卒年六十四

姚氏陳季寅妻年三十二寡越數歲遺孤殤氏痛夫及子擇日自盡

陳氏戴萬經妻萬經海上運載爲業乾隆叁年過寧波風狂舟覆氏聞信痛哭坐小船望洋叩拜投於海時年二十六

唐氏林祐妻年二十夫歿爲夫立嗣營葬畢拜謝翁姑吞金盡節

周氏彭蜊侯妻年二十夫卒痛悼欲絕立嗣營葬畢自經死

吳氏李漢聞妻二十六歲夫亡遺一子食貧守節毋

子相依越數載而孤又歿氏撫棺大慟不食七日死

林氏鄒憲恭章世孫女魏國賢妻二十三歲夫歿理喪事畢吞金殉節

方氏武舉蕭捷春妾年少夫歿絕粒以殉

潘氏李輝孫未婚妻適理炊爨輝孫訃至氏吞聲含淚俟飯熟紿稱門外浣衣母往視之已赴水死

俞氏沈棠妻年十八容色美麗耿賊至。延而執之。並執其夫。以挾之。氏詐脫其夫。乃與賊抗。賊以刃。就刃逼以火。赴火。卒被幽禁。乘間投繯。賊怒。磔其月。

而棄於河

周氏鄭耀人妻年三十夫卒僅一子翁老病赤貧如洗氏紡績以奉晨昏數年翁與子相繼歿氏不食數日死

林氏名蘭步貢生林一璘女黄士洙妻夫歿氏年二十六生子昺丙甫晬守寡撫孤未幾昺丙殤絶粒半月死

林氏陳肇修妻夫歿氏年二十三矢志守節養翁至終喪葬畢從容自盡

陳氏李兆光妻十七適兆光越二年夫歿遺腹生啓

立陳與祖姑朱氏共寢處五載朱歿及葬陳攜孤
拊柩哭遂不食十三日卒

黃氏增生林鑑妻二十四歲夫歿哭極哀喪盡禮立
嗣承祧將卒哭沐浴更衣閉戶自經死祀節孝祠

王氏興安州同知黃登甲男維中妻年二十二寡忍
饑守貞爲夫立繼畢即盡節死

許氏舉人翁帝城妻年十五于歸事舅姑盡婦道夫
病篤氏籲天請代夫歿納髮於柩中不食十餘日
卒　旌祀節孝祠

徐氏陳八士妻時海寇猖獗八士同氏攜兒女入山

避難至東山男婦衝突失夫與男所在氏哭謂女
引治曰賊且至遭掠我分必死解衣帶自經引治
亦自縊
張氏林應金妻事姑克盡婦道姑病封股和粥以進
姑病愈夫又疾篤氏叩天願以身代潛赴水死越
日而夫遂愈
陳氏監生林光蔡妾嫡程氏生男焯甫八歲程與光
蔡繼陳氏年二十一念主柩未葬藐孤弱小矢志
守貞家貧紡績資焯膏火讀書爲夫營葬及焯入
泮氏慨然曰妾今可以從主君地下矣從容就義

喻氏吳煥叓妻夫歿氏青年守志孝養老姑姑歿痛哭斷餐月餘身死

鄭氏林清若妻二十一歲夫歿服闋遂殉節祀節孝祠

余氏姚陵如妻十八于歸夫病日奉湯藥甫五月夫歿氏與家人訣入室自經死

鄭氏方壁仲妻年二十一遭變被掠不屈自縊死

翁氏周潛芳未婚妻年十九潛芳歿即歸周奉舅姑閱一年捐軀以殉

陳氏鄭夢壓妻二十二歲夫歿殉節祀節孝祠

田氏貢生陳檜堂妾夫死既殯遂殉節焉

陳氏林澄未婚妻澄夭氏聞訃奔號拜舅姑擇繼嗣營窀穸從容就義

李氏林協生妻年二十五夫歿無嗣氏飲泣三年力營窀穸吞金死

吳氏庠生林潛光妻夫入泮旋亡氏爲立後奉養翁姑期年不食而死

黃氏吳延①揚妻婚二載夫亡立嗣終喪母迫再醮遂吞金死

林氏黃子萬妻夫歿養翁姑終年服闋擇夫忌辰縊

校注：①廷

吳氏林九莊妻年十八于歸半月夫亡未期年二十老

死奉 旨建坊

相繼殁自經死

戴氏彭章侯妻年二十二夫亡無子罄賣裝奩爲舅

姑及夫營葬畢預治棺衾蠲日拜宗祠與戚屬訣

別投繯死

陳氏黃華崗妻能詩華崗業版築性卞急稍不如意

輙加呵責氏毫無慍色二十一歲華崗死念舅姑

年老曲意以奉饔飧舅姑殁喪畢投繯卒

顧①氏余槃會未婚妻會逝氏聞訃剪髮奔喪事舅姑

校注：①顧

備極孝道爲夫立嗣經紀喪葬事畢飲金盡節

鄭奇治林重華未婚妻聘一歲而重華卒鄭年方笄聞訃奔喪以翁老延命旦夕孝養盡禮翁歿即絕粒死

黃氏林朝對妻年二十七而寡勤女紅孝養翁姑二十一載翁姑既逝立嗣摒擋殉節

林氏余叶公妻年二十九而寡卒哭後閉門自經

吳氏黃恩老未婚妻甫聘而恩老歿氏入門哭盡哀終夫之服戶外不窺摒績以供舅姑舅姑繼殞負土葬畢絕粒十三日未死吞金殉節

盛佟姑王逵治未婚妻逵治客殞於蜀訃至女即欲自裁父母力止之有議婚者女遽投井死出之復甦越十五載兄公自莆至女謀同歸至則室如懸磬族正上其事於縣撥祠租五石贍之女爲夫立後未幾嗣夭女大慟曰不死復何待乎遂投繯死

俞氏林樹雅妻年十九于歸越四載樹雅賈殞臺灣氏聞訃慟絕勉强含哀立猶子瀚爲後卽投繯死

鄭氏卯縣林嘉楠妾博群書知大①體能背誦四史全帙嘉楠臥病令其授兒孫句②讀經③義箕燈課督不

曹嚴師夫殁氏卽欲引刃自裁爲家人救免哀慟

校注：①體　②讀　③義

成疾絕粒伏牀子作楂封股和藥以進氏曰從爾父於地下吾之幸也兒當以顯揚爲孝毋毀傷體膚不啜湯藥而卒

唐氏宋宜信妻事翁姑孝夫病羸籲天請代夫竟歿氏年二十三撫姪爲嗣欲自殉延至次月先期絕粒於夫亡之辰盥櫛易服跪以告翁曰媳不能盡孝矣即吞金而逝

林氏陳斂妻家貧如洗充海壇卒歿於海氏紡績事姑終年喪葬畢亦投海死

黃氏鄒堯塱妻十八于歸八載夫歿氏絕粒以殉

林謙治年十六配陳家父母嫌貧別受聘女自縊死

葉氏陳敬厚妻夫歿臺灣無子紡績養老翁翁歿詎所親取夫骸歸葬訖吞金死

陳氏鄭瑞卿妻夫歿氏經營殯葬絕食死瑞卿弟萬卿妻陳氏夫死治事畢亦吞金死

陳氏林于維未婚妻于維卒氏方十九奔喪奉舅姑紡績以給舅姑歿吞金而逝年三十九

朱氏鄭于振妻年二十四而寡矢志奉姑撫二歲兒夢陞成立娶婦陳氏夢陞又歿陳即自盡朱撫孫至六十四歲卒

林氏知州奎孫女廩生盧肅謙妻肅謙勤學病歿氏
年二十八吞金盡節
陳氏郭熇治妻熇治歿於臺灣氏聞訃悲號飲金盡
節時年二十八以上莆田
鄭氏陳璣妻夫婦避難邑中鷄鳴出汲强暴欲侵之
怒駡不辱歸即自經
吳氏諸生陳日京妻家徒四壁二老垂白氏勤女紅
以供饘粥積有餘貲備舅姑後事撫子浹周列弟
子員城陷服藥死
鄭氏本學教諭煥女煥就試公車女居學舍順治間

城陷被執女曰速死為幸豈受辱耶爾曹蕞爾鄉邦大兵至死無日矣賊殺之龍門下幾無完膚煥歸以事聞　旌其義烈

張氏鄭廷袞妻順治十年七月山寇刦掠與次男婦蘇氏同時被執張罵賊不屈賊怒刃之札傷踰日死蘇亦觸刃死子世御娶張氏年十八寡無子為夫立後歷節四十六年一門三節論者賢之孫重光貢生

張氏嚴元裕妻年二十二夫外亡子甫三歲張撫子育孫及子與孫俱歿遂自經死年七十五

林氏行人司徐穉隹妻孝事翁姑勤針紉佐夫讀書
及夫貴無驕色夫死林即自經
鄭氏林寅宣妻寅宣死鄭捐生以殉奉　旨旌表
顧氏舉人翁韜妻韜自京回卒於蘇州訃聞顧哀毁
不欲生趣韜殯及僕往扶柩喪抵東關親屬舉出
迎顧往熟視櫬都不哭哭亦不能下一滴時衆築
土室厝韜柩顧曰爲我擴數尺地且移柩往左盧①
其右以待絕粒數日親屬來訣者皆強起迎送拜
跪如禮雞未鳴即起結束衣皆布素出手製因語
韜弟非出吾手者愼勿加吾身且速扶吾櫬就吾

校注：①虚

夫。乃望空拜。以次拜舅姑之靈。及其父。遂自經。年二十九耳。

翁氏舉人韜姪女年十七字何志周婚期前一日。志周歿。翁欲奔喪。韜妻顧氏以尋帛中裂之各藏其半。及韜妻就義。翁即懷所藏帛歸何門事舅姑終年。撫志周幼弟長成。食貧茹苦。弟某利其有。即出所藏帛經。死。人皆傷之

林氏諸生嚴克昌妻克昌歿林年三十四服喪期年將殉節日啜湯茗數勺預備身後一切及期辭舅姑加帛而逝

徐氏年十四歸儒士吳樑二十八歲夫歿以翁老勤苦服事病篤刲臂以療越十六年翁歿喪葬以禮及卒哭謂族戚曰所不死者爲翁老耳今翁逝願隨夫地下遂自經死

鄭秀治幼字陳棟年十九將婚棟忽病故訃至鄭即絶粒囑父治棺衾誓以身殉不可奪乃備衰絰歸棟家拜哭夫靈即自經死

李氏董吉妻吉死家貧兄弟來勸慰李不答不哭夕不食越九日自經死

許氏天章女少知書年十六歸張松逾年松病革謂

許曰我死家貧汝當嫁許曰若不諱三日即尋君矣及松死遂絶粒治夫喪踰月自經死

蔣氏陳惠郎妻二十有三歲夫歿哭絶而蘇屢引刀自刺妯娌救慰蔣曰吾歸陳亦死陳耳及期父母憐其少别委禽焉氏入室自經

某氏林春妻早寡無子事翁姑終年喪葬畢乃自經

吳氏何斯泮妻年二十二斯泮歿養姑撫子姑歿悉力營葬並及先人未葬之骸未幾子又歿乃自經

林氏嚴棣妻棣歿林年二十九歲僅一女拮据殯葬潛抱幼女俱投於溝覺而救之女死氏嘆曰是因

非我死所也翼日自經於寢室
鄭迎娘字嚴滂年十八將婚滂歿奔喪哀毀欲殉或勸之乃止未幾滂弟殤議嗣已定告别舅姑遂自經
林氏儒士鄭藎臣妻夫死殉節
陳氏生員林炳謨妻夫歿哀痛泣血遂自經死
林氏陳上侯妾年三十寡無子撫女三長阿治甫十歲次捷治三治俱幼姑早歿事舅以禮越數載舅以乏男輕之林泣告阿治曰寡母翳女不死何俟阿治泣請以身從乃縫固衣帶抱幼女自投於溝

溪〇河沿〇堤〇沿〇隨〇死

黃氏年二十適阮尙越一年而寡遺女甫五歲又易卒黃爲夫營葬以裙掬土落成歸服毒死以上仙遊

福建續志卷六十三終

福建續志卷六十四

列女六

泉州府

國朝

名媛

陳氏①許其昆妻。性靜淑。有林下風。其昆游學四方。姑病危。鄭氏抱持。日夜與姊脫簪珥。易參苓。辛苦勞瘁。嘔血數升。僵瀕於死。更號天。願以身代。姑殁。不食數日。喪殯如禮。夫從祖廷楫爲立孝婦傳。

黃氏。顔欽鍚妻。夫殁。海氛復熾。征餉家耗。兵凶頻仍

校注：①許其

强自支持。奉養老姑。延師課子。子儀鳳。成進士。

施氏。蔡都憲仕圃妻。舉人敎諭德馨女。家貧。常煑粃糠爲食。勤紡績以供祀事。及仕圃宦遊。撫孤姪如己子。爲孫爲婚娶。竭力營舅姑葬。累封恭人。猶布衣①素。多絨補。遇貧苦則烝粥必分。後無疾而逝。

丁琡珠。字含章。按察使煒女。嫺吟咏。未嫁而卒。

吳班。字玉姿。貢生陳一策妻。提督吳陞孫女。參議應麟女。著有綺窗遺吟一卷。洗去脂粉②之習。以上晉江

施氏。富中璜妻。幼能背誦內則。毛詩。善屬對。其父嘗出句云。聰小從月入。應聲曰。天大罩③江流。父異之。

校注：①布衣　②粉　③罩

長歸中璜舅官京師事姑孝及中璜司鐸沙縣修學宮俸微不贍氏出奩金以佐夫卒於官遺孤七①齡扶櫬抵里長齋課讀姑歿盡哀舅老致養舅卒有外侮氏理禦之家賴以寧族稱其賢②智

陳氏孟宇女李日熺妻事翁姑孝嘗與妯吳陷賊賊將先歸陳以邀賂陳謂吳曰吾一子在父所而妯五男陷此吾丐妯扶一姪歸吾請護四姪以待賂吳歸攜姪病赤身臥石上陳入豕欄竊草稭以薦及夫兄日爆破賊乃免吳即光治母贈太夫人

鄧氏總兵李日煋妻姑患喘晝夜撫摩不懈寇發偕

校注：①齡　②智

側室鄭。遭亂山中。鄭奉姑鞠子。鄭負米拆薪備極勞瘁。及夫膺節鉞。更置妾媵數十。折無疾妬。鄭事嫡尤謹。始終無間言。先八年歿。鄭以壽終。以上安溪

節孝

蘇氏世益昌妻年二十七夫歿舅老子幼矢志孀守卒年六十四

韋氏黃昇孕繼室事姑孝兵亂時護持尤謹夫歿守志後葬昇孕其子欲營三穴葬韋曰側前毋眠無由當與父同室吾死別兆可也

蘇氏林良夔妻年二十五夫歿事舅姑孝卒年七十

九子忠順順治已丑進士官知縣

張氏蔡恒中妻恒中死舅中氏撫六歲幼子女紅以養舅姑曾孫帝簡舉八

練氏郭氏顏翼龍妾嫡艱於嗣練生二子俱殤郭生一子燦時練年二十九郭年二十三矢志撫孤事姑以嫡嫡歿郭事練唯謹家貧兵亂扶姑挈子艱辛[1]走匿後子娶婦甫生孫而婦歿二氏復翼孫以長練卒年八十五郭卒年八十四

柯氏世哲侯妻哲侯貿易赴漳中途被害訃聞呼號誓死苦守一孤父母欲奪其志不可年六十卒

校注：①辛走匿

李氏邱堯覲繼妻年二十而寡無子以姪錫爲嗣撫
教成立舉鄉薦官知府氏封恭人壽一百有二

蔡氏諸生陳夢陽妻夢陽死子方五歲誓志鞠育力
貧苦守年八十七卒

唐氏蘇若丞妻年二十三而寡撫孤毓侃成立娶婦
王氏生三子毓侃亦早卒姑媳相依守節數十年
侍子有沛舉於鄉

黄貞谷許字莊儀瑛瑛死毀容自守夫兄延裕迎歸
廟見立嗣撫之嗣子復夭氏卒年六十餘卒之日
早禾垂熟忽槁

鄭氏莊鼎臨妻生子四歲夫歿苦節堅守及子娶婦
張氏又夭姑媳兩孀相依撫孤五十餘年
王氏蔡向著妻年二十夫歿事姑孝撫孤爲東成立
領康熙癸巳鄉薦官知縣
伍氏諸生黃履謙妻年十六歸黃未幾夫歿僅遺幼
女又殤乃立夫弟之子爲嗣矢志守節四十餘年
郭[illegible]①霍知游世純女夙嫻吟咏適周宗滉夫歿事舅
姑孝撫孤成立壽七十五
李氏諸生陳墀元妻嫁兩月夫歿與姑同寢處三十
餘年以夫姪爲嗣撫養成立

校注：①雪

李氏黄鳳生未婚妻鳳生殁訃聞女年十六泣告父母往奠舅姑老且貧又無次男女留家侍養爲夫立後白首完節

洪氏黄之騏妻騏早卒惟一女氏以夫姪爲嗣奉姑守節以終

楊氏龔淑妻歸逾年夫殁家貧事姑唯謹姑殁氏繼殞親鄰傷之

李氏陳禹平妻年二十五而寡孝事舅姑撫二子有成觀風整俗使劉師恕題匾旌之

黄氏王希魯妻歸六年夫殁撫孤成立孀居五十餘

年

蔡氏諸生蘇鳳垓妻前太僕卿鵬霄女歸八年而寡三子皆幼守節奉姑鞠三子俱成名壽七十九卒長次皆貢生季振芳舉人知縣

陳氏諸生楊祚昌妻年二十五而寡事舅姑孝撫教子丹鳳爲諸生年五十八卒

蔡氏世宗熇妻教諭杓光女年二十三而寡一子一女俱幼氏孝事舅姑年四十四卒

紀氏林騰春妻年二十九而寡孝事老姑撫養三孤成長卒年七十郡守給匾旌之

陳氏施德亮妻年十七生子五月而德亮歿守節撫孤迨子娶婦生三孫子及婦復相繼歿又撫遺孫成立孀居五十載

王氏吳廷美妻年二十二夫歿於寧波氏矢志事舅姑勤女紅撫遺孤成立

莊氏鄧士珩妻郡諸生曰璉女士珩生父爚命繼兄煥氏事嗣姑及本生舅姑俱竭誠敬族人稱之年二十八夫歿嗣姑繼殞喪葬盡禮仍與本生舅姑同居及卒喪葬如之撫二孤成人人謂其與鄧兄①世之四節烈媲美壽八十而終

校注：①先

陳氏黃心沖妻三十一而寡遺孤週歲食貧撫養至能自立氏卒年八十

許氏副貢林彭年妻夫卒事繼姑孝撫男世驥舉於鄉年八十一卒

鄭氏秦鴻理妻二十六歲夫歿事舅孝善撫雙孤卒年八十一

施但觀李盛祖妻年二十夫歿事舅姑孝撫幼孤成立卒年七十九

蔡惜觀曾漢治妻年二十二夫歿事姑孝教育二子有成卒年九十一

黄專娘蔡崇瑛繼室崇瑛贅外氏三月卒時專娘年十七扶櫬歸蔡家貧事本生姑孝撫前妻子如已出後子卒復撫孫年六十四卒

林氏杜尙本妻年二十四夫病危謂氏曰何恃以守曰恃吾志耳夫歿後六月生遺腹男父母欲奪其志氏誓死不移事舅姑孝撫所生及嗣子皆成立年七十七卒

萬氏黄曇佑妻宫保提督正色女年十八夫歿事舅姑孝撫幼孫獻壽成立獻壽卒妻蘇氏年二十七事姑撫二子長子昌言娶婦復卒妻李氏年二十

九嗣徽雙節撫孤及姪以孝稱

林氏黄之乾妻安溪進士林可煋女之乾病瞽林家不能成婚同歸六月卒氏年二十雖已嫁猶女也夫兄之綱以次子必達繼撫之成立爲諸生氏年五十二卒

林氏黄之衍妻諸生林雹駄女年十八夫歿哭喪明撫遺腹子成立卒年五十三

李氏布政黄之遴繼室嫁五月夫歿撫前妻妾子無異已出後以前妻子之駼官大理知府封恭人卒年七十七

陳氏黃士驅妻年二十一夫歿以夫姪爲嗣氏事舅孝撫嗣子大振爲邑諸生卒年四十九

謝氏秦允中妻年二十七夫歿事姑孝撫孤成立卒年五十二

陳氏紀班妻年二十夫歿遺一女及一嗣子皆殀家極貧日不再食孝養庶姑剪髮易魚以進姑歿夫族①有貴者迎養不就卒年七十一族孫紀忠斗爲之殯葬且祀焉

黃氏張騰賢妻年十九夫歿無子躬績以養舅姑後得夫姪爲嗣卒年七十七

校注：① 族

黄氏蔡澄生妻年二十夫殁家貧撫幼子子長娶婦生孫與婦相繼殁氏復撫幼孫成立卒年八十

黄恬觀李元喜妻年二十五夫殁事姑孝撫而孤成立卒年七十八

呂氏曾廷齊妻值寇亂夫死子二失其一氏勤女紅家貧無油以香條代辛劬課子底於成立

楊氏從娘龔情觀妻年十九夫殁家極貧茹苦孝養守志不移

黄氏林華岡妻年二十一夫殁養夫姪爲子殤而復繼者三年八十七卒

莊氏謝日簽妻年二十一夫歿事老姑孝撫遺腹子成立卒年五十七

呂氏曾敦實妻年二十五夫歿事祖舅姑及舅孝撫孤成立卒年六十二

黄氏賴志奏妻未嫁而夫病跛既嫁家人輕其夫者併輕之居一年夫卒家貧有一子病幾死家人詘辱氏終死守撫子成立壽七十七卒

黄氏諸生柯見英妻布政黄之遴女年二十三夫歿事舅姑孝識大義好施與撫子婚生孫貢生氏卒年五十六

王氏聊舒泰妻年二十四夫歿事舅姑孝撫孤成立
卒年六十四
陳氏柯式邁妻年二十五夫歿家貧撫孤成立年六
十四卒
黃氏①王希會妻年二十五夫歿守志撫孤成立卒年
七十
蔡氏②柯石生妻年二十四夫歿事舅姑孝撫孤成立
卒年六十一
曾氏何查章妻年二十七夫歿事舅姑孝撫四子成
立卒年五十三

校注：① 王希　②柯石

陳氏粘敦行妻年二十九夫歿事姑孝撫雙孤成立卒年六十七

許氏李由窗妻年二十三夫歿守志撫三孤成立卒年五十八

陳氏粘敦禮妻諸生陳有芾女年二十四夫歿撫二子成立長子標春爲諸生復卒氏撫其孫卒年七十九

施氏諸生吳啓鑄妻年二十六夫歿撫子夫弟啓睿一子繼之明年啓睿復歿妻蔡氏年二十一與妯誓志共撫一幼子成立施氏卒年七十八蔡氏卒

年五十四

莊氏曾奇妻年二十二夫歿事舅姑孝撫二子成立長子克中爲諸生卒年五十二

郭氏長舍林掌世妻掌世贅於其家三日病歸越年卒氏年二十二持白絹奔喪將自縊舅姑止之守志終身不移卒年六十八

王氏粘晄晃妻年二十四夫歿撫孤及長卒復撫嗣子成立年八十卒

林氏徐英士妻年二十七夫歿事姑孝撫幼孤奕章成立爲諸生卒年七十七

張氏秦降齡妻年二十夫歿事舅姑孝撫孤成立卒
年六十
林氏郭崇聯妻林廷瑗女年二十四夫歿事舅姑孝
撫二子成立長子郭揚爲諸生氏卒年五十三
林氏尤世諏妻林鍾觀女年二十七夫歿事舅姑孝
撫雙孤成立卒年六十九
莊氏張文煌妻年二十二夫歿事舅姑孝撫子振聲
爲諸生復歿遺孫繼夭氏與媳林氏撫嗣子嗣孫
卒年五十四
林氏許元璟妻年二十三夫歿家貧事舅姑孝撫幼

孤成立卒年五十四
施氏舉人粘拱恩妻靖海侯琅女年二十七夫殁事
舅姑孝撫孤成立卒年六十六
丁氏張世德妻年一十九夫殁事舅姑孝撫遺腹子
成立卒年五十一
劉氏事乘鳳妻年二十七寡家貧撫二子事老姑茹
荼矢志三十五載雍正九年　旌表祀節孝祠
謝氏羅源教諭陳燻繼室年二十五夫殁事老姑孝
撫孤成立卒年九十四乾隆間　旌祀節孝祠
黃氏施世騮妻年二十二夫殁事舅姑孝撫孤成立

乾隆間　旌

鄭氏郡諸生王守楷妻年二十六夫歿事祖姑及姑孝撫二子成立長子商霖孫克捷皆成進士乾隆二年　旌卒年九十三

陳氏諸生蘇褒紹妻年十八夫歿事舅姑孝撫遺腹二子皆成立乾隆二年　旌入節孝祠

李氏吳啟聲妻年二十四夫歿事舅姑孝撫孤成立乾隆間　旌入節孝祠後鄰火焚延燎至其門姪節坊而止見者異之

蕭氏諸生莊頤妻年二十二夫歿子始生守貞鞠育

孝事舅姑壽九十乾隆間　旌

施氏林偉烈妻年二十夫歿撫遺腹子成立乾隆間　旌

黄氏王元侯妻年二十三夫歿事舅姑孝撫孤成立乾隆間　旌

張氏蘇得鱗繼室年二十三而寡事老姑孝撫前妻三子成立乾隆間　旌

鄭氏諸生王球圖妻年二十三夫歿事老姑孝撫嗣子成立爲諸生乾隆間　旌

王氏郭岳妻功加都司王世璋女年二十九夫歿事

姑至孝奉先世祭祀無不如禮撫遺孤賡武力貧課學有古賢母風乾隆間　旌後以賡武乾隆丁巳進士歷官安順知府兼受封誥

蔡氏楊士淑妻年二十六夫歿事老姑孝撫孤成立乾隆間　旌

陳氏尤元瑛妻監生陳士璐女年二十六夫歿事姑孝撫孤成立乾隆間　旌表入祠

萬氏何希哲妻年二十二夫歿事舅姑孝撫孤成立乾隆間　旌

柯氏鄭廷璧妻年二十一而寡事舅姑孝撫孤成立

乾隆間旌

李氏諸生黃璇妻安溪人年二十三夫歿事舅姑孝撫幼子成立子歿撫孫乾隆間旌

林氏蔡冀升妻年二十一夫歿事舅孝撫嗣子成立子歿撫孫孫歿復撫嗣孫乾隆間旌

楊氏許志環妻年二十六夫歿事舅姑孝撫嗣子成立乾隆間旌

翁氏貢生張嗣浪妻年二十二夫歿事舅姑孝撫孤成立乾隆間旌

蔡氏何宗文妻年二十一夫歿事舅姑孝撫子及嗣

子成立乾隆間　旌
林氏王鳳翼妻年二十二而寡事孀姑孝撫孤成立
乾隆間　旌
黃氏楊興業妻南安人年二十二夫歿孝事舅姑撫
幼孤成立　旌表入節孝祠
林氏監生李肇驤妻年二十六夫歿事老姑孝撫幼
子成立乾隆間　旌
鍾氏林祥鎮妻鍾啓震女年二十一夫歿事舅姑孝
撫遺腹子成立　旌表入節孝祠
吳氏張文秩妻年二十二夫歿事舅姑孝撫孤成立

乾隆間　旌入節孝祠

邱氏顏庭椿妻二十五歲夫歿事姑教子歷節七十六年壽至百歲人稱節婦壽母云乾隆間　旌

吳氏柯懿肯妻年二十一夫歿養親教子克盡孝慈守節六十四年乾隆間　旌

林氏蔡正春妻年二十四夫歿忍死奉親撫子慈孝兼盡守節四十年卒乾隆間　旌

林氏張鴻模妻年二十四而寡事姑教子甘旨惟潔鞠育有成歷節五十三年

黃氏貢生施學赤妻布政元驥女少寡事孀姑黃至

孝撫一子授室而卒年七十餘姑年九十九祝願
延殘喘爲姑送終姑即施世驪妻經　旌表
王秋波顧愉令蔡仕岳家婢也仕岳子禹門將納爲
妾未及而禹門卒氏年十六遣嫁之泣曰郎君既①
許爲妾今郎君歿不可以貳有爲郎君繼嗣者婢②
奉命撫之不然請以死殉族人爲之立嗣曰六韶
曰智六韶爲諸生與智皆卒氏復與韶婦何氏撫
孫家極貧寄居婦家家人稱其苦節
蘇斐娘杜光海妻生一子夫歿其舅杜千及夫弟易
謀嫁之氏歸父母家而所謀同復還舅[illegible][illegible]處

校注：①既　②婢

氏皆安焉。更七年，舅以氏許黄姓，氏弗知，而心動。若光海夢中告之者，以死自誓。至期，家人以棉塞氏口，縛而掖之，至中途，解，納諸輿。氏於輿中披髮破面，入門，髡而縶矣，厲聲呼黄曰：吾爲貌孤故至此，今存死爾。黄懼，使諸媼守之。明日，杜族人重婦之節，共迎歸，而怒其舅千易等，將懲之，氏請宥而免。

王氏，陳元泗妻，鄉賢忠孝公孫女。年二十四，夫歿，一子復殤，守節自誓，紡績養姑。姑病，刲股和藥以進。及歿，賣屋殯葬，歸依父母。又刲股以療父病，鄉族

交稱之

蔣氏光範女諸生黃高孕妻事姑周氏至孝姑病垂絕號天請代姑甦曰死免矣冥冥中有代吾者越二日蔣卒

王謹娘蔡宏烈妻事姑至孝姑病篤割股肉和藥進姑遂愈縣令葉祖烈給匾旌之

蔡氏太僕陳洪謐側室事嫡至謹洪謐守蘇地饒財①賊毫無所染至不能贍家或諷以無太自苦氏聞加爭不可後子俞候官山左參議日詣所行事必以告人在蘇嘉蹟爲誹晚年歸鄉帑橐金二百餘

校注：①賦

修祠宇，置祀田，族人以爲女宗。年七十八終。

嚴氏，上海令陳善妾，蘇州常熟人。其父麟如來陳署，病將死，氏祝天願減算活父，不愈，割臂肉和藥進，乃愈。氏年八十一卒。嫡子士芝爲之傳。

劉巽官，性至孝，少喪母，撫於祖母。年未及笄，祖母病篤①，禱天割肝②和藥以進，血崩數日卒。

陳貞③姑，父年老喪媼，貞姑未字，治女紅以奉甘脆，自誓不嫁，父年九十五，貞姑哀痛，繼殯，里人比之北宫嬰兒云。以上晉江

徐氏，耀環女，洪士泌妻，年二十二夫歿，事舅姑孝，撫

校注：①篤　②肝　③貞

孤成八卒年六十四

林氏楊宗瀚妻年二十七夫歿事舅姑及本生姑孝
撫子成立卒年六十二

張氏洪士弁妻年二十五夫歿事舅姑孝撫子成立
卒年五十四

黃氏張恭伯妻年二十二夫歿事舅姑孝撫孤成立
娶媳而子遂卒媳嫁復撫幼孫

頑①氏監生郭玉美妻年二十九夫歿事姑孝撫三子
爲諸生氏年九十一卒

傅氏楊遂林妻年十七夫歿後五月生遺孤舅姑早

校注：① 顔

卒有族猾欲奪其志陰戕遺孤氏知之得不死撫以成立年八十五卒

柯氏黃維貞妻年二十五夫歿家貧撫雙孤有成卒年六十五

潘氏式允女侯廷慧妻年二十四夫歿事舅姑孝撫雙孤成立卒年五十六

黃氏侯伯潛妻年二十夫歿無子叔指娣孕爲婦嗣生男撫之事舅姑孝後嗣子復歿遺二孫氏與娣柯氏鞠以成人卒年七十五

黃氏戴希鏗妻年二十七夫歿事庶姑孝撫二子成

立卒年八十三

林氏貢生昌祚女洪士卣妻年二十一夫歿值海氛艱辛全節事姑孝撫二子成立其孫多入泮年八十一卒從孫世澤爲立傳

陳氏貢生吉女諸生黄朱英妻年二十七夫歿事舅孝撫二子成立長子熙絹爲邑諸生

鄭氏郭廷嘉妻年二十九夫歿事姑孝撫二子成立從次子士錄卒妻徐氏年二十五守志孝養如其姑洪氏卒年八十四徐氏徐戌淑之女也

侯氏義女雷廷外妻其姑黄氏守四月遺腹子貧恐

不能娶婦故氏四歲入雷門十一姑歿十六未合卺廷外又將死目不瞑氏慟屢絕夫從兄憐之指其妻得男爲嗣旣生男氏乃笄抱以拜廟毋欲奪其志矢死不從有田半頃跪以手耨十指皆胼嘗訓嗣子雷振曰女人須自家吃苦不可受人憐況寡婦乎振①後爲邑諸生卒氏又與媳傅氏守孫織廟爲食盡一門三節云

洪氏王中靜妻年十九夫歿事舅姑孝撫嗣子成立卒年七十餘雍正間　旌入節孝祠

黃氏洪奕曠妻年二十四夫歿事姑孝撫孤成立卒

校注：①乎振

年九十乾隆間 旌入節孝祠
朱氏洪奕洺妻年二十七夫歿事姑孝撫雙孤有成
苦節四十餘年乾隆間 旌
楊氏李尚德妻年二十三夫歿事舅姑孝撫男文熾
繼歿復鞠幼孫成立乾隆間 旌
黃氏呂聘觀妻年二十八夫歿事姑孝撫孤慈而兼
嚴卒年九十六乾隆間 旌
吳氏黃洽命妻年二十二夫歿事姑孝撫孤廷櫝長
繼歿復與婦撫孫苦節三十七年乾隆間 旌
伍氏黃洽泰妻年二十夫歿苦節五十六年撫幼孤

成立乾隆間　旌

葉氏洪士綱妻年十九夫歿無子後六年以姪經綸①爲嗣姑苦課子登雍正丙午舉人乾隆間　旌入節孝祠

蔡氏陳文龍妻年二十一夫歿撫孤成立卒年七十二乾隆間　旌

郭氏洪鳴珂妻年二十八夫歿事姑孝撫孤成立卒年八十乾隆間　旌

柯氏傅幾德妻年二十夫歿家貧事祖姑及姑皆孝撫雙孤成立卒年七十乾隆間　旌

校注：①綸

鄭氏戴隆齡妻年十九夫歿事庶姑如嫡撫遺腹子成人守節五十二年乾隆間　旌

陳氏黃洽遴妻年二十三夫歿事舅姑孝撫雙孤成長卒年六十六乾隆間　旌

黃氏蘇振璽妻年二十三夫歿事舅姑孝撫孤成立卒年七十三乾隆間　旌

陳氏傅儲瑾妻諸生陳愼素女年一十九夫歿事舅姑孝撫七月孤成立卒年五十九乾隆間　旌

□氏黃世芳妻年二十一夫歿孝事舅姑撫雙孤不事姑息苦節五十餘年乾隆間　旌

尤氏張士煒妻年十八孀居遺腹生女繼子以延嗣續食貧守節歷節五十一年乾隆間　旌

鄭氏蘇廷賓妻年二十二夫歿養姑盡孝撫孤盡慈守節六十二年乾隆間　旌（縣冊作蘇廷寶）

王氏[illegible]維孝妻年二十四夫歿事祖姑及舅姑皆孝撫雙孤成人（以上南安）

林氏洪懋欽妻年二十夫歿矢志撫孤以長子秉鈞貴贈一品夫人

林氏幼字劉某及長劉貧不能娶父令贅而兄嫂以傭畜之劉不能平氏語曰行矣吾忍死待君誓不

相負劉去久不返死氏紡績自給足不踰閾劉宗人高其誼共迎歸議繼氏曰妾辛勤銖積存二十金願置業充宗祀吾夫婦祔主享春秋足矣宗人諾之數月卒年七十

陳氏朱中哲妻年二十夫亡食貧矢志事姑撫子年六十一卒　旌表祀節孝祠

洪氏駱道宏妻年二十五寡矢節撫孤七十餘歲　旌表祀節孝祠

劉氏諸生駱紹高妻年二十一而寡奉姑教子孀居六十載　旌表祀節孝祠

余氏張龍起妻年二十五夫卒奉老姑撫遺腹子孀守四十餘載　旌表入祠

王氏魏德俊妻年十五于歸未久夫歿守節年八十九卒乾隆間　旌

吳氏陳景從妻年二十二夫歿事舅姑孝撫子成立入泮復歿又撫幼孫年七十九卒乾隆間　旌

駱氏①郡諸生陳基妻年二十八夫歿守志撫二孫成立長玉麟為諸生乾隆間　旌

陳氏黄文科妻年二十一夫歿無子家貧立夫姪為後撫之年六十九卒乾隆間　旌

校注：①郡

王氏陳雅詩妻年二十一夫歿事舅姑孝撫嗣子成
立　旌表建坊
陳過官葉啓興妻舅姑多病夫兄啓泰目盲封股事
炎氏亦刲股事姑啓興疾三年氏奉藥必親嘗及
夫歿氏年二十二撫六歲孤孀居四十餘載乾隆
間　旌
李氏陳聞遠妻年二十一守節八十五歲卒乾隆年
間　旌孫煥世舉人訓導
張氏諸生陳鳴紫妻年二十四夫歿事老姑孝撫幼
孤成立

3706

鄭氏楊耀錫妻二十八歲夫亡念耄姑無依紡績孝養以代子職夜則青燈課兒辛勤畢至守節五十八年乾隆間旌

劉氏詹方旱妻二十七歲夫客死氏悲痛欲以身殉姑勸止之事姑盡孝撫兩子教養兼盡守節五十一載

魏氏張○妻十九歲夫歿茹荼飲蘗守節三十四載乾隆間旌 以上惠安

邱氏陳琦珀妻爲海寇所掠欲污之屢撻不從投水者再將殺之刃鳴乃止莆義士劉孟名等三十九

八鴆金以贖且醫其瘡會琦琯追至挈之歸後鄭病將死呼子鴻漸囑曰必報恩鴻漸喪後奔蕭竭力酧答孟名已卒其子堅辭曰吾父豈望報者哉吾不可以受財掩父義識者兩難之

洪氏蘇吉卿妻年二十三夫卒撫姪耀武為嗣入泮而夭伯止一子氏請置妾生男後武抱而撫之以廣宗祀

林琬娘韋仁湯妻年二十二夫歿撫側室子事舅姑孝姑病禱天割股以進遂痊

楊氏諸生陳一鳴妻年二十八夫歿子三俱稚氏矢

節撫教次第遊庠壽相繼夭僅存二孫氏與婦蘇
氏張氏矢志鞠育值土寇縱橫二孫被擄氏自詣
贖回或勸避寇以夫棺祖骸未歸土弗去亂定躬
爲營葬備歷艱辛年七十三卒

鄭氏許新坦妻年二十七夫殁子幼矢志撫養比長
娶婦舉二孫子夭婦嫁海氛未靖氏收先世神主
及像挈二孫避難寇平孫漸長氏既耄猶自作苦
卒年九十二

陳氏諸生蔡齡妻年十八夫殁矢志奉姑居八載夫
從弟生次子立爲嗣遭亂姑殁喪葬如禮勤女紅

供子讀書。子方亨弱冠爲諸生。氏年六十四卒。

葉氏顔國瑞妻。年二十二。夫歿無子。時海寇起。扶姑遊①難。備嘗辛苦。越十年。夫從弟生子日騰。乃以爲嗣。已爲諸生。未幾又歿。復撫孤孫華。苦節五十五年。今華亦入泮。

蔡氏陳其蓁未婚妻。其蓁卒。氏欲自裁。家人救止。一夕防稍懈。乃懸樑。繩斷折脛。死而復甦。密取蘭生根煎服之。折處漬②爛。脫落成殘疾。然終不得死。乃喟然曰。吾屢③求死不得。是徙爲我夫立後也。乃以夫兄次子承嗣。氏獨處一室。教授女紅自給。年六

校注：①避　②潰　③屢

十而卒。

張氏王聰妻名應娘嫁逾年聰往番不歸家貧勤女紅以養老姑未幾聞聰死有勸其改適者氏正色拒之僦屋而居事姑惟謹屋主人憫之不收其值夫妹亦感動以子爲嗣年六十七卒

陳氏世誕女蔡纘裘妻夫歿年二十八家貧紡績教①成長七十三卒

王氏黃日旭妻二十四歲夫歿矢志撫孤值海氛流離播遷艱虞備嘗寇平乃營葬累世遺骸卒年七十六。乾隆間旌祀節孝祠孫江舉人官中書舍

校注：①子

人。壽進士知縣。

顏氏劉世輔妻年二十一夫歿誓將死姑止之守節養姑撫遺腹子成立卒年六十乾隆間　旌

劉氏陳①兀潾妻年二十七夫歿矢節撫孤奉姑惟謹卒年七十三乾隆間　旌

黃氏李彥登妻年二十三夫歿家貧事舅姑孝喪葬如禮撫子長娶婦生孫子亡婦改適氏復撫孫成立卒年八十一乾隆間　旌

朱氏陳霜妻嫁三載生一子而霜歿朱年二十二家貧撫孤躬耕自給子長娶婦李氏生一子又寡李

校注：①元

時年二十八偕姑苦節共撫一孤朱卒年六十七

李卒年五十三乾隆間旌

余氏諸生王明妻事舅姑至孝姑病禱天割股調羹

以進姑夢白衣神護之遂痊

粟氏諸生周子培妻割股事姑封臂事夫邑令鄧麟

采徐名觀俱旌之巡撫張伯行亦表其閭以上同安

福建續志卷六十五

列女七

泉州府

國朝

節孝

洪氏李蜚碧妻早寡四孤俱幼老姑在堂家無斗儲

洪事育取諸十指茶苦數十年卒

黃氏彭元上妻年二十一而寡矢志事姑以姪爲嗣

未幾又殤終身守節不渝

吳氏諸生傅嘉祚妻年十九夫歿姑老子方三歲遭

亂艱苦守節終身

連氏翁懿宗妻年三十而寡子已娶婦施氏年二十八又寡遺腹生孫長娶黃氏生曾孫孫殞曾孫殤三寡相依立嗣苦守里人傷之

李益艮夫吳天錫贅於其家死氏守志撫遺腹孤遭寇亂艱辛全節

李纘娘林構成妻年二十四生子錫奎而構成卒子四歲病危氣絕李告舅姑曰未亡人所以不死者撫林氏三世一孤今孤殁不能復生矣一慟而殞移時錫奎復甦祖父母撫養成立錫奎子琅舉人

林氏謝從可妻夫歿年二十八奉姑撫兒艱苦備至年至百歲

洪氏諸生謝燕翼妻年二十六夫省試覆舟死氏欲自刎姑止之奉姑以孝課子有成卒年七十二

林烝娘諸生王其萃妻年二十二夫歿撫子年三十餘卒撫孫及長又卒遺曾孫二俱幼氏婦并二妾孫媳相依茹苦一門五寡守節終身

洪招娘適黃夢星事舅姑及庶姑孝甫育一男而夫兄歿從夫命以男繼嗣未幾夫歿招娘年二十三遇寇亂抱孤避難備歷艱辛及子成立生孫仍分

二支以承夫兄及夫祀置租十石送先主奉祀洪
氏宗祠年七十二終
楊氏適殷士達夫歿矢志靡他孤弱多病撫之成立
終身苦節年八十一卒
謝氏陳毓叔妻年二十而寡姑老子幼遭寇艱辛强
暴有貪產以奪其志者誓死不從族戚其節爲立
嗣保孤至於長成年八十七卒
許氏陳道標妻年二十九夫歿越兩月生遺腹子嗣
煃族親利其產勸他適氏矢志不渝煃長娶妻詹
氏生子陞甫三歲煃又歿零丁孤苦姑媳共守一

孤鞠育保護得以成立陞爲諸生

黃道官陳肇讓妻夫旅卒氏年未三十事舅姑孝撫孤成立九十無疾而卒

王氏姚鳴岳妻年二十八夫歿撫子德基長娶黃氏德基又歿姑媳守節艱苦備至黃氏先卒王氏卒年七十八

徐氏適黃姓年二十二夫歿守志撫孤道超後爲諸生

按府縣志不填夫名亦不言其是妻是妾今仍之存以俟攷

劉氏蘇廷喬妻夫歿事老舅孝撫幼孤成立年九十卒

黃氏孫二舍妻年十四嫁十五寡守彌月子成立

吳氏適葉芳朱年二十八夫歿家貧事舅姑孝撫孤成人後賊掠其孫責賂聞爲吳節婦孫即釋之卒年九十孫俱遊庠

董春娘年十八歸黃秀觀二年夫歿無子以夫姪承祀死之日一堂五代年九十三卒

李催娘黃引觀妻年二十二夫歿遺子顯週歲家貧採薇療饑後顯生子又歿氏撫孫成立年九十五

見元孫

廖氏吳心台妻生子惠我甫七月夫歿子長娶黃氏又歿姑媳苦守孤孫以雙節著曾孫益球益璋選明經益琬舉人知縣

吳氏李世爵妻年二十五夫歿守志撫孤值山海寇亂毋子保於外家未幾砦毀艱苦備嘗撫孤成立

李氏吳鐘桂妻早歲夫歿事老姑孝撫二孤長成子瑛孫灝及崑俱諸生

陳莽娘林士義妻年十七未婚聞士義病篤趨侍藥越三月而歿守志孝事舅姑諷以他適即欲自縊

夫兄以次男方升爲嗣氏拮据撫育方升早歿復育其孫苦節數十載

陳氏黄以南妻年二十四夫歿守志撫孤八十三卒

周氏廖應斗妻年二十四夫與舅姑俱歿氏遺腹彌月流離播遷撫孤存嗣繼營窀穸年八十八卒于成勳孫震璧俱諸生

留氏年十八適王必盛五月蔡寅寇起仇者引入其家殺翁姑夫叔等六人氏潛脱控於官得償取族人子爲嗣詹事陳萬策有詩美之

林五娘黄尾長妻年三十二夫歿子英三歲矢志撫

養英卒婦王氏年二十有娠五月育子林探其意

王泣曰婦知與姑相守耳姑婦雙節孫元凱明翼

端生俱爲諸生

郭氏陳光京妻進士郭貞一女年二十于歸三月夫

歿撫孤子英俊爲諸生

陳氏潘烈妻年二十五夫歿家貧一子一姪俱幼氏

鞠養之各爲娶婦子亡立孫承繼孫亡復立曾孫

苦節五十年霜操愈厲

官氏吳元柔妻年十七于歸生一男元柔歿氏矢志

撫孤事孀姑黄氏至孝

李氏黃宗澤妻年二十六而寡撫遺腹孤成立
吳氏李光昶繼妻年二十夫歿遺前妻一孤氏撫之
成人卒年六十六
何氏李鍾倫繼妻晉江人三十而寡克盡婦道文貞
公光地誌其墓後以子清馥貴　贈宜人
蔡氏彭殿升妻年二十四夫歿毋令改適弗從勤紡
績以事舅姑訓子成人卒年七十
郭氏陳二淑妻年二十三夫歿家貧撫孤成長卒年
九十四
洪氏王乘龍妻年二十四夫歿守志奉姑姑與夫兄

及姒繼歿所遺姪幼氏撫之無異已子後氏女孫
嫁夫一年而寡亦守節不變洪卒年七十
李氏諸生林元鳳妻年二十八夫歿子幼守志不移
卒年七十四
廖氏陳盡觀妻年二十四夫歿子淑方五歲家貧氏
藉女工以養淑長又死遺一孫姑媳煢煢孀居七
十餘載卒年九十六
林氏唐兆艮妻年二十五夫歿撫孤毋家勸改適弗
聽貧苦守節力耕而食年六十七卒
魏竊娘林長裕妻年二十四夫歿一女方襁㷀姑盧

氏生子彌月而盧氏卒竊娘棄巳女乳之舅姑憐其志以從姪考爲嗣二老繼歿經營葬事兼葬其夫嗣子考娶婦生二子考歿更守其孫年八十有三卒

吳氏進士曾芳女李鍾佐妻佐寢疾氏取所嘔血泣禱中庭吸而盡之祈以身代聞者酸楚夫既歿事祖姑以孝聞子二清機知縣清植禮部侍郎氏贈夫人

陳氏謝維璣妻年二十八夫歿家貧撫孤年七十五卒

宋氏許必彬妻年二十三夫殁家貧事舅孝撫幼孤成立

洪勤娘黄鍾禮妻年十九夫殁事舅姑孝撫孤成人七十一卒

詹混娘年十七歸高其壽踰年夫殁子甫匝月矢志撫養以節終

兒氏王①城璧妻年二十四夫殁值海氛派重傾產付夫爷輸納食貧奉姑撫一子成立卒年八十二孫大璋爲諸生

自成娘黄梧妻年十九而寡撫孤存祀守節不渝卒

校注：①王城璧

年八十六

李氏施安世妻早寡守志時值流離攜幼孤毋家鞠養成長

張氏王資濟妻年二十三夫歿家貧敬養舅姑撫雙孤有成卒年五十九

莊介娘詹質樸妻年二十五夫歿守節撫孤卒年五十四

張氏劉昌祉妻年二十三夫歿無子撫兄子爲嗣家貧事舅姑孝卒年五十四

王氏潘揆李妻年二十二夫歿撫遺腹孤艮倈東漯

丁酉武舉

吳一娘陳璘妻年二十二夫歿子晃服甫三歲氏矢志守節後晃服長娶婦湯四娘未幾晃服又歿四娘年二十七子方二歲姑婦共撫幼孤煢煢雙節吳卒年九十二湯卒年六十六

詹菊娘陳熙①樸妻年未三十而寡鞠幼子成人卒年七十一

林森娘諸生王立誠妻年二十四而寡事姑孝善撫孤子年七十三卒總戎李日煋獎以詩

李氏劉怡謨妻年二十二夫歿事舅姑孝撫幼孤成

校注：①熙

立卒年六十一

傅氏李郁文妻年二十五夫歿勤苦守節卒年五十一

翁氏朱維英妻年二十四而寡撫三孤以教以長卒年七十一

黄素娘莊文中妻年二十六夫歿撫孤成立卒年六十六

傅氏李鍾某妻年二十五夫歿守志存孤卒年六十五

趙氏翁士泰妻年二十二生子振南五月而夫歿撫

孤守志媳白氏亦二十三而寡里人以雙節稱之
李氏孫文璿妻年二十一夫殁無子撫夫姪爲嗣卒年五十一
郭黍娘鄭榮森妻年二十二夫殁善撫其子娶婦陳氏甫生孫子又殁姑婦共守一孫郭氏卒年七十三
洪質娘歸鄭曰智年二十九夫殁家貧伯叔欲嫁之剪髮以誓守節撫孤卒年六十三
顔熟娘歸蘇惟寶十九歲夫殁無子取旁支爲嗣孝事老姑卒年五十八

曾第娘林光貴妻年十九夫歿孝姑撫子年九十卒
高丑娘張抱蟾妻年二十而寡無子內外逼嫁氏誓
與夫同穴豫勒墓石撫姪爲子殤而復立卒年五
十八
吳氏唐兆清妻年二十五夫歿家貧養姑孝撫孤以
慈卒年五十八
許氏唐兆經妻年三十夫歿無子以姪爲嗣收夫遺
書而謹藏之卒年五十餘
陳菊娘黄至吉妻少寡善撫幼子卒年六十七
陳氏胡佛生妻年二十三夫亡事舅姑孝撫遺腹子

長成卒年七十一

陳引娘李喬澤妻年二十三寡家貧守節課子翰龍舉明經卒年六十八

白算娘陳一回妻年二十四夫亡母家諷使改志不從撫遺腹子成立

黄品娘傅畯妻年二十七夫亡事姑孝撫子瑚爲諸生孫其瑛拔貢

林協娘適詹克綿年二十一夫歿撫子國玉長娶官氏生子聲遠國玉又歿官年二十六投井殉節家人救甦與林共守聲遠苦節以終

陳丑娘龔邦顯妻年二十七夫歿事姑孝撫子有成
棨三喪八十七卒
徐氏李元相妻年二十二夫歿子幼矢志撫孤卒年
六十四
朱來娘李世杓妻年二十七夫歿撫孤子至娶曾氏
子又亡曾亦歿氏復撫孫長大卒年六十七
戴氏鄭文齊妻年二十八夫歿紡績撫孤年七十八
卒
郭勤娘黃秉老妻年二十二夫歿撫事舅姑撫養遺
孤卒年五十七

楊氏李制鄉妻年二十而寡孝事舅姑以姪爲嗣教
養爲諸生七十二卒
陳氏鄭希獻妻年二十六夫歿撫幼孤長成卒年七
十五
許招娘黄發觀妻年二十夫歿敬事舅姑撫孤子七
十二卒
梁氏諸生林沃心妻年二十六夫歿事舅姑孝撫子
維新舉人知縣　贈氏孺人
吳氏諸生陳國典妻年二十九夫歿事姑撫子苦節
多年

朱氏孫鍾尾妻年二十二而寡孝事舅姑年八十餘卒
葉使娘李鳴鏘妻年二十六而寡撫孤成立卒年八十四
陳氏張賜觀妻孝事舅姑年二十四夫歿家貧歸父家父憫其窮令再適氏泣不從爲夫立嗣撫之
王氏廖士俰妻年二十五夫歿無子孝事舅姑立嗣撫養五十八卒
葉氏許廷吉妻年二十一夫死無子立嗣五十六卒
謝来娘高旻興妻年二十九夫歿子幼家貧力耕自

食艱苦萬狀竟瞽雙目卒年七十

傅氏劉文泉妻年二十二夫歿撫教嗣子六十餘卒

蔡拱娘高天生妻年二十六夫歿家貧力撫孤兒卒時五十九

洪玉璞林修聲妻年二十七夫歿孝事舅姑力撫雙孤卒年五十一

洪氏諸生李鍾伉妻年二十七而寡事姑孝善訓其孤

李氏監生葉廷瑜妻事姑至孝氏年二十一夫歿育叔女如同胞葬舅姑撫遺腹子五十二卒

王好娘廖時昂妻年十九而寡事姑孝撫幼子以慈五十六卒

劉招娘李樹東妻年二十六夫歿撫孤子有成

洪昶娘林心妻夫愚且戇無怨言夫歿願以女紅撫孤服闋外家迎之氏曰我寡守無歸寧理遂終身守志

謝淑娘年十六適吳朝寶年二十八夫歿家貧毋家欲奪其志誓死不從力撫四子

楊氏黃鍾淑妻年十七夫死無子撫姪為嗣奉姑甚孝

劉容娘官承炳妻夫歿撫孤以節終

林來娘陳士澤妻年二十九夫歿守節撫孤孤夭立姪爲嗣六十九卒

張熱娘王志遠妻年二十七而寡撫幼孤長成卒年七十六

翁靜娘林轟使妻年二十夫歿無子母家諷以他適不從孝事舅姑撫姪爲嗣

陳寵娘貢生劉致遠妻年二十一而寡子幼守節以終

鄭氏陳芷侯妻事老姑孝年二十三夫亡無子撫姪

爲子子又歿無孫撫從孫爲孫苦節六十餘年

詹氏吳元凱妻年二十八夫歿事姑至孝撫子成立

殷氏劉文勝妻年二十六夫亡撫子子亡乃撫其孫七十五卒

陳氏林肇德妻年二十七夫歿撫遺腹男有成卒年七十八

胡純娘林德全妻年二十夫歿撫幼子元提入泮五十三卒

李氏易亨棟妻早寡撫孤敬事舅姑卒年六十

鄭葉娘李毓尊妻年二十而寡撫孤成立

李氏陳肇莊妻年二十二夫歿家貧無子父母諷之嫁截髮自誓力撫嗣子六十五卒

黃氏陳世及妻年二十九夫歿家貧勤苦撫孤六十一卒

蔡氏謝駰淑妻年二十六夫歿家貧奉舅姑孝能撫二子卒年六十九

林氏諸生蕭餐祚妻年二十五夫歿事舅姑以孝聞

劉氏吳開藻妻年二十一于歸七日而夫歿以姪爲後孝養老姑

林氏施鴻興妻年二十四夫歿事舅姑孝力撫幼孤

娶婦生二孫未幾兒媳相繼亡氏復撫孫守節五
十餘年

陳氏張天績妻年二十二而寡守志撫孤事姑甚謹

陳氏王耀考妻歸十月而夫歿無子以姪爲嗣勤爲
撫養

王氏劉文奮妻幼通列女傳女論語年二十四而寡
事姑孝鞠子有成

謝氏彭棟妻年二十五寡孝養撫孤苦節以終

張奀娘王進柄妻年十九夫歿撫孤年十八又夭取
旁支爲嗣艱苦終身

蔡氏潘忠淑妻年二十四夫歿事姑孝撫二孤成立

林添娘歸王子祿年二十九寡事姑撫子九十三卒

林禮娘王士符妻年二十而寡家貧種藝自給鞠幼子及夫弟又夫叔老無所依氏迎養迨終事之如舅

張任娘適白羅羅家貧客臺歿於海外子幼姑老氏偶①乏告貸於兄兄勸他適遂終身不至母家日耕夜織備歷艱辛

吳氏施方娘妻夫死年二十矢志守節後舅歿夫之諸弟亦相繼逝氏一人任之生事死葬無不盡②禮

校注：①乏告貸　②盡

傅氏李愼卿妻年十七夫歿守節教子雍正間　旌
祀節孝祠
林氏李際炅妻夫歿子培岳方九歲葬舅姑賑粥造
橋著有功德及培岳娶妻陳氏尋又歿陳矢志撫
孤併創立祖祠設祭田以承先志乾隆間　旌其
雙節
葉氏李文脫妻歸四載夫歿事姑撫子姑卒營葬三
喪歲祀以禮乾隆間　旌
張稠娘潘元俊妻年二十三夫歿事翁姑孝撫子思
光舉宏詞成進士任河南知縣乾隆間　旌

王氏諸生謝徽禛妻食貧守節九十三年卒

盧氏周昌獻妻年二十四而寡孝養舅姑撫孤成立

守節六十餘年

洪氏林元蛟妻年二十夫亡撫育遺腹子守節六十

五年

①蕭氏鄭可遷妻年二十夫歿事舅姑孝善撫幼孤守

節四十年

洪氏嚭舍歸黄溥溥歿氏年二十五事舅姑孝撫二

子成立

郭氏李清巽妻年二十七而寡撫孤育孫苦節四十

校注：①蕭氏鄭可遷

餘年六十七卒

溫納娘陳開艮妻年二十而寡家貧守志以節著

張丑覿林謙觀妻夫早逝男又夭立姪爲後守節以終生平好施予人皆頌之

陳氏李延年妻年十三于歸十五夫歿無子姒氏舉次①子請於舅姑爲嗣恩勤撫字

金氏邱鳳儀妻年二十五夫歿守志撫孤

陳黙娘張士澤妻早寡子幼苦節五十五年

莊氏郭天賜妻年二十六夫歿姑老失明奉事惟謹撫孤嚴慈兼至

校注：①次

陳氏王樹嶶妻年十九而寡矢志不移撫遺腹男長
成
劉錦娘林維謀妻夫歿年二十四孝事舅姑撫二子
有成守節六十五年
彭氏年二十適謝由中姒歿遺二姪撫之如己子逾
年姑與夫俱歿氏年二十七經營葬事撫子姪成
立
葉氏陳立山妻年二十六而寡家貧孝事舅姑撫子
岩修爲諸生
洪儀娘李毓榴妻事舅孝年二十八夫歿撫三子成

立
林氏蘇天隲妻年二十五夫歿善撫三孤
楊氏李啓正妻十九歲夫歿無子立嗣勤撫育之
林氏朱亙弼妻年二十六夫歿孝事舅姑撫子璣癸
酉舉人
林氏贈朝議大夫李鍾寧妾生子清標年二十三
夫歿氏同嫡何氏黽勉撫孤清標舉於鄉官教諭
以上安溪
已經　旌表節孝
黃氏鄭可堦妻　施貞女　張氏莊延祝繼妻　王

氏郭岳妻　楊氏陳方嘉妻　許氏吳淵伯妻　林
氏黃士璉妻　粘氏黃紹策妻　王氏池繼澤妻
溫氏陳兆菁妻　黃氏蘇騰宷妻　黃氏陳向榮妻
黃氏曾承烈妻　陳氏黃琮妻　吳氏伍用冊妻
王氏劉啓碩妻　蘇氏鄭涵妻　曹氏陳聯元妻
林氏蔡奕樞妻　鄭氏楊思光妻　董氏周家李
妻　黃氏李璟廉妻　蔡氏黃元恒妻　許氏鄭汝
瑤妻　曾氏江子趾妻　洪氏柯士鼇妻　蕭氏顏
鼎儒妻　蔡氏李廷悅妻　駱氏曾元貢妻　吳氏
周元賓妻　謝氏紀洛畿妻　賴氏蔡士震妻　蘇

氏吳維騏妻　李氏楊志瀚妻　林氏黃士璉妻
吳氏陳曉恩妻　李氏陳楙桂妻　李氏徐元恩妻
曹氏蔡天佐妻　邱氏顏廷椿妻　陳氏楊慶美
妻　吳氏陳維雅妻　李氏儒士蘇琛妻　黃氏儒
士紀大純妻　杜氏唐士芳妻　紀氏儒士陳士秀
妻俱乾隆間旌以上晉江　許氏吳彰朝妻　李氏朱虎妻　陸
氏蔡雄達妻　謝氏潘鼎發妻　陳氏王貽玉妻
吳氏傅思樂妻　鄭氏戴隆齡妻　施氏楊從謙妻
林氏吳肇迎妻俱乾隆間旌以上南安　王氏曾飛龍妻　周
氏陳艮燦妻　黃氏仇毓江妻　連氏陳作梅妻

莊氏邱繼緒妻　黄氏莊維祿妻　魏氏張𤆬妻俱乾隆間旌以上惠安　楊氏池源珍妻　黄氏李其文妻　柯氏黄佐賢妻　張氏黄登泰妻　張氏非允升妻　蔡氏儒士馬簡授妻俱乾隆間旌以上同安　王氏劉元桂妻　黄氏詹邦拱妻　陳氏李璋岳妻　王氏謝籌①海妻俱乾隆間旌以上安溪

未經　旌表節孝

張氏莊某妻　李氏吳士岳妻　王氏黄仰高妻　陳氏王錫晋妻　王氏林士聯妻　高氏吳元美妻　黄氏蔣階奮妻　陳氏吳元珪妻　鄭氏王大年

校注：①籌

妻　曹塋達妻陳氏媳王氏　楊氏黃緇武妻　王氏蔣朝茇妻　陳氏馮師寬妻　黃氏蔡廷瓏妻　黃氏楊元琳妻　劉氏楊龍妻　黃氏洪世泗妻　顏氏許光輝妻　謝氏董德連妻　黃氏林元堤妻　以上晉江　蘇氏黃秉忠妻　楊氏陳啓邦妻　魏氏張淑全妻　郭氏鄭允桓妻　王氏張攸敘妻　黃氏戴送瑛妻　黃氏戴彰加妻　陳氏林應春妻　侯氏戴拔茅妻　林氏洪景瑞妻　以上南安　黃氏陳世及妻　陳氏王顏論妻　沈氏黃碩齊妻　謝氏李清存妻　陳氏林日警①妻　林氏王寶妻　蔡氏陳天泰妻

校注：①睿妻

許氏林維芳妻　蘇氏朱志權妻　李氏黄侯妻
李氏吳克明妻　馬氏黄世讚妻　洪氏陳啓興
妻　唐氏黄澤郎妻　廖氏林粹妻　顔氏黄章法
妻　陳氏吳際添妻　陳氏周世壽妻　劉氏王士
定妻　黄氏李志暢妻　鍾氏陳自省妻　王氏林
標嶽妻　周氏程汝擇妻　楊氏王探妻　陳氏劉
珊妻　吳氏李變生妻　史氏陳鼎肅妻　張氏李
瑞妻　施氏王秉珩妻　劉氏陳光遼妻　徐氏林
概妻　翁氏林隹癸妻　李氏莊荔瑛妻　李氏吳
懋節妻　康氏鄭廷樽妻　林氏陳得卿妻　吳氏

殷倍昇妻　謝氏吳廷進妻　劉氏趙秉儉妻　馬
氏李鍾男妻　康氏鄭世暹妻　龔氏陳某妻　葉
氏黃宏齊妻　高氏林鵬飛妻　楊氏林勤妻　張
氏李鍾畝妻　陳氏張萬生妻　張氏李清撤妻
張氏陳廷提妻　林氏陳光遇妻　黃氏林子肖妻
蔡氏李端妻　劉氏王君玉妻　唐氏王奕評妻
李氏陳鵬奮妻　馮氏詹司寬妻　王氏陳純修
妻　秦氏陳妙妻　李氏陳拱妻　胡氏張文穆妻
蕭氏張文溫妻　林氏張鍾降妻　陳氏吳志騫
妻　陳氏吳焞芳妻　史氏李朝逅妻　陳氏王盒

猷妻　趙氏林士許妻　陳氏王章燦妻　葉氏黃艮郎妻　周氏王士廣妻　黃氏唐錫國妻　許氏施麟文妻　陳氏李學經妻以上安溪

貞烈

林氏歐廷琰妻順治丁亥土賊入據衛城林率二女赴水死里中女從死者十餘人數日尸浮皆相抱持糾結不可解

楊氏監生陳豐哲妻康熙丁巳　大兵臨泉偽帥辨遁氏年二十四懷孕見迫義不受辱投井死

陳氏王材妻歸未幾材歿及葬舅又歿越四日縊死

鄉人鳩錢以殮與材合葬以碑表之

陳開瑛莊允謙妻始婚夫病入門侍藥病篤籲天請代明年夫死毀臂珥治喪畢從容自縊其時里麥方秀忽變而枯

李氏陳允壯妻歸允載無子允壯歿誓不獨生族戚議立嗣子遂自縊死

鄭氏黃道扶未婚妻道扶訃至女即投繯其母救甦延至數月復縊死

莊完娘林仰烈未婚妻仰烈歿女號哭不食從容自縊舅家迎柩合葬

謝勸娘吳寶廷妻事姑至孝時寇發寶廷爲鄉長哨
及寇圍城盡選鄉哨妻子入海至廈門旋令發配
勸娘夜整衣北拜姑引帛自縊
卓恬觀黃德觀未婚妻夫歿恬觀年十七聞訃密服
投繯卒
王貴娘陳國樞妻年十九夫歿絶粒十日不死自縊
陳衍娘楊續妻家寶葢山前緝賈於外兩子一女俱
幼鄰某人其室欲汚之氏力拒被毆死詹事陳萬
策爲作傳
陳連觀劉士哲妻年十九于歸不數月夫歿氏哀號

設祭祭畢入室自縊一作劉乾官妻或有二名存以待攷

王氏施士魁妻年二十五夫歿無子不食七日自盡死

蔡招娘曾兆傳妻忠毅道憲公孫女年二十四夫歿甫脫服絕粒七日投繯卒

王氏曾國翰妻歸四月國翰歿越三日自縊以殉

某氏陳祿妻夫歿子幼舅欲奪其志入室自縊

許慈娘蔡迪恩妻事舅姑至孝年二十二夫歿臨穴欲殉父母舅姑止之以死自誓三旬負畢鍵戶自經適父外出俟歸乃殮經暑五日顏色如生

陳氏曾伍興妻康熙戊午。海寇犯鄉。氏被擄至今嘯浦。第四橋。度不免。乘隙。跳橋下。死。次日屍浮水。上。顏色如生。衣裳不解。鄉人異之。

林信娘李璇觀妻夫死無子投繯死

施來娘許聘莊氏子未婚夫死聞訃自縊

王梓娘林汝楚未婚妻汝楚歿後一日絕粒閉戶自經年僅十七

王氏諸生施嘉惠未婚妻嘉惠鄉試歿於福州氏年十七即奔喪孝事舅姑至嘉惠小祥日縊柩側家人合葬以夫姪繼其嗣

王氏施世儀妻嫁六年夫歿絕粒七日梳洗縊棺側

陳氏姚意使未婚妻父母嫌貧悔婚氏死之郡判陳
疇九作詩以旌

吳惜娘黃斌美未婚妻美卒惜娘奔喪乞夫姪爲嗣
事舅姑孝後嗣子長娶婦遂投繯卒

陳氏周日陞妻年二十一夫歿絕粒三日梳櫛自縊

徐懿娘許字永春黃成霖未婚成霖歿氏年二十聞
訃自經兄元輔爲殯殮合葬自是連月不雨郡守
劉侃致祭表廬乃雨雍正間 旌

王氏給諫王命岳孫女林彥中妻年二十出嫁花燭

之夕彥中陡①病將卒王氏哭曰死吾分②也[illegible]
能爲立後乎諸之臥柩側足不踰閫③逮夫弟[illegible]
立爲嗣遂絕粒顧諸姒曰善撫此孤瞑目逝④矣
林氏千總王祿妻年十八于歸祿調臺灣千總病歿
柩歸之日氏出郭哭奠越日再祭歸投繯死乾隆
間旌 以上晉江
陳氏吳肇焞妻年二十一夫歿以幼子囑姑投繯卒
傅氏黃攀妻夫歿立姪爲嗣於小祥日從容自縊
傅氏許字貢生吳而升子。父移家臺灣。被累見收。女
年十五。投入陳某家。陳妻劉。憐女。無辜。善護之。女

校注：①陡 ②分也 ③閾逮夫弟 ④逝

恐見辱矢志必死值室中無人惟舊媼張在側與
之語愴然淚下旣而脫耳鐶授媼曰已矣媼出遂
投繯死

蔡漸官伍敬祖妻年二十二夫歿自縊尸側

吳氏儒童傅思樂未婚妻夫亡殉節乾隆間旌以上

南安

鄭氏王汝妻順治十三年被寇掠過洛陽橋投江死
越日屍出顏色如生

林氏張椿妻婚二載有娠而夫遠客不返海寇寖發
城陷寇入門奪其子遂與娣莊氏同縊

黃氏王錫祉妻夫病經年湯①藥罔懈及夫死三日後自縊以殉前志載王錫祉妻張氏張黃疑有一誤今據府志續載以俟考

張氏陳孫思妻幼讀書識大義歸未久夫歿即投井家人救免誓爲立嗣丙辰有寇患氏呼兄與決題②壁云獨守氷霜十二秋因將嗣繼忍身留乾坤此際應裁決免使貞䰟劍下休遂投繯而死

陳氏③張亮妻亮歿越二日縊死邑令田廣運匾以旌之

劉氏陳毓妻毓歿七日自縊死

黃氏薛得華未婚妻夫歿氏年二十一奔喪守貞舅

校注：①藥罔懈　②壁云　③張亮妻亮

姑爲立嗣氏竭力奉養孝道無缺三年姑亡氏哭之慟遂不食七日死

黃氏莆榮未婚妻榮殁誓死靡他越三年姑亡治喪畢①不食死

陳珠娘乾隆間　旌建坊入祠

陳外娘乾隆間　旌建坊入祠　二條載府志而事實未詳今仍之

義娘失其氏鷺島人也及笄遭寇擄以頭觸石幾碎行至東嶽投道旁井而死其後鄉人蘇貴夢見一女子曰吾屍陷②井中君能出瘞之當厚報掘井果見白帶以素練③衣裹之毛髮森然及葬素與化爲

校注：①畢不　②陷井中君能　③衣裹之毛

水鄉人異之爲立祠於墳曰義娘祠井曰義娘井有病者得井水飲即愈凡水旱災祲邑令竭誠往禱無不立應觚賸載義娘王姓

莊氏黃興妻興習優時或寄餘資付氏爲事翁之費翁殁氏賣薪市棺不給泣貸富家期夫歸償之及夫病客所求夫之中表幼舅偕行覓夫夫歸卒氏悉出餘衣殘器以償負者服藥而死鄰人殮而合葬焉

李氏諸生劉宗道妻宗道爲寇所掠并執氏氏不肯上馬被裂死至今西源人祠之

校注：①禱　②翁殁氏賣

昭娘失其姓王對妻對以舟覆死昭娘設奠遇七七沐浴更衣自縊

張氏陳氏子未婚妻年十九夫歿奔喪事舅孝更十年嗣子弗類嘆曰吾望絕矣遂自經

盧氏林睿未婚妻夫歿請奔喪母不許乃絕粒自製衣履履成適議婚者至遂自經年十八

施姒娘莊時悅未婚妻時悅卒。痛不欲生。格於父母。不得奔喪。踰年。父母議改適。密囑鄰婦。引至夫家。拜舅姑。請爲夫立後。舅姑哀其意。爲置繼嗣。閱九年。嗣子漸長。遂自經。

黄業娘沘繼英妻夫歿無子以兄幼子爲後氏即欲殉舅勸之撫孤無何舅卒孤殤氏勤女紅以償夫所負債遂服藥而死年三十二

周潤娘林君發妻舉人周鶴山女嫁半載夫歿持服哭奠如禮既卒哭遂絕粒而死

黄氏余興世妻歸二年生子夫歿孤繼殤遂自經死

彭京娘蔡君坦妻歸三載未有子夫歿殯葬臨穸將殉家人救起嚴防之京娘朝夕奉奠如常一日晨起出汲佯仆帶濕衣入言入室更衣閉戶自縊

蘇徧娘葉鳳喈未婚妻鳳喈卒與母豫定死期自製

衣服請舅姑至家拜訣囑以攜柩合葬爲夫立後囑畢從容投繯死時年二十

周姜娘陳植璧未婚妻植璧歿聞訃慟絕將殉其母防之甚周閱八月值其母歸寧乘間投井死以上同安

亡名氏女順治初寇掠鄉村氏被逼不從寸磔而死相傳此女爲林家婦而失其姓氏

林氏楊淑春妾晉江人淑春贅林家十日回安溪再來病氏侍劑不解帶交睫者數夜逼除復歸家明歲歿而未訃氏猶祈以身代及訃至掩袂哭不成聲入室縊死楊家迎柩與淑春合葬時年二十二

吳氏陳宗佐妻里民黃偏強汚不從氏忿自縊乾隆
間旌
李氏藍國圖妻總兵日焜女歸三月夫卒絕粒七日
外家往視強起縞素拜辭舅姑曰婦人應從一而
終閤扉奄忽而逝年僅二十二
詹京娘高洛未婚妻父母早亡依其叔洛久客不還
舅姑許改嫁氏守義不移待字二十載聞洛卒投
溪而死
林氏王熙載妻年二十夫歿不食數日卒
林素娘白元暢妻年二十一夫歿撫姪爲嗣七歲而

夭慘慟自縊家人救甦防稍懈整衣復縊卒
鄭氏李濃雲妻未婚夫病危氏年十九往侍藥閱月
夫歿哀慟而殞
田快英林鳳妻年二十夫歿七日從容自盡乾隆年
閒旌以上安溪隆
張氏李渼世妻　王氏陳白舍妻　謝氏胡廷鐘妻
莊氏胡廷鐘妾　王氏魏德峻妻　陳氏黃廷珪
妻　陳氏黃嗣烈妻　張氏王浯觀妻　何氏黃郵
妻　林氏黃于縉妻　林氏張璟妻　何氏張學衡
妻　王氏何家騄妻　張氏李滿妻一作張氏李璘妻入節孝是一

是二並存備考胡氏何斌觀妻　楊氏曾一禎妻　陳氏朱瑞璧妻　林氏張老妻　何氏諸生張翔妻　張氏舉人陳正陞未婚妻　唐氏黃某妻　洪氏王某妻

按以上皆惠安雍正年間未成志稿所載貞烈之未經立傳者今依府志存之以俟攷、

福建續志卷六十五終

列女八

漳州府

國朝

名媛

黄二姐孝廉蔡一橙妻性不喜明粧炫服閨門之中儼如朝典敬事尊章得婦如得子焉懋和妯娌得伴如得兄焉容納媵侍得主如得師焉見黄石齋

贈文漳浦

按黄氏前明人而卒於本朝故漳浦志載國朝列女内今從之

節孝

韓氏劉淳質繼妻也夫死家貧外氏謀改適氏以撫孤存嗣自矢值海氛流離遷徙卒完其節

林氏貢生黃明珍妻年二十八而寡事舅姑惟謹卒年六十四

陳氏許士琛妻少寡依姑以居壬辰之亂寇圍城中忍饑哺其姑復奉姑避寇猝與寇遇以身翼姑爲寇所刃傷脊幸不死以節孝終

李四娘丁建鑰妻年二十而寡舅疾刲股以進遂痊順治閒旌

黃氏諸生蔡人經妻年二十二寡撫遺孤襄孫茹苦五十一載

林騰娘諸生鑒吉女許字方學學病亟迎氏歸侍湯藥四旬而學卒氏號哭剪髮以誓卒全其節

趙官娘適楊繼祖年二十二夫卒自經兩次皆不死遂立志撫孤備極酸楚

李團娘適王壬夏夭年二十七而寡紡績奉舅姑嘗冒死翼姑烈焰中人稱其孝

柯嫩娘父與沈滋樑父夙好也指腹定婚未幾相繼殁壻貧無以自立叔謀改字氏堅持不可瀕於死

者屢矣卒得歸沈偕老

侯灼娘幼許聘韋鍾崑病狂治弗痊灼娘泣請以身侍疾遂歸於韋夫狂益甚氏事之無悔鍾崑卒苦節五十七年

陳果娘夫張樗客死初氏夫在時竭誠事繼姑姑弗善也使異居至是憫其饑寒勸之改適氏婉辭以謝久之感其孝亟稱之

鄭氏楊庇妻庇貧無以自存鄭招爲贅甥次日氏即迎姑以居庇病篤氏誓奉姑不再適姑病莳其輙側祖帬皆躬自澣濯不以𢘟①人里黨稱之

校注：①諉

劉燦娘適吳德熙辛勤十指養姑自以糠粃藷葉充饑①次子登階復殁與婦楊氏矢貞育孤

張氏方應晴妻應時卒於潮孤生未週月含哀茹苦篝燈紉針以自給②復遭艱姑及舅姑喪家益貧常併日而食親串爲醵金歸其夫櫬

鄭載娘番女也父娶於番生載娘適余詔詔卒母憐其少微諷之持不可家中聞其夢中囈語皆引義拒母辭也姑患腸結幾殆氏以計出之病遂痊妯

郭氏年二十九而寡亦以節聞

許氏嫁楊動爲農家婦動早卒氏截耳斷髮以自誓

校注：①饑　②復遭

書則操作夜則紡績嘗割股和糜以愈姑疾年逾七十而終

陳儀娘翁成妻成疾篤來求婚家人欲不許諷儀娘儀娘曰彼疾不歸侍欲俟其死改適耶乃歸於翁甫七月而成卒投繯綆絕不死遂苦節終其身

楊氏鄭建中妻建中歿遺孕生女屢欲自裁以姑在不忍也夫兄潤中爲立孤矢志苦守三十九年

陳蔭娘適韓學洙學洙病篤以父母爲託氏涕泣自誓無二心卒後私家果有欲奪其志者氏曰夫在時已許其奉親矣死且不恤何有於貧年逾八十

卒

黃氏徐汝翼妻年二十六而寡家貧屢不舉火清操益峻

曾初娘謝廷選妻年二十八而寡事姑至孝姑時語人曰得婦如斯是無子而有子也守節四十三年

王氏魏統妻事姑至孝夫卒子呈鑄甫三歲叔有異志氏乃徙依外家賃草舍以居課兒學稍懈輒自刺其掌兒爲驚奮比呈鑄補諸生氏乃歸故居嘗夫葬而終老所坐紡績處終歲不離寸許

李耀娘謝廷相妻廷相死苦節五十一年足不踰閾

林正娘適諸生鄭鴻略年二十五鴻略卒撫孤繩周孤復歿與婦許氏相依爲命者五十餘年

林氏曾日仁妻年二十二而寡家貧併日而食而奉老姑甘旨無缺姑歿孤夭與媳陶氏茹荼集蓼四十年

李七娘謝嘉睿妻年二十三夫死姑産遺孤值海氛弗靖流離瑣尾卒能自全孀守五十餘年卒

邱信娘適韓純智時海寇跳梁挈家避亂於浮山寨未幾翁姑及夫俱逝氏奉三柩歸葬躬負土爲塋苦節五十七年

楊氏事父母以孝聞年十七歸蔡拔生二十而寡時軍伍頻興所居雲洞爲要衝氏於流離患難中安厝四柩人尤難之

蔡氏王富妻富卒氏傭於族婦族婦遺之飯必箬而歸以奉姑姑卒稱貸爲喪葬費復傭以償

周起娘適諸生陳之職夫卒家貧紡績育孤以延夫嗣苦守四十年

許氏蔡常旦妻年二十七而寡姑疾刲股以進終養二十二年壽八十一卒

蔡和娘浙江人龍溪王國助娶焉次年舅及夫販寧

波相繼卒含辛育孤孤稍長挾之往浙負骸歸葬

馬氏王標妻年二十一而寡避寇果堂寨寨破舅被擄將及氏若有神持鏡擲賊賊驚逸去舅爲賊拷掠斥奩具贖歸守節五十五年

陳轉娘莊邦昌妻嫁甫六閱月而寡爲夫繼嗣復以哭姑喪明年六十七卒

黃氏鄭重簡妻年十七歸值舅姑俱病輾轉牀蓐間氏時其湯藥勤其浣濯無所畏苦夫溺死氏沿溪號哭獲尸抱與俱沉以救免孀守三十六年

陳隨娘林宣妻宣死有謳之者氏厲聲曰狗彘之行

所不能為。姑疾十餘年。未嘗。離。左。右。一日。以事將。
寧。家。與姑期以晡時返。甫出門。聞姑泣聲。急趨入
抱姑。哭曰婦。不。歸。矣。姑歿。喪葬。無違。禮。

許氏湯卿軒妻卿軒病瘵氏持匕刲股以進夫疾果
漸瘥越數月遂卒為立嗣育之苦節四十餘年

洪淡娘年十八歸諸生魏彬越六載而夫歿扶姑避
亂賃舂作苦以奉甘脆雍正間　旌

鄭氏徐秉興妻年十九于歸甫四月而夫死撫二嗣
子不茹葷不衣帛終其身雍正間　旌

王要娘諸生何朝端妻朝端卒苦節三十一年雍正

間旌
藍彰娘甘亭嘉妻亭嘉卒氏年二十三含蘗育孤誓
不改節雍正間旌
陳氏蘇鳴凰妻鳴凰夭氏年始二十艱辛自守以完
節終乾隆間旌
黃學媛陳元壽妻夫歿三十年未嘗見齒乾隆間
旌
戴氏黃六謙妻六謙卒氏忍死育孤孀守數十載
乾隆間旌
陳怨娘游梓妻年二十夫卒值海氛弗靖氏逃難山

中樵薪採薇以奉姑守節六十六載乾隆間 旌

方氏鄭鍾戕妻年二十三鍾戕卒辛勤育子乾隆間

旌

曾聘娘謝昌祚妻夫歿孤幼門無期服之親治姑喪

能如禮乾隆間 旌

涂褒娘蔡元然妻元然遊學死粵東氏奉老姑盡孝

家極貧而祭先必豐潔乾隆間 旌

陳氏蘇帥品妻夫卒育子陳家①[illegible]之業縫紉度生

苦節數十載乾隆間 旌 見②[illegible]③[illegible]志

陳秀娘適覃竹友夫卒矢志守貞乾隆間 旌

校注：①家貧教 ②海澄 ③縣

陳氏李天堦妻年二十四天堦卒事姑育子白首完
貞乾隆間　旌
蘇待娘①趙與湯妻與湯遊於外治姑喪無遺禮家貧
以覓根充腹然紡績所入輙以分親串之尤貧者
子登瀛歲貢生乾隆間　旌
楊氏黃大德妻結褵後相夫以禮夫死年甫二十務
勤紡績以養舅姑併濟貧乏督其孤燦力學爲郡
諸生有文名乾隆間　旌
王氏趙孟坡妻夫卒課子荆丹不以孤故少寬後爲
諸生氏之教也乾隆間　旌

校注：①趙與湯

林氏諸生顏家駒妻家駒卒氏年二十四事舅姑一

式於禮乾隆間旌

顏氏適陳御標夫卒孀守數十載不渝其節乾隆間

旌

陳戛娘蔡進璞妻夫卒姑支牀六載奉湯藥必親

乾隆間旌

高轉娘謝汝諧妻汝諧卒於外氏捐奩具奉櫬歸事

祖姑及姑孝乾隆間旌

廖廷娘蔡德一妻守節六十一年乾隆間旌

林氏黃綸彬妻夫卒氏矢志育孤以節終乾隆間

旌

黃氏陳天祿妻天祿卒氏奉祖姑及舅姑無遺禮
乾隆間 旌

陳譽娘侯天珍妻夫歿姑哭子幾喪明日爲舐之久
乃痊復苦守四十餘年乾隆間 旌

許氏郭植妻植死辛苦撫孤卒底於成子承業亢輔
補諸生承綸舉人乾隆十七年 旌二十六年封
孺人

宋漸娘張鉉合妻嫁三載而寡爲夫立嗣苦節二十
三載乾隆間 旌

蕭納娘邱倚炳妻孀守四十三載始終一節乾隆間
旌
陳約娘柯日焜妻夫卒育子慈不弛嚴子天圻補郡
諸生乾隆間　旌
李靜娘鄭煜慧妻夫卒守節六十九年乾隆間　旌
陳明娘林兆咸妻夫死艱辛自守數十年如一日
乾隆間　旌
林密娘徐賡儉妻夫卒孀居六十四載乾隆間　旌
王氏林純直妻夫卒恒紡績以供甘旨乾隆間　旌
陳鳳娘錢光錄妻家貧奉姑生養死葬皆式於經守

節五十一載乾隆間　旌

陳錦娘張思語妻年十九歸思語甫三載而夫歿撫遺孤備歷艱辛婦陳氏孫婦吳氏皆少寡人哀之氏於乾隆間　旌

郭權娘諸生方啓化妻奉姑以孝聞啓化卒孀居六十餘載乾隆間　旌

莊璣娘諸生唐璧妻夫卒事姑以孝聞能藏夫所遺書使不蠹蝕孤象言長乃授之後補弟子員乾隆間　旌

蔡莧娘監生許紹崇妻嫁越二載而寡忍死育孤撫

夫從子如子乾隆間旌

劉環娘黄邁和妻年二十一而寡育二孤及長爲娶婦未幾二孤相繼歿偕媳鄒氏陳氏一門三節乾隆間旌

①覃敦娘顔士欣妻年二十六孀守捐私業以擴祖祠族黨稱之乾隆間旌

金忍娘莊仲通妻仲通卒家貧紡績度日營姑窀穸乾隆間旌

鄭榮娘年十八適黄世甲甫一載而夫歿遺孕五月生男乃矢守孤乾隆間旌

校注：①覃

蔡氏許紹崇妻二十四歲夫歿守節二十三年乾隆間　旌

黃欽娘年十九嫁陳惟灼甫期歲而維灼歿遺孕九月氏含酸育孤並撫夫弟之子視如子乾隆間　旌

陳逌娘韓宗文妻年二十六夫亡遺二孤亦夭氏乃撫繼孤成立苦節五十六載卒乾隆間　旌

林氏王公誠妻二十歲夫歿事姑惟謹遺腹僅一子鞠育顧復以至成人守節六十一年乾隆間　旌

許氏楊振恩妻孀居撫孤守節三十一載卒乾隆間

旌

王氏鄭懋銓妻二十七歲而寡守節五十五年乾隆間旌

陳妥娘幼許配王合合習優。父有悔婚意。妥娘不從。值合父病。欲貸昔所聘金。父貸之。遂乘機許字他姓。合聞之官。邑令熊琴得其情。義妥娘。卽公堂具禮。而歸之。後合不改行。妥娘悲憤。死。

陳氏適盧生趙崧習女史嫻婦儀年二十八夫亡姑亦繼卒足不踰閾者五十餘年

李氏適柯貌光甫二十三日而寡先後立四嗣孤俱

歿毋老無依迎養終其身

何益娘許陣妻陣卒年二十四貧無以自存茹蘗飲氷奉姑育子苦節三十八年

劉寬娘嫁郭起鳳郭庶出也舅老惑於君姑虐使其庶及寬娘委婉將順逾年生一子而起鳳死氏憂瘁成疾死

陳氏年二十歸黃延爍二十五而寡事姑以孝訓孤以義方嫠居四十八年乾隆間　旌

葉氏許字黃閑未婚而閑卒氏年十六聞訃絕粒七日不死夫家迎歸守節三十年足不踰閾

張氏劉夢栢未婚妻夢栢歿氏聞訃入井不死欲奔喪舅以家貧屢阻不得迎歸歸執婦道惟謹久之卒不得舅姑歡使異爨焉氏忍饑茹苦女紅自給以哺嗣子守節數十年

陳實娘許字王且且夭氏年十五母欲奪而嫁之以死自誓乃歸於王忍饑奉姑以孝聞

林佳娘許字蘇孕積孕積客死氏欲奔喪母止之氏曰兒父已受其盟生死同之遂行爲夫立後食貧以終

蔡氏林閣未婚妻閣死海外氏年二十四誓不改志

嫠居以節終

陳學娘許字姚雙吉雙吉客死氏歸姚爲夫立後守節以終

郭喜娘許字魏陶待字三十七年而陶羈旅不歸舅姑憐之迎歸又十年而陶竟死於外喜娘守貞以卒

郭學娘受徐文箱聘箱卒於粤氏奔喪守節家貧無肯爲承祧者悲憤而死

林氏農家女許字蘇合合久客絶音問父憐女愆期厚贅遣歸於蘇而合卒客死氏出奩具貲𣪠治生

久之貲竭叔淩之弗敢怨也垂老目盲幾無以給云

陳灑娘未婚而夫丁璚死奔喪欲守志舅姑弗允氏引刀自裁姑急抱其頸從所請乃爲夫立後未幾子夭苦節以終

郭氏陳元智未婚妻年十八而元智歿奔喪守貞姑郭亦嫠婦也兩世煢獨相依人稱雙節

陳秋來楊泰妻陳氏媵婢也陳生子數歲泰死陳亦死族人有欲挾孤而併其産者斥賣秋來秋來死不去極困頓之志益堅曰我於主人無一席恩所

以爲此者爲孤計也挾孤者知不可奪卒還孤產
及孤授室生子後又歿秋來復撫其三歲兒

卓氏吳志遴妻潘氏婢潘生一子而亡臨終以幼孤
爲託未幾志遴亦客死卓撫孤家貧黽勉底於成
人終身不偶時有林士元婢吳月姊亦撫孤不嫁
事與卓同人咸義之以上龍溪

林氏蔡衍鐏妻歸蔡未數年而夫歿家貧撫孤守節
三十餘年乾隆間旌

江氏唐廷藝妻年二十二而寡矢志守貞事姑弗懈
教子有成守節四十四年乾隆間旌

林氏盧鴻答未婚妻將結褵而鴻答歿易服奔喪孝事翁姑氷霜矢節三十餘年乾隆間旌以上漳浦

郭氏劉廷妻廷外出物故氏年二十七遺腹六月及生男矢志靡他事舅姑生養死葬皆氷蘖所拮据也歷節六十餘年九十三而卒

王氏儒士歐一鳳妻年二十四夫歿營葬無貲盡鬻簪珥以襄事孤方週歲惟勤紡績爲鞠育苦節六十餘年

黃氏劉廷佰妻年二十七寡苦節五十餘年年八十有八卒孫澄海曾孫拔皆遊庠

陳氏閩學生林士俊妻年二十三孀守撫孤成立卒
年八十有四

何氏李孫銓妻年二十適李生三子方在襁褓夫歿
氏矢志事翁姑以孝聞撫三孤成立苦節五十年

張鳳頭陳國艾妻年十八于歸及寡孤圭鯤甫六歲
圭鯨方四歲老姑在堂氏守貞事姑終始盡禮撫
孤成立年七十五而卒

陳勸娘年十八歸黃逢元二十四而寡遺腹生男矢
志孀守當海氛播遷氏扶老翁負孤隨里人入山

邱氏林德懋妻年十七于歸二十孀守。奉姑菽水。承

歎撫孤課督成立孤應瑞候選州同知請 旌建
坊孫劍光上苑後先成進士人以爲節孝之報云
林氏黃綸彬妻金門守備林瑜女年二十一歸綸彬
十三月而寡時有遺腹雙白在堂欲爲黃氏延一
綫乃吞聲飲泣及孤生奉養撫育出自十指舅姑
殁喪葬盡禮教子嚴而有方孀苦三十七年雍正
間 旌
陳氏洪紹堂妻年二十孀守苦節五十年撫孤子憲
遊庠雍正間 旌
李氏郭纘緒妻年十五歸郭氏二十一寡姑葉氏年

七十二亦孀守氏茹荼集蓼强慰姑心極苦節所難堪者皆備嘗之請　旌建坊氏享年九十孫曾繞膝四代一堂人謂食報不爽

戴氏年二十一歸黃謙六二十四寡遺孤三歲矢志撫育孤復夭氏慟哭自經者三族人救甦且爲立嗣乾隆間　旌祀節孝祠

陳氏郭東煙妻也二十一而寡守貞事姑姑老病遭大風雨屋將傾氏負姑出險棟折傷股姑歿喪葬盡禮課子義訓有方乾隆間　旌

陳元奎妻邱氏幼穎慧父課以內則諸書通曉大義

年十七于歸甫二載夫歿遺腹八月及生男奉姑撫孤姑歿哀毀嘔血不休乾隆間　旌

廿氏許長楨妻二十而寡事姑在堂遺孤在抱氏加意①孝謹苦節五十餘載乾隆間　旌

廿氏貢生許彥詔妻宮保壯毅公之冢婦也彥詔殁氏年二十七苦節孀守事舅姑曲意承順爲諸妯娌法乾隆間　旌

黃氏貢生郭阜妻海澄公芳泰女也幼習女誡嫻文墨年二十于歸二十六寡苦志撫孤孀守四十餘載乾隆間　旌

校注：①意孝謹苦

許氏庠生周松妻年二十歸周未三載夫歿遺孤甫十月舅姑在堂氏孝慈兼盡苦節四十餘年乾隆間 旌

甘氏陳錫類妻年二十六孀守事舅及繼姑以孝姑病紡績以供醫藥撫孤子淵親師就學淵遊於庠苦節三十五載乾隆間 旌

許氏黃錫瑞妻年二十三寡事繼姑娩承順課子以義力苦節四十餘年乾隆間 旌子澄泮貢生澄淇國學生萬年巳卯舉於鄉

許氏洪其盛妻年一十八夫歿栢舟自矢守節三十

二年乾隆間旌
陳氏年十八歸貢生林耀澄二十六寡奉舅撫孤孀苦三十一年終始如一乾隆間旌
李氏林純仁妻年十七適純仁越年純仁與父外出同時報訃氏不欲生或諭以事姑撫幼爲重始就啜①姑失明十一載常以舌舐姑目冀復明孀苦三十餘年卒乾隆間旌
吳氏葉以寬妻年十八于歸越四年夫故氏呼搶迫切奉姑撫孤孝慈備至苦節五十二載乾隆三旌

校注：①啜

黃氏吳亨周妻二十而寡舅姑在堂奉侍孝謹姑病瘋湯藥不離側及疾篤焚香禱天願減齡以延之後姑愈人謂孝感所致孀苦三十三載

黃氏吳亨用妻年二十夫歿守節三十三年乾隆間旌

林氏陳士傑妻二十六歲而寡事祖姑盡孝孀守五十二年

董氏江鳳山妻歸鳳山一年而寡年甫十九遺腹六月八十老翁在堂氏孝養無方年五十五卒孫晏乾隆辛酉舉人

胡氏楊應隆妻年二十八寡舅在堂孤旭日尙幼氏勤女紅撫孤事舅備極慈孝

陳氏黃瑞妻年二十夫卒孤子三歲矢志撫育及孤長娶婦亦陳氏生一子貿易遠出陳氏姑婦堅貞自守爨火不舉後染時疾姑婦與孫相繼亡子流落不復返矣

林氏盧崇福妻事姑孝謹年二十四夫亡遺孤一男一女孀守五十餘載男娶孝廉楊壽開孫女女適庠生陳元濬次子不數年男亡婦楊氏二十五而寡女適陳氏二十四而寡婦姑母女竝以冰霜繼

節。

江緦娘甘添生妻未婚夫病瘵入門奉事湯藥年二十夫死即不事膏沐毋欲奪其志不可家無擔石孀守四十餘年嘗遇翁病封股和藥以進病尋愈人稱其孝節年六十八卒

葉氏蘇虞卿妻賦性溫淑閨教夙嫺年十八于歸三載遂孀宗老翁在堂晨昏孝養撫幼孤茶苦備嘗歷節七十餘年現年九十有七子松菽水承歡亦年七十六矣

吳氏黃熹妻年十六于歸相夫事舅姑克盡婦道不

幸夫歿家無儋石積遺孤尙幼氏勤女紅以資饔飧撫孤成立苦節六十餘年

陳氏李力菑妻于歸三載夫亡孤子未週歲撫之成立苦節六十餘年

陳氏袁唐民妻年二十九守節撫孤成立苦節五十餘年

韓朝韓妙同產兄弟也朝娶吳氏妙娶高氏後生一男曰祿未幾朝卒吳年二十二母勸改適吳佯諾及卒哭母逼焉吳方持鉢淅米碎而誓之且執鉢片毀面昏仆母驚駭去妙跪而請曰願以長繼長

吳氏乃蘇不幸妙亦早世高氏年二十四兩婦孀守一孤日夜紡績以資薪水及孤長娶媳馬氏又不幸夭馬氏亦以節自矢一門三節衆皆傷之

高氏江啓妻十七于歸甫三月而啓逝遺腹生男及娶媳甫生子又夭氏茹荼三十餘年

邱氏許字侯捷未婚捷死氏聞訃矢志殉節卽奔喪朝夕哭奠如禮徹靈後命結棚以待素粧登臺自經邑侯韓鍾親臨祭奠三日始殮時方六月顏色如生

陳氏許配盧尊尊洋販寄書侍養待年氏卽于歸事

翁姑曲盡婦道逾年翁歸道卒氏甘心守貞結廬立嗣教督成立既婚娶生孫嗣子復夭氏卒年八十餘人盡哀之

司馬氏字娘許字林長素未婚而長素歿於外洋氏聞計欲自經家人嚴護之不得死乃懇父母欲奔喪林家貧乏不能自存氏服三年喪孝事舅姑菽水之歡皆出針黹族人爲之立嗣苦志三十三載以勞卒節終宗黨爲之治喪以上海澄

林氏許奇生妻二十一歲夫歿欲捐軀以殉姑力勸乃止茹齋衣布終身足不踰戶姑老病日奉湯藥

衣不解帶訓諸孤皆有成立守節三十八年乾隆間　旌　南靖

李氏戴宗杓妻年二十四而寡持家以儉事祖姑以孝撫妾子鞠育如己出守節數十年乾隆間　旌

長泰

楊信媛陳冊藎妻夫歿孝事舅姑侍疾勤苦後避禍外家課督孤子艱虞備至乾隆元年壽百歲奉
旨旌焉

沈氏黃色紅妻幼嫻女史二十六歲夫歿事尊嫜撫孤子慈孝兼盡每夜分猶紡績篝火課子讀書孀

守三十五年乾隆間　旌

何氏陳其志妻二十二歲夫歿以夫兄子繼嗣奉姑孝養備至勤操機杼課子義方乾隆間　旌

王振娘張伯超未婚妻聞伯超歿過張門代夫奉姑日夜紡績以資滫髓里閭稱之以上平和

沈氏許鄉姊妻年二十二夫歿奉翁姑撫孤子艱苦備嘗守節七十三年乾隆間　旌

吳氏林承纁妻歸三載夫歿投環兩次以家人救得甦因立夫姪爲嗣食貧課子守節四十六年乾隆間　旌

沈氏林鳳至妻年二十守節歷五十餘年教子成立
乾隆間　旌
羅氏廖英讓妻年十九夫亡勤苦孝慈守節六十七
年乾隆間　旌
陳氏沈茂遴妻十九歲夫歿母欲奪其志截髮以誓
不貳撫孤姪甚於已子茹荼守節五十七年乾隆
間　旌
林氏沈元勳妻年二十九夫卒家貧以紡績易甘旨
奉姑鄰火延及氏突入火中負姑出又入抱其子
焦髮俱爛生平嚴於課子孫特起武科進士乾隆

聞　旌

江氏張孟瑛妻早歲夫歿舅姑在堂孤兒在抱氏以十指爲仰事俯育之費苦節六十四年獲　旌

陳卣娘林本末婚妻本歿訃至氏絶粒數日歸林家立夫從姪爲嗣事翁姑克盡婦道卒年八十乾隆

聞　旌

黄鴻娘游志密妻年二十七夫亡氏茹荼作苦晝夜勤女紅以自給養姑教子兒①盡孝慈歷節五十八年卒乾隆閒　旌以上詔安

巳經　旌表節孝

校注：① 克

陳氏郭鍾瑞妻雍正間旌　鄭氏陳允法妻　陳氏林耀澄妻　陳氏徐熙章妻　楊氏周鼎梁妻　貞女謝氏劉氏陳元灉妻　姚氏陳日耀未婚妻　郭氏王心一妻　陳氏王在鎬妻　傅氏蘇天惠妻　貞女黃氏　徐氏李五材妻　傅氏蔡君德妻　林氏儒士鄭為龍妻　陳氏儒士韓哲夫妻俱乾隆間旌以上龍溪　林氏黃彥章妻　趙氏李勲望妻　林氏監生李友倫妻　林氏監生李振起妻　蔡氏儒士商琳光妻　林氏儒士商聲妻　何氏生員趙茂喆妻　張氏儒士劉學周妻　胡氏儒童湯逑未婚妻俱乾隆間旌以上漳浦

藍氏李玉章未婚妻　薛氏林一鳳妻　王氏黄錫濬妻　黄氏儒士葉晃章妻俱乾隆間以上海澄　陳氏王印添妻　邱氏吳上球妻　莊氏張與華妻　簡氏魏睿裒妻俱乾隆間旌以上南靖　何氏陳繼志妻　曾氏生員葉鵬飛妻　林氏何元聲妻　張氏林世森妻　賴氏何文忠妻　王氏生員賴天柱妻　林氏儒童賴元城妻　林氏儒童賴世銘妻俱乾隆間旌以上平和　邱氏吳王柱妻　林氏江韓妻　沈氏張釋夫妻　沈氏林開運妻　林氏沈國琚妻　吳氏潘廷雲妻　林氏胡參問妻　曹氏廖元芳妻　貞女陳氏　官氏儒童廖

德恩妻　沈氏儒士林挺秀妻　林氏儒童沈升一

妻俱乾隆間旌以上詔安

未經旌表節孝

王氏陳師閩妻　涂氏王贊妻　陳氏涂熙璋妻

李氏鄭晏妻　李氏鄭衛冠妻　蔡氏　黃氏　丁

氏俱失名　楊氏邱全未婚妻　林氏石耀賓未婚妻

郭氏陳恒妻　葉氏林堯章妻　林氏謝踰妻　蕭

①氏薛鍾妻　林氏蔡瑞妻　蔡氏丁守妻　劉氏陳

②彩妻　尤氏王以降妻　林氏陳嘉妻　杜氏徐

③勳未婚妻　施氏李進未婚妻　范氏林高妻　鄭

校注：① 氏薛　②彩　③勳

氏施祖賽妻　陳氏郭家未婚妻　葉氏林快妻
鄒氏張彥妻　鄭氏洪士鰲妻　施氏黃標未婚妻
陳氏沈長輝妻　黃氏趙祥妻　佘氏陳煥蘭妻
黃氏魏睿捷妻　王氏黃懋德妻　林氏吳應驥妻
以上龍溪　溫氏李文龍妻　王氏洪英士妻　高氏陳國
戴妻　江氏黃上傑妻　陳氏林聲遠妻　洪氏林
開宗妻　徐氏蘇元習妻　石氏林景興妻　王氏
盧①天付妻　馬氏郭貢妻　許氏黃鐵麟妻　曾氏
陳爾吹妻　朱氏宋朝佐妻　陳氏劉敦誠妻　戴
氏汪璧妻　吳氏林長燦妻　郭氏江方祖妻　陸

校注：① 盧天付

氏戴良頼妻　曾轉娘陳濟妻　徐氏洪從妻　蘇氏林國略妻　黃氏江南妻　藍氏陳廷尊妻　王氏江呈蘭妻　程氏曾光華妻　徐氏陳嘉謨妻　蔡氏劉宏逵妻　游氏江鍾妻　曾氏黃錫玕妻　洪氏劉士華妻　潘氏許賓國妻　蘇氏葉歷章妻　薛氏葉向洸妻　許氏黃錫瑾妻　羅氏楊崇柔未婚妻　李氏顏樹顯未婚妻　林氏陳齊若未婚妻　許氏袁添未婚妻以上海澄

貞烈

陳潔娘年十八適楊靜甫四月海寇猝至挾之登舟

遂投龍江死靜終身不復娶時稱節義

嚴①氏黃肇復妻肇復死紡績自守順治六年海寇陷石笑城爲所掠至景莊墓不肯行寇脅之罵益厲遂遇害

王憧娘丁塏妻逃亂遇寇恐爲所污投深潭死塏尋之屍忽半身挺立水上塏乃收葬之

蔡錦娘少能詩適邑子陳里里卒家貧依姑以生姑卒終喪遂投繯死溥娘亦以節終

李田娘適藍國浦浦父瑗亦以平臺功鎮金門氏嫁甫四月而寡自縊以殉

校注：① 嚴

吳氏王照妻照死氏年二十二俟夫殯畢乘間整衣正容自縊卒

謝氏陳貞邦妻貞邦卒越月徹靈囑其女孝事祖母遂閉戶自經

郭徽娘適陳從鳳甫半載而夫歿乃託言歸寧密採野葛服之入門父母迓其神氣大異氏哭曰兒從陳郎地下矣遂卒

傅氏王鳴岡妻年二十二夫卒氏不勝哀飲鴆卒

林氏黃昌榮妻夫病亟私飲鹼欲偕亡以救甦越大祥扃戶雉經死

施氏諸生陳以潤妻以潤病瘵將死氏念夫有母待
養身可代也夜告天自經死夫①病遂瘥
陳崔娘黄碁妻碁病篤氏請於父母歸陳侍夫病未
幾夫卒父母欲奪其志遂自經
胡氏林原密妻原密病亟氏許以身殉及卒截髮納
原密懷中以爲質乘間投繯卒
石氏王昇妻夫卒撫孤孤復夭遂縊死
梁氏黄元瑞妻元瑞卒母欲奪而嫁之遺孤復夭投
繯自盡
向氏黄輔周妻夫卒自經死年二十四耳

校注：① 病遂瘥

鄭顯娘年二十適林準甫三月而準歿氏祭夫畢經死

王葭娘適諸生徐適駿適駿卒葭娘亦不食死

范氏①適陳志毅志毅卒氏自縊於屍側同日而殮

苗氏②者馬辰港夷女也里人施世燿賈於其地遂娶焉③世燿卒番酋悅苗色欲强納之苗自縊死施族爲招魂設主祀之

林鸞娘農家子也幼許字柯平平久客不歸母爲別許婚有日矣鸞娘飲鴆死

陳款娘許字楊天喜天喜落魄無賴欲退婚索售所

校注：①范式　②苗氏　③焉

聘金母以告歛娘泣曰姑避之若或有悔心久之天喜無悛志復踵門恣睢聲益厲母陰以歛娘許人借聘以償天喜歛娘偵知之遂自縊

陳愛娘許字諸生黄攀桂攀桂應省闈卒於旅邸次年陳還黄聘將改圖女自縊死

陳洽娘許字蘇德郎方占盟未聘也德郎殺女引刀斷①喉死

郭戎娘許字林天成天成卒氏投繯以殉

蔡氏林妹侯未婚妻父以妹侯家貧欲退婚氏懇其母召妹侯至贈以簪珥白鏹入内自縊死

校注：①斷

蔡媚娘諸生陳肅其妻肅其死於蔡氏志以身殉舅姑屢諭之至大祥不食死

楊險娘諸生陳昌言子婦樓火楊逃出復知舅姑未出更冒煙入曰舅姑若歿我安用生爲卒入死焉及火熄見楊右①攜舅右抱姑若欲偕出狀者　以上龍溪

洪氏薛燕妻事翁盡誠敬燕罹疾氏侍養勿懈毋知壻疾來與訣攜蔬相餉氏委之地曰兒與壻俱不食矣姒私曰若孝何遽如此垂淚曰恐毋念我以此滅毋異日哀耳夫歿之夜以帛交頸懸梁繼死

黃阿姐朱賢良妻年二十一夫歿以節自持毋欲奪

校注：①左

其志遂自經死以上漳浦

林天祿妻許氏壽寧訓導汝周女年二十二嫁十二日夫亡時老姑在堂矢志守節哀哭如禮三年喪畢老姑繼亡家貧喪費悉出拮据終喪與諸親訣曰命薄先所天又失所恃偷生何爲隨投繯死

黃靜娘父其寬業儒教以內則諸書通曉大義年二十歸林建功無嗣林以血疾故氏水漿不入口及葬畢泣辭舅姑沐浴更衣投繯自盡

柯淑娘貢生潤聰女年二十四歸黃猊先是潤聰與倪父連財遂聯婚後兩家破落猊賭蕩欲議廢兩

家父母皆諾而女不願也曰身已許人貧賤甘焉入黄門事舅姑惟謹且勸夫安分願以女紅供薪水夫不悛既而將淑娘隂售富家子爲繼室行有日矣淑娘佯爲修飾妝遂自經

黄專娘年十九歸蘇潔週年潔故專娘自經以殉

蔡美娘謝崑妻年十九于歸八月夫死翁欲奪其志美娘自經而死

邱保娘謝加祿妻年十八嫁夫婦相敬如賓週年夫故屍猶未殮保娘沐浴更衣遂投井死

顔肖娘林朴妻千總富女也年十八于歸五月夫死

及期年姑迫改適肯娘遂投井死以上海澄

朱君娘馮道妻家貧惟勤十指以資饗火道且病時仰屋嗟嘆君娘力慰之未幾道投水死君娘聞之亦投水死乾隆間 旌焉

林翠娘楊聯登妻聯登病咯血氏侍奉湯藥逾二年夫歿百日奠祭畢刺血寫遺書置案上閉戶自縊乾隆間 旌

杜氏某妻謹守婦道遇里民朱義調姦氏不從服毒死乾隆間 旌

賴敬娘年十三遇族人賴現強姦敬娘誓死不從被

戮死乾隆間　旌以上平和

林勸娘李炎未婚妻炎訃至自縊而死時年十九乾隆間　旌

沈瞻娘林基妻年十八歸林踰歲夫歿誓志孀守以奉姑教子及姑歿且葬男壯有室氏嘆曰吾道盡矣遂投繯卒

李逢娘沈光未婚妻光以哀毀卒氏聞訃跪請於母往夫家至則大慟殯殮畢懸樑自經

曾艮娘廖元芳妻歸未二載夫歿氏經營殮事即自縊姑偵知急救而蘇後撫男成立姑歿喪①葬事訖

校注：①喪葬

仍絶粒而死

李瓘娘吳鍵未婚妻聞鍵訃欲歸吳守節母遽奪其志遂投繯而死

張氏林名克妻克臥病三載氏奉湯藥不少懈及卒哀號絶粒請立嗣以續宗祀事定沐浴自經

施氏陳提妻夫歿誓志孀守有强暴欲汚之氏堅不從自縊死同邑有李容娘游盎妻張氏林信妻捐軀成志事與此同俱乾隆間 旌

余氏黄丕妻縣民陳貫調戲致氏羞忿自縊守正捐軀乾隆間建坊 旌表 以上詔安

已經旌表貞烈

杜淡娘　妻沈氏　妻俱乾隆間旌

按二氏俱詔安人其夫姓名縣冊未詳存以俟考

福建續志卷六十七

列女九

延平府

國朝

節孝

江氏汪綸妻年二十二而寡子烈甫四歲母憐其貧勸他適不從守節撫孤年七十餘人罕見其面

吳氏鄒國恩妻夫亡孤周謨幼氏慟哭幾絕欲以身殉姑撫之曰爾志堅矣如呱呱何氏遂篝燈夜績奉姑教子周謨戊子登賢書姑年八十七卒氏哀

毀七日隨卒

張氏庠生王武妻初武艱嗣氏三爲納妾夫死僅妾遺子二妾皆他適氏守節鞠孤不啻已出三十年如一日

葉保卿俞大訓妻年二十一夫故誓死守節事姑以孝教子成立

張氏庠生俞大本妻大本故子士旂生未週姑且老氏斷髮守志擇師教子建坊　旌表

黃氏萬應海妻年十八夫亡貞肅自守足不踰閾父成欒欲堅其志旦夕造門奬勵年八十八卒

賴氏生員練錦標妻有姿德夫癖輕氏氏不爲戚年十八失所天無子有皎節事舅姑純孝

黃氏朱運熈妻生子智臨甫九月而夫故氏年二十矢志守節孝事庶姑其媳亦有崔婦乳姑之風

朱氏楊其芳妻年二十二夫亡一子繼卒甘貧守志撫稚孫各有成就

陳氏魏雲鼎妻生子香世在襁褓雲鼎患瘵氏力持弗懈及疾革謂氏曰汝少孤雛守否自裁氏痛不欲生矢志勿二聲不聞閾外人稱賢節

駱氏庠生徐一德妻夫喪矢志堅貞奉舅姑以孝撫

幼子以慈甞夜有盜至門氏登屋號呼鄉人起援寇退人多其智年七十三卒

陳氏練韜妻德性溫良治家勤儉年二十夫亡柏舟自矢中年子復殁節操愈勵孝事舅姑和睦妯娌克盡婦道

徐氏庠生何仕雲之母年二十四夫亡勵志守節課子成名

陳氏王錫璋妻夫亡年二十五子幼辛勤守節拮据撫孤五十載卒年八十

孝婦王氏姑先殁事舅惟謹家貧饔飧取辦臨時一

日晨炊無米舅至平日飯熟時寂不聞聲疑而問曰飯熟未婦婉辭以應已淅米矣更緩須臾耳夫實易米未歸也恐傷舅心將空甑燃火而炊即此委婉其平日之孝養可知

嚴氏進士嚴自泰女年十六歸邑人邱易甫三載而易卒無子以夫弟之子爲後苦節自礪年五十四卒

葉氏黄成基妻年二十夫亡遺腹三月矢志靡他撫孤成立三十年如一日以上南平

王氏孟孔裒妻二十三夫亡守節六十一載

張氏孟雲棟妻二十七孀居守節三十五年乾隆間旌

任氏高洪逵妻年二十六夫歿守節五十七年子如峰妻羅氏二十四夫歿守節三十六年姑媳孀守冰心共勵里黨稱其一門雙節乾隆間旌

吳氏楊元榕妻年十九夫亡奉姑撫子心力俱瘁守節六十年子必名由拔貢歷官乾州知州乾隆間旌

任氏江廷桂妻年二十而寡孝以事姑嚴以課子歷節四十二年

陳氏閩高生妻年二十三高生卒家貧無嗣惟老舅及呱呱二幼女氏百計作苦以資衣食事舅盡孝足不踰閫守節五十餘年卒以上順昌

廖氏林人鳳妻二十二而夫歿舅姑俱老二孤皆幼氏終無他志舅姑歿賣屋營葬紡績課子讀書百苦備嘗人稱爲貞節之門

林仁娘貢生廖永齡側室年十六歸廖未數月而夫歿哀泣欲自盡嫡許氏救之獲甦日防範甚切許遺腹生子鋐鋐甫週而許又病歿林立志爲夫撫孤以至成立乾隆間旌以上將樂

黃英娘陳元治繼妻二十七而寡時值兵亂賦役甚煩。氏處置得宜。又設書田以貽後人。臨卒。趺①坐如禪定。

張氏盧夢妻年少守節巡按旌曰節凜冰霜

陳氏貢生鄧可受妻苦志孀守四十餘年撫孤成立備極艱辛

魏氏鄧奎郎妻年十九夫死無嗣甘心苦守以猶子生員鄧文輝爲子事舅姑無怠心待妯娌有容色年八十三卒

鄧氏生員林日曜妻夫早死遺一男一女家無擔石

校注：①趺

紡績餬口若節自甘

王氏李忠國妻年十七夫死男孕三月家貧甚鄰婦有勸其他適者力拒之終不復與語毀形自誓勤女紅以育子年臻八旬人頌其貞烈

陳氏羅文錦妻年三十喪夫矢志自守敬奉舅姑養生送死無忝節孝

張氏林一鳳妻夫逝氏年十八子甫一週撫棺號泣欲殉舅姑止之曰殉死節也撫孤尤大氏乃棄其田產以葬夫仰天默祝願子成立全節以卒

余氏黃守懃妻年十八而寡孤方一週氏趾不踰閾

煢煢苦守年七十卒

黎氏楊叔賁妻二十六而寡守貞甘貧撫教其子歷三十餘載

李端娘羅粹生妻年二十八寡總家政教子姪惡言不出聲次子雲階庠生長媳姜氏姪媳許氏俱以節聞

鄧氏李克壯妻年二十三克壯卽世氏上事耄翁勸慰多方養葬如禮教子華國遊邑庠

楊氏鄧光興妻二十三歲夫殁守貧以十指爲養姑教子賢持節三十八年乾隆間　旌

廖冬姑高裕遠妻歸未一年而夫歿撫遺腹子有成
守節四十七載乾隆間　旌以上沙縣
王氏陳滄妻二十八歲夫歿撫孤守節卒年六十六
乾隆間　旌尤溪
陳氏賴大成妻二十三歲夫死守節五十六年嗣子
伯禩復歿妻江氏奉姑撫子孀守五十二年姑媳
貞潔冰心人稱一門雙節孝乾隆間　旌
鄧氏賴世績妻二十七而喪夫荼苦守貞歷四十五
年卒乾隆間　旌以上永安
已經　旌表節孝

黃氏林鍹妻乾隆間旌南平　朱氏盧尚羆妻　高氏吳占千妻　方氏呂聖任妻　連氏吳皇丁妻　余氏生員張煒妻俱乾隆間旌以上順昌　樂氏曹有慶妻　張氏林長祺妻乾隆間旌以上沙縣　鄭氏陳湯道妻　廖氏王廷桂妻　陳氏邢錫爵妻　朱氏邢英燦妻　陳氏李騰璘妻　鄧氏許增信妻乾隆間旌以上永安

貞烈

朱氏施二酉妻。善事舅姑。二酉業儒。有潔癖。婦事之惟謹。戊子春。郭天才兵入吉田。婦爲賊所獲。欲①之不從。賊怒殺之。二酉痛哭。駡賊而死。

校注：①污

李氏延平知府周元文子兆熊妻事上孝待下慈夫病亡從容易服閉門自經

管氏性貞淑配李某某年少遊蕩衣食不繼久而貧益甚遂有餌以錢帛而思穿屋墉者氏厲色正容以拒之不得已歸依母兄李屢欲嫁氏或强以不堪氏堅決不從後見夫性行不悛一日晨起盥櫛如常從容自縊以上南平

李氏范世仁妻于歸後相敬如賓年二十四夫死泣拜舅姑曰媳未有子願事夫地下遂自刎順昌

鄧氏羅聘吾妻居家嚴整庚寅遇寇厲聲罵賊不受

其俯引頸就戮

練氏鄧斯謹妻以勤儉宅內政庚寅冬山寇突至氏避匿山中竟爲搜獲罵賊不屈而死

陳卿姑方應泰妻兵至其家多方以犯之義不受辱遂遇害

張氏官夢麟母順治甲午賊攻官墩寨氏被執賊以爲奇貨可居也食之以邀贖鍰氏義不食厲言怒賊遂就義雍正間　旌表建祠祔祀

鄧桂娘羅肇鼎妻年十六歸羅未三年而肇鼎歿視殮含畢夜自經死時年十八以上沙縣

蕭氏陳大德妻結褵一年而夫歿氏決意殉節爲夫立嗣以續宗祧踰年盥櫛素服自縊而死

陳氏李希天未婚妻希天歿氏聞訃哭泣即欲奔喪不得遂吞金環求死家人救愈翁聞之立長男次子爲希天後攜拜陳門氏抱嗣子哀鳴復絕粒七日死永安

建寧府

節孝

陳氏張志縉妻志縉病劇氏禱天刲股以療未幾夫歿毀容延喘孝事舅姑及舅姑逝鬻奩營葬課子

必勤守節四十餘年卒乾隆間　旌

林氏毛肇禮妻早歲夫亡投繯決殉得救不死且勸以撫孤爲大氏忍死事姑黽勉撫稚子以延嗣續甘貧守節四十餘年乾隆間　旌　以上建安

周氏詹登賢妻年二十九而寡改粧毀容矢志勿貳事姑飲食盥漱必親奉以進姑嘗語人曰此賢婦如孝子也切於課子膏火貲皆自氏十指出二子學皆有成乾隆間　旌

林氏陳朝機妻夫歿投繯者再又絶粒五日不死誓志撫孤守節數十年

陳氏吳廷採妻年二十二夫歿茹茶飲蘖守節五十三年乾隆間旌

滕氏謝培乾妻早歲夫歿矢志不貳勤儉撫孤守貞數十年乾隆間旌以上龍寧

彭氏江趙鐩妻十九歲夫歿女紅自給撫孤有成守節四十八年乾隆間旌

黃氏劉韜妻年二十四而寡誓志守貞事祖姑克盡孝道撫二子俱有成乾隆間旌

黃氏梁大順妻年二十四而寡氷操自勵足不踰閾歷節四十六年乾隆間旌

沈氏李振龍妻二十九歲夫歿以古貞婦自誓事孀姑撫弱息慈孝交至堅貞四十餘年乾隆間　旌

以上建陽

徐氏幼失怙伯父撫之十五歸江崇學甫四載崇學卒子朝柱方二歲氏教育有方長爲邑諸生守節六十三年卒

虞氏陳貴恒妻鄉賓夢鄉之母也年未三十而寡蹈禮守貞苦節七十年教子訓孫年登百有一歲建坊　旌獎

張氏廩生彭慎謨妻慎謨早逝氏年二十三矢節不

二年逾八旬屢經　旌表

陳氏張伯顯妻年二十四而寡父母欲奪其志不從全節以終其妯娌丁氏胡氏後遇賊俱以不汚死

王氏諸生金庭高妻姑年老多病氏侍湯藥佐庭高以孝聞時大疫氏脫簪珥市藥物賑鄰鄰甚德之後庭高卒氏撫二孤終其節

丁氏諸生王琅母年十七而寡撫遺腹孤琅志行完粹

朱氏吳人式妻生三子人式卒事舅姑盡婦道長子死婦丁氏與姑同守節直指表以一門雙貞

丁氏黃應薦妻年十八而寡矢志不渝撫遺腹子教以成立直指李時茂旌其門

連氏劉觀賜妻夫歿守志不移甘貧撫子歷節三十六年乾隆間旌

吳氏潘廷雲妻早歲孀守事姑勤苦備至守節數十年乾隆間旌　以上崇安

邱氏年十六嫁姚永治為妾甫六載姚歿遺一孤二齡所有貲囊嫡妻罄捲改適四壁蕭然氏與七旬姑女紅度日未幾姑復歿母屢勸嫁不可四十九歲卒乾隆間旌

徐許宋許字伍子文子文遠遊諸戚强之嫁遂自縊
伯母救甦越十年子文歸完婚三載復出竟不歸
且死無子氏以女工度日又十年而終
張氏舉人練文麟子天章妻年二十四夫故遺腹五
月或勸改嫁氏曰婦從一而終況書香家婦乎遂
斷髮爲誓孝事舅姑生男光祖撫養成立四十三
歲完節而卒乾隆間旌
貞氏張聯元妻十六于歸二十七而夫亡生子甫旬
日氏矢志不二奉孀姑撫嬰兒完節四十三歲卒
從祀節孝祠

張氏孫之遴妻之遴疾氏衣不解帶晨夕祝天願以身代及歿子袞甫五齡氏鞠育訓誨迄以成名從祀節孝祠

劉氏緞娘候官吳璋衛妻二十八孀居遺二孤時耿燹方熾氏挈二孤遠避於浦城二子復俱無祿僅遺一孫壽八旬而卒

宋氏廩生張伯驥妻子二。長如愫。次如愉。一女如玉。年十九未字。驥歿。總兵童四維者慕其色。欲娶爲妾。氏不可。四維怒。暗撥軍器室中。將陷之。重賂始免。而謀娶愈急。如玉知不可回。母女抱持哭。遂相

易祝髮改書屋爲尼庵爲尼十載李氏知書善教子如愫明經如愉舉子員今石鏡庵即其母女守貞處也

黄氏莆田人性堅貞年十九適同里李奕生偕父貿易浦城遂卜居城西賣腐爲生事父事夫必孝必敬父夫殁撫一子稍長失去食貧茶苦四十年如一日

詹氏周由忠妻由忠貧以舌耕有八旬祖姑病不能粒食氏以粥哺子以乳奉姑年二十五夫殁姑繼亡一月兩喪骨立措辦嘗泣謂幼子庠等曰吾所

以不即從汝於地下者爲汝故也時四壁如洗情機杼度日閉門鬻成立者三十餘載乾隆元年溪漲及閻氏猶閉戶不出雖艱苦備嘗而節孝彌篤以上浦城

陳氏范斐然妻二十歲夫歿老姑幼子形影相弔氏仰事俯育一身兼任其事苦節三十五年鄉里欽之乾隆間旌松溪

范氏盧餐聖妻生四子餐聖病歿氏茹荼訓子長之麟游庠而夭次之象繼亡長媳何氏次吳氏側室張氏一門四寡人無間言

林氏范秉睿妻年十八而寡誓志守節子不肯悲憤
墜井而死

吳氏陳景芳妻景芳卒無嗣夫從兄欲令改適悉奪
田園氏矢志甘守貧苦辛勤女紅自給年八十餘
終

林氏龔氏者孝廉游應運妾應運卒二氏皆少艾各
撫一孤守節四十年始終無玷

許氏倪有試妻年二十一夫喪獨遺一女或諷以無
男不用守節氏哭曰未亡人何論男之有無竟孀
居以終

江氏太學生范淑仁妻生二子嘉彥中彥甫孩童而淑仁卒氏年未三十苦節撫孤言不出閫壽九十四

許氏王子明妻年二十七而寡遺男九齡貧甚辟纑度日後男復夭教孫成立卒年七十七

陳氏庠生范士騏妻夫亡無嗣倚外家數十年全節以終

陳氏范光晨妻家貧氏勤紡績佐光晨奉親親不食不敢食不寢不敢寢舅姑歿獨事祖姑問寢視饍①不懈祖姑病危氏刲股和湯藥以進因是得瘥②人

校注：①膳　②瘥

以爲孝感。
陳氏吳文焻妻焻將死指二子謂陳曰以是累汝焻卒氏念吳家世業儒不可以姑息廢也且又夫命辛劬課子以慈母代嚴父者三十年二子學俱有成以上政和

已經旌表節孝

鄭氏周允健妻　翁氏儒士林元綵妻俱乾隆間旌以上建安
毛氏陳樹星妻　徐氏儒士何鋒妻　藍氏賴際雲妻俱乾隆間旌以上甌寧　呂氏謝必種妻乾隆間旌建陽　丁氏倪元甲妻　辛氏林希穆妻　貞女王氏　徐氏李潘德妻

廖氏陳士傑妻　袁氏暨復耀妻　汪氏暨文棟妻俱乾隆間旌以上崇安　李氏金履亨妻　李氏儒童王定妻俱乾隆間旌以上浦城　趙氏胡士龍妻　賈氏馮士章妻　劉氏馮如光妻俱乾隆間旌以上政和

未經旌表節孝

劉氏張昕妻　秦氏張懿樑妻　葉氏黃讓妻　范氏何其魯妻　曹氏魏蕃烈妻　胡氏范鴻翥妻　歐氏王宇泰妻　趙氏張展業妻　吳氏葉芹妻　吳氏鄭宏彬妻　胡氏范世銘妻　鄭氏劉璽友妻　周氏吳九日妻　鄒氏楊開林母以上政和

貞烈

侯氏周廷謨妻年十九夫歿痛不欲生遺腹生子撫之及五載又殤氏悲痛入房賦十嘆詩以酒奠夫靈投繯死乾隆間 旌 甌寧

李毓秀廩生王新運妻新運就郡試氏省母病塗遇賊賊將加辱氏罵賊而死

江氏暨壽富妻年二十五而寡山賊圍城幾被執氏避之佛嶺民舍中先扼殺其子女隨自縊死

洪氏同子楊二浩爲賊執賊索二浩金留氏以質氏密語二浩曰善事汝父吾死必矣罵賊不辱賊磔

其屍

周氏庠生彭鶚薦妻鶚薦授經遠出氏奉姑家居山賊肆掠姑病氏扶之同行被執請曰寧殺我姑老矣逼之不從遂遇害

安氏彭國龍妻丙戌兵至自縊死

吳氏適范希若半載而希若死陳賊聞其少艾。欲挾娶之。姑懼終日哭。氏度不免。入寢房改粧。出辭姑。慷慨就道。其姑心訝之。入門持刃殺賊。未遂。跳躍而死。後人始知其入房改粧時。已服毒矣。鄉人立碑。以紀其節。

周氏邛參妻參死慟哭幾殞勸以食踰月遺腹生一女氏抱棺號泣曰夫雖棄予予敢負夫乎不食數日卒

吳氏邛世振妻年二十爲賊所執義不受辱厲聲罵賊賊怒殺之

黃氏適王幼石業儒而貧爲父行役溺死氏聞之哭欲死遺腹生兒三歲爲薙髮拜夫靈是夜自刎啓其梳匣得詩曰常說死同穴於今問水濱團圓難負約今向劍頭伸以上崇安

徐福娘本姓沈年十八適農民饒又日有羅三槐者

佰饒出欲汙之厲罵不從脅以利刃不辱夫歸以告尋①自縊鄰婦解之夜遂服毒而卒事聞建坊從祀節烈祠

林喜使翁允介妻允介母朱氏寡既娶氏介死一門兩寡林氏年二十五遺腹七月生男應祥鞠孚備嘗延至七齡婦舅密圖再醮遂縊死

夏氏關良徵妻縣民吳公文調戲致死羞忿服毒守正不汙捐軀明志乾隆間建坊　旌表以上浦城

張氏趙秉和母居赤岐山寇竊發秉和甫七歲賊利趙氏財欲刦其子索贖氏曰趙宗祀恃此一綫妾

校注：①尋

可殺兒必不可得挺身當之遭乜亦泣死鄉人重妻氏義聞於官以兵勦賊秉和卦而復歸氏之力也

政和

邵武府

節孝

黄氏庠生王錫榮妻夫早喪教子成名五十年操如一日順治間旌年七十五終

甯端娘何通妻性溫惠事舅姑以孝年二十七而通卒遂守節不二四十餘年中嘗躬親織以佐子讀年踰大耋而殁

李氏夫黃時達卒氏年二十七守制至八十三歲其
間寒暑遷變歷幾盡矣

張氏夫陳瑜早喪氏年二十苦守不事膏沐聲不外
聞遺腹產男撫養勤劬家貧績紡以延師事繼姑
如親母女德俱全

李氏庠生危科之繼室長子非己出撫養如所生氏
生次子衍芳訓誨有方翁姑俱之任氏獨居守鎖
鑰親操絕不已私視諸姪猶子於先後間無間言
焉衍芳妻王氏夫卒年二十有七慟傷幾至滅性
其子一在襁褓一猶遺腹氏俱育之成立姑媳辛

苦。討守節五十有九載。

胡氏李廷煒妻煒死氏年二十三其子如日方穉氏多方撫育成立補邑諸生年閱九十而終

陳氏庠生熊明德妻年二十六孀守至七十貞節無疵

劉氏鄧儉妻儉死劉拊棺哭曰吾孕三月倘生男必不負死者後果得男順治丁亥江西兵至肆掠驅劉氏母子。行。劉牽其子曰我十。七。歲守寡。至。今。撫此。一。子。今日母子一。處。死耳。兵亂刃砍劉頂。血出暈地。兵去乃甦。剪去血髮。髡剃塗創。二年始愈。

朱蘭娘符用桓妻年二十八夫歿號呼欲以身殉舅姑急止之曰夫亡子幼撫孤勝於殉夫況我二人耄老耶氏强勉承命以媳代子職數十年課幼子尤勤守節三十四年而卒乾隆間旌

黃氏諸生童瑜妻秉性純孝十八歲歸童越三載而夫歿霜節自矢食貧立繼以衍宗祧守貞數十年鄰里無有見其面者乾隆間　旌

黃氏江素書妻二十四而寡上事翁姑下撫稚子不辭勞瘁誓志益堅兒陳疇娶媳陳氏後又夭痛至兩目昏眊陳事姑盡孝姑媳相依苦節數十年俱

乾隆間旌 以上邵武

李錦娘，適庠生江肇彩，而艱於嗣。氏爲助買妾林氏，生子宗海，而妾死。氏撫育不啻己出。夫被難，宗海①方五歲，氏年未三十，家貧，倚伯，辟纑教子，期於成立。值兵戈擾攘，氏毁容②，斂跡，撫孤，全節以終。

黄氏，配郭峻甫，五載而夫殁，遺孤三，曰敬、曰任、曰晞。氏年二十有一，哀毁踰常，必欲從死。舅姑暨父母泣諭曰：而夫雖逝，煢煢三子，誰其撫之？死節全孤孰優？氏自是事舅姑益謹，訓三子益篤。值戊子兵荒，備嘗艱苦。舅姑旬餘相繼殁，僕逃，子幼，喪盡哀。

校注：①海 ②容

殯盡禮人莫不敬服。

梁氏黃鎮中妻年二十四而夫卒哀慟欲絶翁姑耄病衣不解帶以奉湯藥及殁喪葬盡禮乾隆間

旌

李氏梁明福妻年二十二孀守奉姑教子且撫孤姪如已子宗族稱焉守節五十八年乾隆間　旌

郭氏毛伯偉妻年二十八夫殁誓志孀守苦節五十二年卒乾隆間　旌

黃氏配邑人危必奎事舅姑以孝聞生二子曰煥曰樞年未三十失所天值兵荒洊臻攜二孤歸母家

朝夕紡績上飯母而下哺子糠粃自甘豪强知其賢而貧欲奪其志氏引刀指天誓以死鄉里聞稱之

官氏梁大吉妻年二十二孀居撫孤閨訓甚肅歷遭兵火矢①志不移與子以死自期及庚寅復罹寇變嘗赴水以救免

邱氏黃祖珩妻年二十五而寡守節四十七年乾隆間旌

熊氏李雲瀚妻二十四歲夫死斷髮自誓教子孫成立雍正乾隆兩次　賜粟帛乾隆十五年壽逾百

校注：①矢

歲而卒歷節七十六載人稱節壽之門朝命旌焉

張氏梅璣妻年二十五操守貞操三十五載乾隆間旌以上光澤

高氏黃淵妻鄰居失火將及其廬翁柩在堂氏撫棺慟哭而火自止年二十三夫歿男梗纔三歲或欲奪其志誓死不從

何氏謝國徵妻年十九夫故無嗣撫繼子世傳成立孝事瞽姑雖廁穢必隨

余氏黃燭妻十七而寡遺孤塯生纔四十日守節事

姑以孝聞

楊氏李奇雍妻年十六雍病氏欲强詣父母不許氏曰安有所天病而不持刀匕者乎歸期月而雍卒氏猶未成婦也父母兄弟欲奪其志楊遂自經娣姒驚救之自是無敢以他言進者然居恒未嘗戚戚伯氏奇璧教其女問曰孀何以不愁楊曰守節婦人職也若見爲苦難惡能守耶奇璧韙之

孔廷娘丁貴鼎妻二十八夫亡矢志孀居孝事舅姑撫子士濂士濬怡怡有恭歷五世同居年九十七氷霜凛冽如一日

朱氏李寅妻寅早歿其兄與嫂又相繼夭俱無嗣越三年寅弟富又夭僅一子傑繈褓朱父母謂曰而家凶禍如此煢煢僅一孤誰與爲後而苦守爲乎氏泣曰兒雖無與爲後然與嬸共一姪猶兒後也且兒何忍舍姪因抱傑大慟未幾嬸又卒氏撫姪極有恩嫠居四十年閨門肅如也

何氏王寵妻寵年十五而病氏歸侍湯藥三月而寵亡氏年十四猶未成婦也父母謀改適氏以簪刺其喉示必死父母知不可强乃送歸自是遂絕跡母家

曾氏詹國宗妻年十九而寡無子後姑又凌虐之矢志不移越十餘年始得國定之子雋以承祧年七十五而終

王淑廖大器妻大器夭遺腹生女無可繼者舅姑逼之嫁氏以死自誓久之娣余氏舉子氏撫以爲嗣

徐氏黃燧妻年十九而寡以從子都承嗣貞靜婉懿孀居五十餘年

艾氏丁兆祥妻事姑至孝體姑意奪已女之乳而乳幼叔早寡無子以夫弟之子妍彩爲後婉淑之德族黨稱焉

周氏庠生熊大捷妾年二十三而夫死遺孤國泰生僅兩月家值中落氏茹苦撫孤形影相弔孤稍長悉氏紡績佐讀姑程氏老而且瞽氏服勞盡養行坐不離左右

湯桂娘余萬祚妻年十八未育而寡泣誓爲夫守節斷葷酒撫繼子無異所生孀居三十五載

黃氏謝朝銘妻年二十五而寡遺孤五歲食貧守節常不能晨炊同居者遺以束薪氏不受曰非吾錢所市非吾子所採不以炊除夕囊無一錢其子未歸鄰人饋以酒肉薪米謝卻之其介然不苟如此

毗子長能自立氏年八十三矣

范永選妻甯氏克脩婦職孝姑敬夫年甫三十舉一子而夫棄世氏茹荼撫孤年踰七十卒

吳大妹趙元文妻二十而寡家貧鬻①釵珥操井臼以奉翁姑翁老且病湯藥悉氏親奉曰吾代夫以完子職遺孤三齡以養以教底於成立孀守三十六年乾隆間　旌以上建寧

江氏楊某妻甲申春天災流行夫兄舅妯娌俱殞氏遺四孤伯遺三孤叔遺一孤皆幼氏嚙指瀝血收撫羣孤饑寒疴痒一以誠求氏忘其非已子猶子

亦不識其非己母皆獲安全

羅氏江寬妻年十八而寬歿家貧無子富人謀娶誘以歸寧氏覺之乃斷髮誓曰吾頭可斷吾志不可奪孀居五十餘載未嘗啓口一笑有司上聞表宅

李氏庠生馮朝明妻年十六于歸兩月而寡起臥隨姑刻步不離避亂登崖不用男子手引曰死即死矣安可違禮而苟活耶事姑以孝立嗣以慈年七十卒有司表厥宅里

江氏梁述妻述早卒遺子煥年數歲氏持孤守志貧苦自甘雖至親不輕接一談其精白居孀五十年

如一日。年七十三卒。

蕭氏梁萬里妻，初爲夫棄。無怨言。未幾萬里卒。遺腹①三月。同堂危撼。日生百方自全。彌月生子。山氏益②命恐。保護若節。六十二年而終。以上泰寧

已經旌表節孝

謝氏吳楚妻　陳氏龔于朝妻　李氏魏濱妻俱乾隆間旌以上邵武　黃氏郭尚珣妻　危氏李時益妻　黃氏危日皋妻　梁氏黃環仰妻　郭氏黃翔紫妻　何氏方漢翔妻　龔氏高觀光繼妻　梅氏梁居易繼妻　李氏龔文宗妻俱乾隆間旌以上光澤　蘇氏黃雲鵬妻　寧

校注：①遺腹　②益

氏王錫瓚妻　謝氏朱國瀚妻　熊氏涂景芳妻
饒氏涂景祐妻　李氏陳鶴峰妻　孔氏楊世儀妻
貞女張氏　張氏廖類璠妻　姜氏湯鴻儀妻　吳
氏聶萬鍾妻　黃氏儒童鄒尙賓妻　李氏生員朱
文倬妻　徐氏儒童朱文佩妻俱乾隆間旌以上建寧　江氏鄒
本醇妻　江氏陳啓新妻俱乾隆間旌以上泰寧

貞烈

晏氏張新甫妻奉侍姑嫜承歡菽水戊子年土寇猖
獗氏爲亂兵所獲義不汚身伏刃自殺時年二十
有二邵武

楊氏適庠生馮肇先于歸三載值兵至避難預將所奔釵環分給諸人以銀鐲付媵介爻肇先曰余爲君子全節願留此遺物以當永訣言訖投崖而死

福建續志卷六十七終

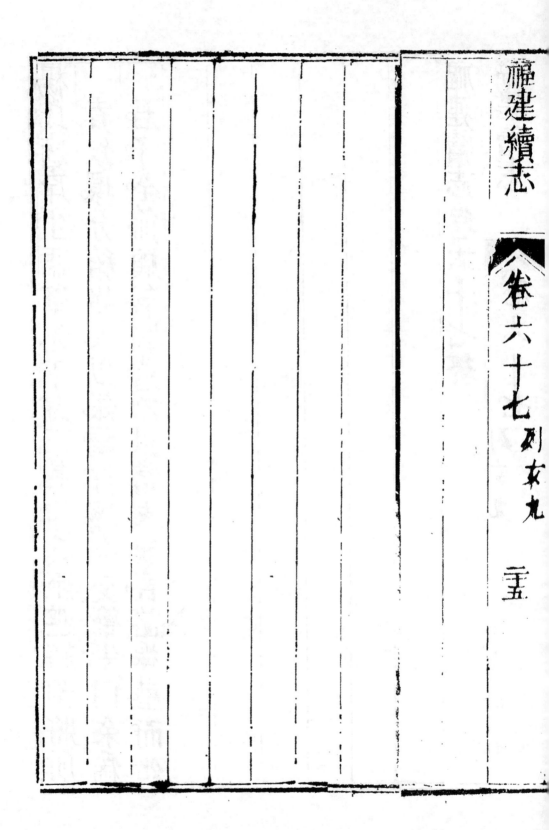